DU RAPPORT DES ARTS PLASTIQUES AVEC LA NATURE

DU MÊME TRADUCTEUR
À LA MÊME LIBRAIRIE

Friedrich H. JACOBI, *Des choses divines et de leur révélation*, introduit, traduit et annoté par P. Cerutti, 2008, 256 pages.

Friedrich H. JACOBI, *Sur l'entreprise du criticisme de ramener la raison à l'entendement* suivi de la *Lettre à Fichte*, introduit, traduit et annoté par P. Cerutti, 2009, 192 pages.

TEXTES & COMMENTAIRES

Directeur : Jean-François COURTINE

F.W.J. SCHELLING

DU RAPPORT DES ARTS PLASTIQUES AVEC LA NATURE

ET AUTRES TEXTES

Introduit, traduit et annoté

par

Patrick CERUTTI

PARIS
LIBRAIRIE PHILOSOPHIQUE J. VRIN
6, place de la Sorbonne, V^{e}

2010

F.W.J. SCHELLING, *Ueber das Verhältniss der bildenden Künste zu der Natur*,
Friedrich Wilhelm Joseph von Schellings sämmtliche Werke,
K.F.A. Schelling (hrsg.), Bd. I-XIV
© Stuttgart/Augsburg, Cotta, 1856-1861

Imprimé en France

ISSN 1291-9683
ISBN 978-2-7116-2287-0

www.vrin.fr

PRÉSENTATION

C'est au début du XIXe siècle, dans le contexte particulier de l'essor de l'idéalisme allemand, qu'apparaît l'idée d'une politique culturelle ou, pour le dire autrement, que l'idée moderne de culture, alors en formation, se trouve investie en tant que telle d'une dimension politique. L'élaboration du concept de culture n'a donc pas eu seulement une dimension théorique. Les transformations que subit à cette époque la philosophie du dernier grand penseur de l'idéalisme allemand, Friedrich Wilhelm Joseph Schelling, en témoignent tout particulièrement. La période 1807-1809 est en effet celle où, alors qu'il entreprend de réorienter décisivement ses conceptions pratiques, il voit pour la première fois ses idées philosophiques traduites en directives officielles et en idéologie d'État. L'impact sur sa pensée de sa nomination en Bavière ne doit en aucun cas être négligé : même s'il conserve dans leurs grandes lignes les idées fondamentales de sa théorie de la culture, telles qu'elles se trouvaient développées dans les *Leçons sur la méthode des études académiques* et dans le système de 1804, ses nouvelles fonctions et le contexte politique de l'époque leur donnent un nouveau relief et une dimension plus concrète.

Ainsi, l'idée que Schelling défend à cette époque – la modernité doit lutter contre ce qui fige la vie de l'esprit et « s'arracher à la corruption de la culture morte » [1] – constitue le fil directeur ou le point de convergence des trois textes que nous traduisons, tous contemporains de la prise de fonction du philosophe à l'Académie des sciences de Munich. Le *Discours sur les arts plastiques* montre comment la manifestation de l'absolu à l'œuvre dans la nature trouve un prolongement dans la création artistique et la

1. *Hegel ou Schelling. L'essence de la critique philosophique*, trad. fr. Fauquet, Paris, Vrin, 1986, p. 97.

production des biens culturels et s'achève sur l'idée que l'art est partie intégrante du corps politique conforme aux Idées. La recension de l'ouvrage de Niethammer, *La querelle du philanthropinisme et de l'humanisme* développe une théorie de l'éducation soucieuse d'articuler *culture* de l'humanité et *formation* de la personne (selon les deux sens fameux du mot *Bildung*). L'un et l'autre textes témoignent de la relation que notre auteur entretient avec le néo-humanisme allemand, dont les deux principaux représentants, Winckelmann et Niethammer, sont précisément les interlocuteurs qu'il s'est choisis. Mais c'est surtout le fragment *Sur l'essence de la science allemande*, dont Schelling n'oublia pas l'intérêt puisqu'il le fit insérer, tout inachevé qu'il fût, dans ses *Sämmtliche Werke*, qui constitue le cœur de notre ouvrage : la notion de culture se trouve ici directement investie d'une dimension métaphysique et ses rapports à l'État et à l'histoire se voient précisés en même temps que se trouvent définies les conditions de production d'une philosophie authentiquement nationale.

En 1806, Schelling quitte Würzburg, qui vient d'être cédée au Grand Duc Ferdinand de Toscane, et s'installe à Munich. La ville devient peu à peu un centre intellectuel et artistique de premier plan, tandis que la Bavière, l'une des plus fidèles alliées de la France, est érigée par Napoléon en royaume. Après l'acte de confédération du Rhin et la disparition du Saint Empire Germanique, Maximilien Ier devient roi. En 1806, Napoléon bat les armées allemandes à Iéna et, en 1807, les troupes russes à Friedland. Schelling refuse de prêter serment au nouveau gouvernement mis en place en Bavière par les troupes d'occupation au lendemain de la paix de Presbourg. Le roi en fait pourtant un membre de l'Académie des sciences et lui remet la croix de chevalier de l'ordre du mérite civil en même temps qu'à Baader.

Maximilien voulait faire de l'université de Munich le centre d'une réaction religieuse contre les idées nouvelles. Aussi, pour rendre son lustre à l'institution, réorganisée sur le modèle de l'Institut de France, le roi, qui entendait restaurer le Moyen Âge davantage encore que le christianisme, s'employa à réunir autour de Jacobi quelques uns des plus grands penseurs de l'époque :

> puisqu'il disposait de grands moyens, le gouvernement conçut de grands projets [...]. Cela eut pour conséquence la rénovation complète de l'Académie des sciences. On fit appel à des hommes de valeur de l'Allemagne protestante et de puissants esprits vinrent s'installer en Bavière, bien meilleurs que ceux de l'époque de Montgelas. Pour l'enseignement, Niethammer fut appelé à Würzburg, à Bamberg, puis à Munich. On plaça Friedrich Heinrich Jacobi de Düsseldorf à la tête de la nouvelle Académie

> [...]. Le 27 juillet 1807, le nouveau président inaugura par un discours l'Académie rénovée. Quel contraste dans tout son être avec son prédécesseur, le comte Törring ! Schelling, Baader et Weiller étaient assis à ses côtés dans la classe de philosophie : quatre sages dont chacun représentait un système particulier [1].

Les divergences entre ces auteurs, il est vrai assez fortes, et qui, dans le cas particulier de Schelling et Weiller touchaient presque à la haine, n'étaient en vérité que le reflet d'oppositions bien plus tranchées qui traversaient la société bavaroise. À Munich, Jacobi et Niethammer représentaient le parti protestant, autrement dit prussien, par opposition à Baader qui défendait les traditions locales, et aux partis des « Illuminés » et des Jésuites, tandis qu'un puissant mouvement de restauration de la spiritualité catholique s'apprêtait, sous l'impulsion de Johann Michael Sailer, à marquer durablement les mentalités. Les querelles idéologiques étaient donc plutôt âpres, comme Jacobi le confia à l'un de ses proches : « tu dis de la Bavière qu'elle est un pays chaotique et tu as raison en cela. Mais comment l'est-elle devenue? Le prince et son ministère voulaient les Lumières. Comme cela est devenu notoire, le fanatisme s'est mis à lutter contre le fanatisme et les Illuminés persécutés sous le précédent règne ont voulu alors si possible exterminer totalement leurs ennemis » [2].

C'est dans ce contexte pour le moins agité que Schelling entreprend de mettre la dernière main à son système de l'Identité en l'élargissant à des considérations d'ordre historique, politique et religieux. Il en avait d'ailleurs formulé le vœu avant même son départ :

> dès que j'aurais trouvé un coin tranquille en terre allemande, écrivait-il, je veux entreprendre quelque chose de radical, de fondamental, pour ou bien périr ou bien vaincre complètement dans cette guerre du mauvais principe contre le bon. Il ne sert à rien de faire les choses à demi, et la situation présente ne permettait pas de réaliser davantage [...]. Dans ma réclusion d'Iéna, j'étais moins rappelé à la vie et toujours vivement à la seule nature, à quoi se limitait presque toute ma méditation. Depuis, j'ai appris à voir que la religion, la croyance publique, la vie politique sont le seul point autour duquel tout se meut et où le levier doit être appliqué, qui ébranlera cette morte masse humaine [3].

1. *Fr. Thiersch's Leben*, H.W.J. Thiersch (hrsg), Leipzig, C.F. Winter, 1866, Bd. I, p. 67.

2. *Aus F.H. Jacobi's Nachlaß*, R. Zoeppritz (hrsg), Leipzig, Engelmann Verlag, 1869, Bd. I, p. 361.

3. Lettre à Windischmann du 16 janvier 1806, dans *Aus Schellings Leben. In Briefen*, G.L. Plitt (hrsg), Leipzig, G. Hirzel, 1869-1870, Bd. II, p. 78.

À Würzburg, notre penseur s'était pourtant essentiellement occupé de philosophie de la nature, ce qui lui avait permis, dans quelques textes assez brefs, de donner à sa conception de l'identité du réel et de l'idéal un prolongement original. Il en était venu notamment à lui donner pour tâche, afin de conjurer le dualisme impénitent de notre époque, de mettre au jour ces « concepts vivants », qui ne sont ni la propriété d'un sujet, ni de simples représentations, mais qui subsistent et agissent pour soi, « sans réflexion », au cœur des choses. La seule preuve directe de l'unité du réel et de l'idéal restait bien sûr encore l'intuition, entendue comme une nécessité inscrite dans la structure même du réel, mais la tâche du chercheur devenait désormais de retrouver ces « concepts obscurs, non réfléchis, non subjectifs, mais objectifs », qui, présents au sein même de la chose, lui donnent sens du dedans [1]. Ce seul exemple devrait suffire à prouver que la dernière période de la philosophie de l'Identité est l'une des plus riches et des plus stimulantes de l'œuvre de notre auteur et qu'elle est bien davantage qu'une préparation au tournant de 1809.

Aussi profitables qu'elles aient pu être, les dernières années du séjour à Würzburg avaient été ternies par les querelles incessantes auxquelles Schelling se trouvait mêlé (Montgelas avait dû interdire en 1806 les cours que le théologien Zimmer et le célèbre médecin Röschlaub consacraient à la *Naturphilosophie* schellingienne tant leurs conflits avec les disciples de Kant étaient violents et répétés) et par des attaques venues d'un certain nombre de théologiens rationalistes. Dans son *Sextus*, un historien de l'Église gagné à la philosophie des Lumières, Franz Berg, avait accusé le philosophe de mysticisme et de gnosticisme tandis qu'Andreas Röschlaub et Heinrich Eberhard Paulus avaient assimilé la doctrine de l'Identité à un panthéisme. Tous ces auteurs, nous disait-on, en étaient venus à accuser le système de l'identité rationnelle de conduire « aujourd'hui au catholicisme, la fois suivante à l'athéisme, cette semaine à l'enthousiasme mystique, la suivante au matérialisme tel un autre Système de la nature ». Schelling avait alors songé à leur répondre par une *Présentation de la secte qui, en Bavière, œuvre contre la philosophie* [2], puis s'était résolu à partir. À Munich, les

1. *Aphorismes sur la philosophie de la nature*, dans *Friedrich Wilhelm Joseph von Schellings sämmtliche Werke*, K.F.A. Schelling (hrsg), Stuttgart-Augsburg, Cotta, Bd. I-XIV, 1856-1861 (dorénavant cité SW), VII, 215 n.

2. Pour la citation, cf. *An das Publicum*, dans *Schellingiana rariora*, L. Pareyson (hrsg), Torino, Bottega d'Erasmo, 1977, p. 220. *Cf.* la lettre à Windischmann du 24 octobre 1804 : « *Darstellung der Secte, welche in Bayern der Philosophie entgegen arbeitet* » (*Aus Schellings Leben*, Bd. II, 36). Pour plus de détails, *cf.* R. Pettoello, *Gli anni dei dolori. Il*

conditions qu'il trouve sont autrement plus favorables à son travail, mais le poste honorifique dont on le gratifie, le temps considérable que lui laissent ses fonctions stimulent peu sa créativité. Il rédige néanmoins ce que l'on peut regarder comme son chef-d'œuvre, le discours *Sur la relation des arts plastiques à la nature*, ainsi que le bref essai *Sur l'essence de la science allemande*, qui constitue à notre avis un des jalons les plus remarquables sur son itinéraire intellectuel.

Ces deux essais sont parmi les rares textes de Schelling à être écrits en langue populaire, c'est-à-dire à être débarrassés de l'appareil scolastique qui encombrait les grands textes de la philosophie de l'Identité. C'est probablement ce qui contribua au succès du discours sur les arts plastiques que Schelling prononça le 12 octobre 1807 devant l'Académie des Sciences et qui fut aussitôt imprimé. Sa réception enthousiaste ne tarda d'ailleurs pas à précipiter la nomination du futur président de l'Académie des Beaux-arts.

Cet écrit, tant par sa qualité littéraire que par l'ampleur de son inspiration, accomplit à n'en pas douter l'idéal schlegelien d'un jugement sur l'art qui soit en même temps une œuvre d'art. Le texte est d'ailleurs si abouti qu'il dissuadera à jamais Schelling d'écrire à nouveau sur la philosophie de l'art et qu'il marquera d'une empreinte durable un artiste aussi accompli que Coleridge[1].

Son idée directrice, qui heurta si violemment Jacobi, le rattache immédiatement à la philosophie de l'Identité : l'art doit imiter la nature, non en tant que celle-ci est une réalité finie et figée, mais en tant qu'elle est une force primitive et sacrée. Lui-même n'a de réalité pour le sage qu'en tant que manifestation nécessaire ou émanation immédiate de l'Absolu. La philosophie de l'art doit donc nécessairement prendre la forme d'une philosophie générale de l'univers et Schelling pouvait déjà affirmer dès 1802 qu'il « renonçait complètement par avance à établir une *théorie* de l'art, laquelle, nécessairement, n'est que subordonnée plus ou moins à la philosophie » : ce qui importait, c'était moins « l'art réel ou empirique » que « l'art en soi, dont l'art empirique n'est que le phénomène »[2].

pensiero politico di F.W.J. Schelling dal 1804 al 1854, Firenze, La nuova Italia editrice, 1980, p. 22-23.

1. *Cf.* l'étonnante paraphrase de notre discours que l'on trouve dans les *Lectures on the Principles of Judgment, Culture and European Literature* prononcées à la *London Philosophical Society* en 1818 (*The Collected Works of Samuel Taylor Coleridge, 5, Lectures 1808-1819 on Literature*, K. Coburn (ed.), Princeton, Princeton University Press, 1987, t. II, p. 213-225).

2. Cf. *Aus Schellings Leben. In Briefen*, Bd. I, p. 397-398.

Ce désintérêt affiché pour l'art empirique n'empêche pas Schelling d'illustrer abondamment son texte de références à des œuvres existantes. Notre philosophe se préoccupe d'ailleurs à ce point de réalités concrètes qu'à peu d'exception près, il ne fait l'éloge que de tableaux que le roi de Bavière possède ou est en passe d'acquérir. Une haute et noble spéculation s'accorde parfois fort bien avec le désir de plaire, même s'il est vrai aussi que l'art était devenu dans l'Allemagne du Sud un enjeu directement politique : en 1803, la sécularisation des biens de l'Église bavaroise avait par exemple enrichi les collections de l'État de près de mille cinq cents tableaux et, à cette occasion, l'on avait créé une administration centrale, qui, sous le nom de « *Bayerische Staatsgemäldesammlungen* », avait été chargée de gérer ces collections. Pour le roi et plus encore pour le prince héritier, l'art était avant tout perçu comme un signe de puissance.

Malgré cela, les choix esthétiques qui structurent le discours sont loin d'être insignifiants ou purement circonstanciels, ne serait-ce que parce que Schelling entreprend de réhabiliter les arts plastiques dans leur matérialité même à une époque où ils souffrent d'une crise de légitimité par rapport à la poésie. Mais, à chaque fois, il est moins question dans ce texte, comme dans toute l'œuvre de Schelling, de l'art dans son caractère empirique que de l'art comme expression de l'absolu. D'où l'ambition et en même temps la difficulté du propos, ainsi que l'ont bien perçu les contemporains. L'un d'entre eux, un certain major Knebel, confie ainsi son embarras à Hegel :

> j'avais déjà lu le discours inaugural de M. Schelling et, je ne puis le nier, j'avais souhaité qu'avec un effort moins titanesque pour atteindre l'impossible, il nous eût davantage instruit de la chose elle-même. *Art* et *poésie* sont maintenant aussi deux mots avec lesquels on s'est accoutumé à exprimer l'impossible [...]. Nous donner une idée de la chose même, c'eût été tout au moins une œuvre plus compréhensible [1].

Il est vrai que l'intelligence du texte demande, sinon une connaissance précise, du moins une compréhension générale de la philosophie de la nature que Schelling développe depuis 1797. C'est ainsi, par exemple, qu'il faut comprendre la référence constante qui est faite dans le discours aux ouvrages et à la personne de Winckelmann. Tant par sa vie que par son œuvre, celui-ci est en effet « l'homme classique » [2], dont la « métaphysique

1. Lettre du 27 novembre 1807, dans Hegel, *Correspondance*, trad. fr. J. Carrère, Paris, Gallimard, 1962, t. I, p. 185.

2. SW VII, 298.

historique du beau » ne pouvait qu'influencer Schelling[1] : non seulement son analyse aboutit au rejet de tout Idéal en art, c'est-à-dire de toute généralité abstraite obtenue par négation des traits individuels, mais « c'est lui qui le premier a eu l'idée de considérer les œuvres d'art à la manière et selon les lois des œuvres éternelles de la nature ». Le génie de Winckelmann est l'objet d'un éloge dépourvu d'ambiguïté, avec une réserve toutefois : il ne lui aura finalement jamais manqué qu'une philosophie de la nature. Seule une étude de la nature aurait pu lui montrer comment les formes sont engendrées à partir du concept. De là, selon Schelling, la nostalgie de la nature qu'il aurait plusieurs fois confiée dans les dernières années de sa vie, et son désir d'en acquérir une connaissance plus intime, connaissance qui lui aurait permis de contempler aussi dans l'harmonie de l'univers la beauté suprême qu'il trouvait en Dieu. Ses derniers mots, d'ailleurs, auraient été pour la nature.

On comprend alors pourquoi la figure de Goethe en vient progressivement à éclipser celle de Winckelmann. Quoi qu'on ait pu dire, Goethe est l'auteur le plus proche de Schelling, le seul auquel il restera fidèle jusqu'au bout. C'est aussi le seul qui ait compris que l'œuvre d'art surgit des profondeurs de la nature. En menant à son terme la dialectique du caractéristique et du pathétique, il a montré avant tout autre que « l'art accorde à son œuvre, en même temps que la plus haute clarté de l'entendement, cette réalité insondable qui la fait ressembler à une œuvre de la nature ». Schelling ira certes plus loin que son mentor dans la revalorisation de l'entendement et de la patience du négatif, mais il aurait à n'en pas douter entièrement souscrit à ces mots du *Voyage en Italie* : « les grandes œuvres d'art ont été faites par des hommes, selon des lois naturelles et vraies, en même temps que les œuvres suprêmes de la nature. Tout arbitraire, tout ce qui est imaginaire s'effondre, là est la nécessité, là est Dieu »[2] ?

Schelling a en effet très tôt attaché son nom à la *Naturphilosophie* et nous ne risquons guère de nous tromper en disant de cette doctrine qu'elle est sa création la plus personnelle, l'emblème de sa pensée. Elle repose sur l'idée que la science ne doit pas partir du mécanisme, mais de l'organique,

1. L'expression est de Herder (*Kritische Wälder. Oder Betrachtungen, die Wissenschaft und Kunst des Schönen betreffend, nach Maasgabe neuer Schriften* (1769), dans *Werke*, B. Suphan (hrsg), Berlin, Weidmann, 1967, Bd. 3, p. 10).

2. *Goethes Werke*, Hamburg, Christian Wegner Verlag, 1958, Bd. XI, p. 395. *Cf.* X. Tilliette, *Schelling. Biographie*, Paris, Calmann-Lévy, 1999, p. 160 : « ce n'est plus Winckelmann, quoique cité plusieurs fois, c'est Goethe qui est le mentor clandestin, car il a su captiver l'esprit de la terre ».

du positif, de ce qui peut rendre raison de son contraire, mais ne peut être expliqué par lui : on ne peut connaître le négatif que par le positif et le mécanisme est seulement le négatif de l'organique [1]. Rien n'est plus funeste alors que ce qui conduit à confondre ces deux ordres et entraîne une réduction du vivant au mécanique. Car telle est la tendance de fond de l'époque : avec Descartes, l'« annihilation de la nature », l'ultime projet de l'idéalisme, a déjà été menée à bien. Elle se laisse « confirmer et réaliser factuellement dans l'exacte mesure où elle est déjà effective dans la physique » [2]. Or, il ne fait pas de doute que les récentes découvertes du galvanisme et du magnétisme animal viennent de donner le coup de grâce à cette conception mécaniste qui réduit la nature à n'être plus qu'un ensemble de qualités et d'affections. Baader décrit comme un constat le changement que lui et Schelling appellent de leurs vœux et qu'ils voient se dessiner à travers le progrès des sciences : « on croyait déjà avoir achevé la déspiritualisation de sa propre âme et avoir trouvé dans la nature extérieure, considérée par ailleurs comme totalement sans esprit, sans âme et sans Dieu, la preuve et la garantie objective de cette déspiritualisation de soi-même, lorsque cette nature se mit à manifester de plus en plus nettement cette âme et cet esprit, qui nous avaient d'ailleurs toujours parlé par le truchement de son langage de chiffres » [3]. Pour les philosophes de la nature, l'unité du réel et de l'idéal est si étroite qu'elle se manifeste encore dans les errements de la pensée et dans l'inévitable rectification que lui apporte l'ordre des choses.

Dans un passage central du discours sur les arts plastiques, passage auquel renvoie par ailleurs le fragment *Sur l'essence de la science allemande*, Schelling rappelle quel coup mortel ont failli donner à la nature l'usage de l'abstraction et le désir de s'élever au-dessus d'elle pour la dominer. Par un inévitable mouvement de balancier, le mécanisme a ouvert la voie à un spiritualisme outrancier, celui de Fichte, qui, en se privant de

1. Cf. *Von der Weltseele*, SW II, 349.

2. *Cf.* SW V, 274 : « ce qui doit paraître de manière générale très remarquable, c'est que grâce à ce même esprit, dans lequel le dualisme de la philosophie moderne se développe de façon décisive, la physique mécanique prit pour la première fois dans le monde moderne la figure du système » (la traduction française donne à tort « physique mathématique »).

3. *Cf.* Baader, *Über die Begründung der Ethik durch die Physik*, dans *Sämmtliche Werke*, F. Hoffmann (hrsg), Leipzig, Bethmann Verlag, 1854 (dorénavant cité BSW), Bd. V, p. 6 et Schelling, *Contribution à l'histoire de la philosophie moderne* : « une nouvelle génération apparut qui se sentait comme munie de nouveaux organes pour penser et pour connaître, et qui exigeait tout autre chose des sciences naturelles et de l'histoire [...]. La nature jusqu'alors tenue pour inanimée donna des signes d'une vie plus profonde et dévoila le mystère de ses processus les plus cachés. Ce qu'on avait à peine osé penser sembla devenir chose d'expérience » (SW X, 121).

tout lien à la physique et en voulant tout spiritualiser, s'est voué à la *Bodenlosigkeit*. Schelling montrera plus clairement encore en 1810 quelle affinité unit ces deux doctrines en apparence opposées :

> depuis Descartes qui est le père de la philosophie européenne moderne, on a parcouru toutes les déterminations unilatérales possibles, jusqu'aux plus extrêmes et aux plus tranchées – dans l'idéalisme de Fichte et le mécanisme des Français –, de sorte qu'à un esprit sans prévention qui chercherait à replacer la philosophie sur ses bases, il ne resterait plus que le tout unificateur [1].

Seule, en effet, une philosophie qui regarde la nature du point de vue de la totalité et fait voir sa *Lebendigkeit*, sa vitalité et son identité à soi, peut offrir une alternative à la culture moderne et au manque d'esprit qui la caractérise. Comme le dit Alexander von Humboldt, dans son célèbre *Kosmos*, il ne s'agit pas seulement de décrire la structure de l'univers, mais de s'élever

> à un point de vue supérieur à partir duquel toutes les créations de la nature et toutes ses forces apparaissent comme ne formant plus qu'un tout, animé d'un mouvement interne. La nature n'est pas un agrégat inerte. Elle est pour le « chercheur enthousiaste », comme le dit Schelling dans son admirable essai sur les arts plastiques, « la force cosmique primitive, sacrée, éternellement créatrice, qui produit et crée toutes choses par sa propre activité » [2].

Or, si un discours sur l'art peut, comme c'est le cas ici, apporter un nouvel éclairage sur la philosophie de la nature, c'est bien parce que, pour Schelling, cette philosophie n'est pas une simple théorie, mais une « vie réelle », celle de l'esprit « dans et avec la nature » [3], et qu'en cela elle répond à la destination même du monde moderne, qui est de présenter une unité plus haute de la nature et de la spéculation : si une expérience véritable, fondée sur l'intuition de la nature, ne vient pas contrebalancer ou équilibrer la pulsion vers l'universel qui l'anime, la philosophie ne peut exposer

1. Lettre à Georgii du 18 février 1810, dans *Aus Schellings Leben*, Bd. II, p. 198.

2. *Kosmos. Entwurf einer physischen Weltbeschreibung*, Stuttgart, Cotta, 1845-1858, Bd. I, p. 39. Pour la citation du *Discours sur les arts plastiques*, *cf.* SW VII, 293. Pour la fidélité de Humboldt à la philosophie schellingienne, *cf.* sa lettre du 1er février 1805, cf. *Aus Schellings Leben*, Bd. II, p. 49 : « je tiens la révolution que vous avez introduite dans les sciences de la nature pour une des plus belles époques de ces temps enfiévrés. Hésitant entre le chimisme et la théorie de l'excitation, j'ai toujours pensé qu'il devait y avoir quelque chose de meilleur et de supérieur auquel ramener le tout et cette chose supérieure, nous en sommes redevables à vos découvertes ».

3. *Kritische Fragmente*, SW VII, 245.

« l'organisme complet de la culture ». La tâche de la philosophie est alors d'établir patiemment entre la science et l'expérience un rapport organique et de faire sentir qu'en vérité, « toute véritable expérience est religieuse [*alle wahre Erfahrung ist religiös*] »[1].

Notre discours va donc répéter que seul un changement dans les idées elles-mêmes, seul un nouveau savoir peut donner une nouvelle vie à l'art. L'art ne peut se relever que si une nouvelle foi lui insuffle un nouvel esprit, une foi fondée sur la connaissance de la nature. Schelling s'accorde en effet avec la plupart des postkantiens pour dire que seule une religion philosophique peut donner au monde moderne l'orientation qui lui fait défaut. Mais il ajoute, compte tenu de la perspective particulière qui est la sienne, que cette religion a nécessairement la couleur de la nature, qu'elle est « la forte religion de celui qui descend, d'un cœur hardi, dans les profondeurs de la nature, et non la religion érémitique d'une auto-contemplation oisive ». La frileuse religiosité fichtéenne par exemple n'a alors que peu de choses à opposer à cette philosophie fondée entièrement sur la totalité de la nature[2].

Pour le dire plus précisément, seul un savant qui, comme Ritter, considère *la physique comme un art* (selon le titre d'un autre célèbre discours académique que le physicien avait prononcé le 28 mars de cette même année 1807), peut faire apparaître l'essence des choses comme cette « science opérante » et vivante qui, à travers la nature, unit forme et concept. L'artiste, comme le savant, doit aller « au-delà de la forme pour la retrouver vivante, compréhensible et véritablement sentie ». Dans la nature, la détermination n'étant jamais une négation « mais toujours une affirmation », la forme n'est pas une limite mais la mesure (*Maß*), le sens actif que la force créatrice impose[3]. Elle existe avec l'essence et par elle, de sorte que, si la nature nous apparaît d'abord dans sa fermeture sur soi et son opacité, il nous est tout de même possible de « fondre la forme dure en apparence de la nature, pour que la force limpide des choses conflue avec la force de notre esprit, et ne faire des deux qu'une seule coulée ».

Mais seul un authentique artiste, un sculpteur ou un peintre, a vraiment la capacité de faire apparaître l'essence au cœur même de l'individuel. « De même que toute la création est une œuvre de la suprême extériorisation, ainsi l'artiste doit se déprendre de lui-même et condescendre à l'individualité, sans craindre l'isolement et la douleur, ni même le tourment

1. *Vorrede zu den Jahrbüchern der Medicin als Wissenschaft*, SW VII, 137.
2. *Aphorismes pour introduire à la philosophie de la nature*, SW VII, 144.
3. SW VII, 299-303.

de la forme »[1]. L'artiste peut susciter le beau dans la totalité et donner à son œuvre la plénitude du contenu s'il sait borner son œuvre à une sphère limitée. S'il se détourne de la positivité des choses, il n'aboutit qu'à un art dénué de caractère. Sans trait caractéristique, l'œuvre ne peut « obtenir l'indifférence suprême de la beauté ». « La beauté caractéristique est la beauté dans sa racine, à partir de laquelle la beauté peut ensuite s'élever comme fruit; l'essence a beau recouvrir la forme, le caractère reste le fondement toujours opérant du beau ». Sans cette haute et indifférente beauté, sans cette beauté autarcique, l'œuvre perd toute unité vivante. L'esprit créateur transfigure la rigueur, l'âpreté en douceur, en grâce.

Cette analyse peut paraître secondaire du point de vue d'une philosophie de l'identité absolue qui s'est voulue un système universel, englobant et omni-compréhensif; elle est pourtant du plus haut intérêt car, à partir des *Recherches* et des *Conférences de Stuttgart*, elle va se trouver élargie et généralisée de façon à nous offrir un modèle à partir duquel penser l'irruption de la temporalité dans la vie divine. Se donner un caractère, s'engager dans une première déterminité n'est en effet possible que par une sorte de contraction, comparable au retrait du divin dans sa première puissance qui institue le commencement du temps. Cette idée d'une contraction première va permettre de penser un commencement du temps qui ne soit pas dans le temps.

Malheureusement, à ce moment précis du parcours schellingien, ce développement prometteur n'est qu'à peine esquissé, il n'est pas même implicite. Aussi, le fameux discours n'inspire-t-il que railleries à Jacobi : on a beau isoler une donnée qualitative unique et la désigner du nom de vie, on ne sort pas des apories que suscite la méthode quantitative de la période de l'Identité. Comment une science purement active et donc aveugle peut-elle donc se changer en un être infiniment multiple, soumis au temps? Si toutes les choses partagent une seule et même vie, elles ne se distinguent que d'un point de vue quantitatif et le créateur ne doit intervenir que pour leur imposer la forme du temps[2]. Schelling répondra directement à ces

1. SW VII, 304-311.

2. Lettre à Fries du 26 novembre 1807, dans J.F. Fries, *Aus seinem handschriftliche Nachlasse*, Henke (hrsg), Leipzig, F.A. Brochlaus, 1867, p. 312 : « je m'occupe en ce moment de discuter à nouveau la doctrine de Schelling, à quoi j'ai été mené irrésistiblement par la dissertation de ce maître "Sur la relation des arts plastiques à la nature". La méthode fascinante dont il y est fait usage, la tromperie qu'il y exerce avec la langue, m'ont révolté. Je pense faire voir en toute clarté que le créateur schellingien ne crée rien d'autre, d'éternité en éternité, que le temps. Sa seule vie intemporelle (être sans conscience, ou comme vous vous exprimez vous-même : un être du savoir caché au savoir lui-même, dans la langue de Schelling : une

attaques et la fameuse formule qui tend à faire de la nature une force primitive et sacrée constituera le point de départ du *Monument de l'écrit Sur les choses divines* (*Denkmal der Schrift von den göttlichen Dingen des Herrn Friedrich Heinrich Jacobi*), assurément le texte le plus polémique et mordant qu'ait jamais écrit notre auteur.

Depuis les grands textes de la philosophie de l'Identité, que Jacobi ne connaissait bien sûr pas tous directement, Schelling ne cesse cependant de répéter que l'art a pour tâche de présenter dans l'idéal ce qui existe effectivement dans la nature. Or, si la nature est la source originaire (*Urquelle*) de l'activité artistique, elle reste une révélation muette, une manifestation silencieuse, tandis que l'art est « le monde des idées grand ouvert »[1], qui marque ses productions du sceau d'une plus haute nécessité. Pour ce qui est de la figure humaine par exemple, il se doit d'« amener à la surface la vérité cachée plus profond », autrement dit la forme telle qu'elle est « dans le projet et l'idée de la nature »[2]. Ici, l'art doit se faire l'instrument de l'âme.

Pour cela, et afin que l'œuvre d'art puisse s'affirmer « comme un tout face au tout », l'artiste doit prendre fermement appui sur les deux principales sources de créativité à sa disposition, la nature et l'esprit du temps. « Ce sens grâce auquel la nature et l'histoire se sont à nouveau ouvertes d'une façon plus vivante ne devait-il pas redonner aussi à l'art ses grands objets » ?

La grandeur des œuvres d'art est en effet moins le fruit des individus que de l'esprit qui se développe dans une société entière. « C'est seulement lorsque la vie publique est mise en mouvement par les forces qui donnent son essor à l'art, que ce dernier peut en tirer profit ». L'art n'est vraiment l'expression de la vie publique que lorsque celle-ci se laisse guider par des motifs élevés. Sans un grand enthousiasme, il n'y a guère que des sectes et pas d'opinion publique.

science purement active, aveugle, intemporelle, etc. ...) se change en un être temporel infiniment multiple (être avec conscience) afin que la vie soit vécue. Il n'y a qu'une qualité, la vie en tant que telle. Toutes les autres qualités ou propriétés ne sont rien d'autres que diverses quantités ou limitations de cette unique qualité, qui est en même temps la substance et l'être tout entier. L'homme la possède davantage que le bousier, mais il ne possède en lui-même rien de meilleur ou de supérieur. Tout ce qui vit, vit seulement une seule et même vie. Mais la totalité, le tout, la nature remâche comme une vieille femme, d'éternité en éternité, d'une gueule vide, produit et expulse le temps. Le reconnaître, c'est là l'or de la vérité et de la vie, la gloire de l'homme ».

1. *Philosophie de l'art*, SW V, 631.

2. SW V, 525.

Or c'est évidemment en Grèce que cet accord des grands artistes avec l'esprit du temps s'est concrétisé de la manière la plus éclatante. Les *Leçons sur la méthode des études académiques* rappelaient ainsi que, durant l'Antiquité, les fêtes, les monuments, les sculptures ne formaient que des branches diverses d'une seule et même œuvre d'art, objective et vivante. Cependant, assure Schelling, rien n'importe plus que de regagner notre liberté par rapport à ces modèles. Nous n'avons rien à attendre des Grecs tant que nous nous bornerons à imiter servilement leur exemple : « aucune tradition vivante, aucun lien de développement culturel organique ne rattache leur époque à la nôtre : nous devons recréer l'art sur leurs traces, mais avec nos propres forces, si nous voulons être leurs égaux » [1].

Aussi l'art doit-il servir d'exemple car il est en soi le prototype de tout progrès culturel.

> De même, pouvait-on lire dans les *Aphorismes pour introduire à la philosophie de la nature*, que, selon les termes de Winckelmann, le style encore âpre et rigoureux de la sculpture la plus ancienne devait nécessairement précéder les produits, embellis par la grâce, de l'art postérieur, et de même que seuls ces États ont une disposition à devenir grands qui commencent par une législation stricte, de même il faut que le sérieux et la rigueur de la culture scientifique aient contraint l'ignorance des esprits avant que ne puissent mûrir les fruits les plus doux de la philosophie [2].

Ce n'est que du sérieux et de la rigueur que peut naître la liberté.

Schelling insiste d'ailleurs sur l'importance de préserver la liberté de celui qui cherche. « L'art et la science ne peuvent se mouvoir que sur leur axe propre ». Il n'est de création vivante que dans l'élément de la liberté. Or, s'il est vrai que l'artiste peut s'aider seulement lui-même, il doit aussi pouvoir s'appuyer sur des structures objectives. Schelling dira ainsi l'année suivante dans un autre discours académique que, si nulle académie au monde ne peut produire un Raphaël ou un Titien, personne ne peut se passer d'exercice et de connaissance et que l'artiste, quelque talent inné qu'il ait, doit pouvoir se reposer sur des institutions lui donnant les moyens d'exprimer sa liberté. C'est aussi le rôle de l'État que d'y veiller [3].

1. *Cf.* ici SW VII, 326.

2. *Aphorismes pour introduire à la philosophie de la nature*, SW VII, 143.

3. *Über die Verfassung der neuen königlichen Akademie der bildenden Künste in München* (1808), SW VII, 555. L'Académie royale des Beaux-arts dont Schelling prendra bientôt la présidence sera par exemple tenue par ses statuts de « rester en constante liaison avec le gouvernement et les autorités administratives » (*cf.* M. Dunan, *Napoléon et l'Allemagne. Le système continental et les débuts du royaume de Bavière*, Paris, Plon, 1942, p. 96).

Or toute institution, qu'elle soit une société savante ou une académie des Beaux-arts, doit avoir le peuple pour base et agir en retour sur la nation[1]. Toute la réflexion que Schelling mène sur l'art le conduit ainsi à s'interroger sur le lien qui rattache nécessairement le peuple aux formes supérieures de sa culture. Il n'y a guère dès lors de surprise à voir le discours se clore sur un appel au peuple allemand, l'exaltation de l'Allemagne, qui « a donné des lois au ciel », préfigurant le grand écrit patriotique de Schelling, l'essai *Sur l'essence de la science allemande*.

Ce bref écrit est resté à l'état de fragment et n'a pas été publié du vivant de Schelling. L'ambition dont il témoigne en fait néanmoins un texte important, représentatif d'un moment charnière du parcours intellectuel de son auteur, celui précisément où il entreprend de faire de la philosophie de la nature le fondement d'une métaphysique concrète sur laquelle appuyer toute une vision de l'histoire. Depuis ses débuts littéraires, Schelling s'est en effet donné pour tâche d'élaborer une nouvelle philosophie scientifique, à même de donner à l'héritage kantien une forme systématique et d'offrir une alternative culturelle à la conception du monde issue des Lumières. Tandis que Kant voyait dans la métaphysique moins une science qu'une « disposition naturelle » attachée à l'essence même de la raison, il la regarde comme une « manière organique de sentir, de penser et d'agir », appelée à se mettre au service de la vie. La métaphysique n'est plus pour lui une branche particulière de la philosophie ou une simple discipline académique, mais ce qui apparaît chaque fois que se produit quelque chose de grand.

Le fragment témoigne ainsi des dernières orientations que notre penseur entend donner à sa doctrine de l'Identité et l'ouvre d'une certaine manière sur une philosophie nouvelle. Il importe dès lors de le dater avec précision. Le premier éditeur de Schelling, son fils, le faisait remonter à 1811 et le croyait destiné à la revue *Allgemeine Zeitschrift von Deutschen für Deutsche*, fondée par le philosophe en 1813[2]. Comme son titre l'indique, cette publication avait pour but de mener le peuple allemand à une plus haute conscience de lui-même en mettant la science au service de la vie et « en faisant voir sous son vrai jour l'essence de la science allemande »[3]. On ne trouve pourtant dans le fragment aucune allusion aux *Recherches sur*

1. *Über die Verfassung* ..., SW VII, 561.

2. Nürnberg, J.L. Schrag, 1813 (Nendeln, Kraus Reprint, 1971).

3. *Vorrede zur Allgemeinen Zeitschrift von Deutschen für Deutsche*, SW VIII, 142. *Cf.* la lettre à Eschenmayer du 5 avril 1812, dans *Aus Schellings Leben*, Bd. II, p. 304.

l'essence de la liberté humaine (1809) et aux *Choses divines* (1811), ni rien qui fasse référence aux *Âges du monde*, alors en chantier. Il semble que H. Fuhrmans ait définitivement résolu ce problème de datation en faisant paraître en 1975 un brouillon inédit d'une lettre destinée à Jacobi. Ce brouillon, que nous traduisons en appendice, est daté du 16 juin 1807 et contient les réactions de Schelling au lendemain de la conférence sur les sociétés savantes que son collègue avait donnée le 27 juillet 1807 à l'occasion de la réinstallation de l'Académie des sciences à Munich[1]. À la fin de la lettre, figurent trois passages d'un texte intitulé *Über das Wesen deutscher Philosophie*, censé paraître sous peu. Un de ces extraits apparaît dans la version finale du fragment, recueilli dans les *Sämmtliche Werke*. On peut donc faire remonter notre texte avec certitude au premier séjour de Schelling à Munich tout en étant assuré que sa dernière rédaction est postérieure au 12 octobre 1807, puisque c'est à cette date que Schelling prononce le fameux *Discours sur les arts plastiques*, qu'une note mentionne en passant.

Pour ce qui est des deux ambitions auxquelles il répond, notre fragment a donc à chaque fois un point de départ circonstanciel. Il est tout d'abord une réponse à la conférence inaugurale de Jacobi, à laquelle Schelling avait assisté et dont il avait proposé, le 13 juin, d'aider à remanier le texte. L'idée la plus forte du discours était qu'il ne saurait y avoir de mauvais usage de la raison, alors qu'un mauvais usage de l'entendement est possible lorsque la faculté discursive se soumet à la sensibilité qu'elle était destinée à régir. Or, la dissertation académique prenait pour seul exemple de mauvais usage de l'entendement la philosophie de la nature schellingienne. Après avoir montré que le tort de l'intellect est de ne s'intéresser qu'aux relations et qu'il n'est rien de plus absurde qu'une connaissance entièrement médiatisée, Jacobi assurait au détour d'une phrase que la postérité ne s'étonnera pas si, dans le désert de l'incrédulité, on voue à nouveau un culte au Serpent, si l'on élève encore des autels au veau d'or et si les philosophes sont les ministres de ce culte[2]. Schelling vit là non sans raison une allusion fielleuse à sa propre doctrine et c'est malgré son avis défavorable que le texte fut donné à l'impression.

Comme nous l'apprend le brouillon de lettre que Fuhrmans a exhumé, Schelling songea sérieusement à répondre à ces accusations. Mais c'est un de ses disciples, le juriste Karl Rottmanner, qui se chargea de lancer la polé-

1. Lettre du 16 juin 1807, dans *Briefe und Dokumente*, H. von Fuhrmans (hrsg), Bonn, Bouvier, 1962, Bd. III, p. 434-441.

2. *Über gelehrte Gesellschaften, ihren Geist und Zweck*, dans *Werke*, VI, 57.

mique. Jamais avant le discours de Jacobi, écrit-il, les défauts qui affectent le fameux *principe du Nord* et toute pensée d'entendement n'étaient apparus aussi clairement. Cette forme de philosophie désuète qui règne dans l'Allemagne protestante, n'est pas authentiquement allemande car son refus de principe de toute philosophie de la nature la marque du sceau de l'unilatéralité : en ne se donnant d'autre but que la simple conformité à l'entendement, elle se détourne de toute vie plus élevée. Le vain orgueil des érudits de l'Allemagne du Nord a trop longtemps bafoué, dans le domaine philosophique tout autant que dans le domaine politique, le sentiment national bavarois, dont Rottmanner se revendique. L'Allemagne du Nord, assure-t-il, « a altéré notre vie joyeuse et fraîche par un mécanisme sans vie et remplacé la chaude sentimentalité de nos ancêtres par un froid rationalisme ». C'est pourquoi Jacobi, en bon protestant manque de sens et d'esprit philosophiques et ignore l'esprit de l'histoire et la valeur de la culture intellectuelle. La forme de philosophie la plus récente, la philosophie schellingienne s'entend, est au contraire la forme « véritablement allemande [*wahrhaft-teutsche*] » ou pour tout dire universelle.

Schelling ne prit pas ouvertement parti dans cette querelle, de peur sans doute de froisser son collègue, avec lequel il entretenait encore des rapports cordiaux, mais il ne put dissimuler à ses correspondants la satisfaction que lui procura son jeune disciple[1]. Cette polémique avortée avec son « meilleur ennemi » lui donne en tout cas maintenant l'occasion de modifier un point crucial de sa philosophie[2]. Désormais, à ses yeux, l'entendement droit et la raison véritable font positivement un (*sind positiv Eins*), comme peuvent l'être un corps sain et une âme saine. Si l'on a pu croire que les deux facultés principales de l'esprit s'opposaient, c'est parce qu'on n'a connu l'entendement que sur son côté négatif. En tant qu'il tient le milieu entre la sensibilité et la raison, il constitue pourtant en l'homme la force d'effectuation, de réalisation qui donne aux productions de l'esprit leur vitalité et leur permanence. Schelling réhabilite donc l'entendement moins pour répondre à Hegel que pour s'opposer à Jacobi. Le renversement de perspec-

1. *Aus Schellings Leben*, Bd. II, p. 125. La brochure de Rottmanner reçut aussi entre autres l'approbation de Goethe. C'est encore le sentiment national bavarois qui poussa Rottmanner à publier sous le titre de *Frühlingsblumen* un recueil de poèmes en hommage à Napoléon (München, Lindauer, 1808).

2. L'expression « meilleur ennemi » est de Jacobi. *Cf.* sa lettre à Ch. de Villers du 5 juillet 1807, dans *Schelling im Spiegel seiner Zeitgenossen*, X. Tilliette (hrsg.), Milan, Mursia, 1974, p. 184 : « je le vois souvent. Sa conduite à mon égard, depuis qu'il est à Munich, a été parfaite ; je lui ai résisté longtemps, enfin il m'a vaincu, et nous sommes les meilleurs ennemis du monde ».

tive par rapport aux premiers textes de la philosophie de l'Identité est en tout cas parfaitement évident : « l'entendement seul donne aux produits de l'esprit une force intérieure et une stabilité, seul il imprime aux actes du courage, de la vertu et de l'enthousiasme le sceau de la divinité » alors que l'« enthousiasme insensé » nous prive de la claire connaissance du nécessaire.

Fuhrmans a également montré que les deux dernières pages du fragment constituent une réplique aux accusations que le grand historien Johannes von Müller avait lancées de son côté contre la philosophie de l'histoire idéaliste[1]. Müller s'en était pris indirectement à Schelling après la parution, en 1805, d'un livre de F.J. Molitor, les *Ideen zu einer künftigen Dynamik der Geschichte*, ouvertement inspiré de *Philosophie et religion*. Le 16 août 1806, Windischmann avait fait paraître dans la *Jenaische Allgemeine Literatur-Zeitung* une recension assez malveillante de l'ouvrage, avec en appendice une mise au point dans laquelle von Müller accusait la philosophie spéculative de fuir la réalité et de se perdre dans l'abstraction au lieu de faire vivre les idéaux de liberté et de vertu qui avaient inspiré les héros du passé. À ses yeux, seuls des philosophes incapables d'accomplir de grandes actions se représentent l'histoire comme prédéterminée par Dieu et spéculent sur son plan éternel. Au lieu de faire naître l'amour de la patrie et le goût de l'action, la nouvelle philosophie habitue la jeunesse à la contemplation passive de l'Éternel.

Schelling avait réagi en un premier temps avec une certaine modération et s'était montré assez conciliant avec son adversaire. Il ne fait pourtant pas de doute que la francophilie affichée par von Müller ne pouvait que lui déplaire. Dès la chute de la Prusse, l'historien avait en effet rendu hommage à Napoléon, ouvertement désigné comme invincible, puis avait prononcé, le 29 juin 1807, dans l'enceinte de l'Académie des sciences, un discours intitulé *De la gloire de Frédéric* qui plaçait de manière assez transparente l'Empereur dans l'hérédité spirituelle du grand roi prussien. Après avoir été reçu par Napoléon, l'historien avait d'ailleurs dit avoir été transporté par cette entrevue davantage encore que par l'audience que lui avait accordée Frédéric dans sa jeunesse[2]. Malgré le scandale, Müller décida plus tard d'offrir ses services au roi de Westphalie, Jérôme Bonaparte,

1. Cf. *Schellingiana rariora*, p. 267-273. L'historien suisse Johannes von Müller (1752-1809) fut notamment un ami et correspondant de F. Nicolai et de Johann Georg Jacobi, le frère aîné de F.H. Jacobi.

2. Pour plus de détails, *cf.* J. Droz, *Le romantisme allemand et l'État*, Paris, Payot, 1966, p. 153.

lorsque celui-ci se vit confier par son frère la tâche d'édifier un État modèle d'après les principes de l'Empire français. Enfin, l'intérêt grandissant de Hegel pour son œuvre et la parution entre 1807 et 1809 de plusieurs de ses articles dans la *Bamberger Zeitung*, que le nouvel adversaire de Schelling dirigeait, finirent par pousser notre philosophe à réagir.

On dispose ainsi d'un brouillon de la réplique qu'il entreprit de rédiger. Dans ce texte, notre philosophe semble admettre l'inutilité de toute action pratique ou de toute intervention active sur la réalité et reconnaît de bon gré qu'on ne saurait se donner une représentation adéquate de l'histoire ou faire naître l'amour de la vertu en se retranchant derrière des formules générales. Mais il ajoute aussitôt que, si l'Allemagne a subi un tel effondrement, c'est d'abord parce que les vertus du courage, de l'indépendance et de la liberté se sont montrées insuffisantes et que les grands exemples du passé n'ont pas été capables de susciter l'émulation. Or, si, avec von Müller, on réduit la philosophie à n'être plus que la connaissance de simples faits, on prive de toute espérance ceux qui en attendent quelque chose. « Celui qui n'a plus sur terre où poser les pieds et où faire reposer sa tête, ne tourne-t-il pas très naturellement son regard vers le ciel ? Combien vite s'épuiserait la dernière source de force et ce qui fait la particularité du peuple allemand, s'il se dégoûtait de la recherche et s'il se laissait détourner de la poursuite infatigable de la connaissance ! »[1]. Ce qui a rendu le peuple allemand impuissant, ce n'est pas sa philosophie. Ce qui a ruiné la science allemande, ce sont les doctrines étrangères, et au premier chef la philosophie française. Seule la vraie philosophie, une philosophie authentiquement allemande, pourra faire renaître ce qui s'attache à l'essence la plus intime de la nation : « la religion, l'héroïsme et la foi ». Seule la philosophie spéculative peut relever l'Allemagne et la libérer du joug de la domination étrangère. « Dans une situation si malheureuse, la dignité et la force, ainsi que la possibilité du salut, ne se trouvent pour le peuple allemand que dans ce qui reste son unique vertu, à savoir la richesse de la recherche et la science, celle-ci ayant été la seule à entretenir le feu sacré après qu'il se fut éteint dans la vie et la mentalité publiques ».

Les deux lignes d'argumentation de notre texte, à savoir l'affirmation contre Jacobi de la portée historique et religieuse de la philosophie de la

1. Pour le texte de J. von Müller, cf. *Briefe und Dokumente*, Bd. III, p. 358. Pour la réponse de Schelling, *cf.* p. 363. Cette lettre est restée inédite car Gundolf ne la fit paraître qu'en 1907 (et non en 1807 comme l'écrit X. Tilliette dans sa biographie de Schelling, p. 167). Sur l'influence de Müller sur Hegel, *cf.* Ch. Jamme, « *Hegel als Leser Johannes von Müllers* », *Hegel-Studien*, 1981, n° 16, p. 9-40).

nature et l'appel à la nation allemande pour qu'elle reprenne goût à la vertu intellectuelle et se libère de la pernicieuse influence française, engagent en définitive une conception globale de l'idée de culture, une exaltation du peuple et une haine de la multitude qui, s'ils peuvent, de nos jours, paraître singuliers, caractérisent l'idéalisme allemand dans sa presque totalité.

> Il est temps, écrit Schelling à propos de la philosophie de la nature, que notre affaire reçoive une plus grande publicité, à ceci près que nous ne devons pas nous adresser à la foule, mais au peuple : nous ne devons pas être populaires comme celui qui flatte le sens commun, mais profonds, convaincants et compréhensibles comme le Réformateur [...]. On verra bientôt de quel côté se trouve l'espoir d'une restauration de la beauté de la vie et de quel côté provient sa corruption toujours croissante [1].

Schelling ne lancera jamais un tel appel au peuple allemand, mais on devine sans peine à qui il se serait adressé : seule la meilleure partie du peuple, celle qui s'est libérée de la fausse culture rationaliste, est en effet à même de percevoir la nouvelle espérance, l'espérance philosophique.

Le fragment que nous traduisons peut enfin se lire comme un prolongement de l'*Anti-Fichte*. Il répond aux attaques que le philosophe d'Iéna avait lancées, dans les *Caractères de l'époque actuelle*, non seulement contre les obscurantistes qui nient le droit à la libre pensée, mais aussi contre la philosophie de la nature, regardée comme une régression précritique et une superstition. Schelling voit dans ces idées et dans toute la doctrine fichtéenne l'expression du « berlinisme [*Berlinismus*] le plus plat », lequel a d'ailleurs été presque entièrement éradiqué dans sa propre patrie[2].

Sur l'essence de la science allemande constitue donc en quelque sorte une esquisse de cette partie idéale de la *Darlegung des wahren Verhältnisses der Naturphilosophie zu der verbesserten Fichteschen Lehre* que Schelling avait alors en projet : « lorsque j'ai eu terminé ce livre, écrit-il à Hegel, j'eus presque envie d'en écrire un second sur la conception fichtéenne de la vie, de l'État, des mœurs, etc. ... (pour ce dernier chapitre, il s'agit principalement de l'amélioration du droit criminel), car on peut dire que son opposition aveugle à notre époque est l'instinct qui lui dit à lui-

1. Lettre à Windischmann du 8 octobre 1805, dans *Aus Schellings Leben*, Bd. II, p. 75.

2. *Aus Schellings Leben*, Bd. II, p. 104. C'est précisément en raison de leurs attaques contre la philosophie de la nature que les conférences sur les *Caractères de l'époque actuelle* sont le seul texte de Fichte qui trouva vraiment grâce aux yeux de l'autre grand ennemi de Schelling, Jacobi (lettre à Köppen du 16 septembre 1806, dans *Auserlesener Briefwechsel*, Bd. II, 396).

même qu'il est tout à fait semblable et homogène à cette époque »[1]. Il faudrait ainsi montrer en quoi la vraie science philosophique, qui appréhende organiquement « le tout dans la partie et la partie dans le tout », s'oppose à la doctrine du droit et à la philosophie morale fichtéennes, qui ne voient partout que bornes et restrictions[2].

C'est donc sur la philosophie de la nature que Schelling va faire reposer toute sa critique de la théorie rationaliste de l'État telle qu'elle s'exprime chez l'un de ses plus éminents représentants. Schelling regarde en effet Fichte avant tout comme le théoricien de l'État prussien. Pour lui, contrairement à ce que pourra penser un Benjamin Constant, l'état commercial fermé, l'état de l'entendement, est moins l'État jacobin que l'État frédéricien[3]. Au moment où il rédige le fragment, Schelling est en effet bien incapable de voir en Fichte l'incarnation même du patriotisme allemand. L'auteur de *L'état commercial fermé* et des *Caractères* n'est pas encore celui des *Discours à la nation allemande* : il développe plutôt à cette époque un certain mépris pour le patriotisme vulgaire et une forme de cosmopolitisme européen. Schelling ne pouvait connaître les nouvelles orientations que le philosophe d'Iéna expose en juin 1806 et juillet 1807 dans ses *Dialogues patriotiques*. C'est pourquoi il lui paraît tout à fait inconséquent : non seulement il célèbre l'État juridique prussien au moment où celui-ci tombe en ruine, mais il en fait l'éloge tout en se réclamant de Machiavel et en appelant à résister à la France. Ne sait-il pas que l'État prussien, cette « institution pour savants cacochymes et mal en point », est précisément tout entier inspiré du modèle français[4] ? A-t-il oublié qu'en 1806, Napoléon s'est recueilli sur la tombe de Frédéric II à Potsdam, pensant par là s'inscrire dans la continuité du despote éclairé ?

Dans la défaite de la Prusse, qui n'est pas loin de le réjouir, Schelling voit donc la ruine de la tradition issue des Lumières qui a trouvé sa formulation définitive dans les *Caractères de l'époque actuelle*. Fichte a défendu une conception politique aussi dangereuse qu'éphémère : « sa

1. Lettre du 11 janvier 1807, dans *Aus Schellings Leben in Briefen*, Bd. II, p. 110.

2. SW VII, 50.

3. Cf. *Darlegung des wahren Verhältnisses der Naturphilosophie zu der verbesserten Fichteschen Lehre* (1806), SW VII, 105 et B. Constant, *Journaux intimes*, P. Delbouille und K. Kloocke (hrsg), Tübingen, M. Niemeyer, 2002, 27 mai 1804, p. 134.

4. *Cf.* la lettre à Hegel du 31 août 1803, dans *Aus Schellings Leben*, Bd. I, p. 482 et la lettre à Windischmann du 31 décembre 1807, dans *Aus Schellings Leben*, Bd. II, p. 125. F. Schlegel disait de la même façon en novembre 1806 qu'« aucun gouvernement allemand n'est, en toute manière, aussi semblable au français que le gouvernement prussien » (*Aus Schleiermachers Leben in Briefen*, Bd. III, p. 410).

philosophie, sa vision de l'État et sa doctrine de la religion à moitié sincère mèneraient à la ruine complète de la nation allemande et la précipiteraient dans l'état qui l'attend probablement. Que voulez-vous obtenir de tels concepts ? Que pensez-vous faire de telles représentations confuses et artificielles ? »[1]. On ne peut assurément rien en attendre de bon car, si jamais l'État parfait tel que le conçoit le *Fondement du droit naturel* venait à se réaliser, il nous mettrait en présence de la pire forme de despotisme.

L'État moderne, l'État de droit privé, n'est en effet, aux yeux de Schelling, qu'une institution sans âme, dont le projet, la mécanisation de tous les talents, de toute individualité et de toute histoire, a eu pour conséquence la réduction de tout lien politique à l'égoïsme. Cette idée, popularisée par Burke, était déjà un lieu commun lorsque le fameux *Systemprogramm* la reprit à son compte[2] et Schelling la répètera presque mot à mot jusque dans ses textes les plus tardifs. Mais c'est encore Rottmanner qui exprime le plus clairement les contreparties inhérentes à la conception purement instrumentale de l'État qui domine notre temps :

> on a cessé de considérer l'État comme un organisme issu des besoins profonds de l'humanité et qui se développe d'autant plus parfaitement que celle-ci peut s'exprimer sans entraves, mais on le regarde comme une machine qui se dispose selon des normes arbitraires et qui se trouve modifiée suivant que l'on fait dépendre sa marche des notions de droit, de félicité ou de telle autre notion[3].

À l'époque, la conception mécaniste de l'État ne manquait en effet pas de défenseurs. L'un des plus marquants, l'historien August Ludwig von Schlözer, écrivait par exemple que l'État n'est qu'une invention humaine dont le monarque est le *Maschinendirektor* : « les hommes l'ont créé pour leur propre bien comme ils ont inventé les caisses d'assurance. La manière

1. Lettre à Windischmann du 1er novembre 1806, dans *Aus Schellings Leben*, Bd. II, p. 104.

2. Novalis écrivait déjà en 1798 : « aucun État n'a été administré comme une fabrique plus que la Prusse depuis la mort de Frédéric-Guillaume Ier. Aussi utile que puisse être sans doute à la santé positive, à l'agilité et à la force musculaire d'un État une pareille mécanisation administrative, il n'en est pas moins vrai que l'État auquel n'est appliqué tout simplement que ce régime s'en va radicalement à sa perte. Le principe de l'ancien et fameux système est de lier chaque individu à l'État par son intérêt particulier. Les habiles politiques cultivèrent l'idéal d'un État dont les intérêts, tout aussi égoïstes que ceux de ses sujets, seraient pourtant associés si astucieusement, liés à eux si étroitement qu'ils ne pourraient que se servir les uns aux autres et réciproquement » (*Amour et foi*, dans *Œuvres complètes*, trad. fr. A. Guerne, Paris, Gallimard, 1975, t. I, p. 338).

3. *Kritik der Abhandlung F.H. Jacobis : Ueber gelehrte Gesellschaften, ihren Geist und Zweck*, Landshut, Thomann, 1807, p. 33.

la plus instructive de traiter de la doctrine de l'État est de considérer celui-ci comme une machine artificielle complexe qui poursuit un but déterminé »[1]. Or c'est précisément cette conception de l'État que Schelling croit reconnaître dans les institutions de l'État prussien. Comme le dit une nouvelle fois Rottmanner, « le plus remarquable des "mécaniciens" de l'État fut Frédéric II, de même que la plus parfaite des machines politiques fut l'ancien État prussien, avant qu'il ne s'effondre en un instant lorsqu'il fut attaqué par un peuple plus puissant et qui venait de terminer sa révolution »[2].

L'essor de l'*appareil d'État* moderne ne pouvait qu'horrifier notre *Naturphilosoph*. Aussi dit-il encore en 1809, dans la recension de la *Jenaer Literaturzeitung* consacrée à Niethammer, que ceux qui ne voient en l'État qu'un mécanisme ignorent tout de son concept positif. L'État est en vérité une « idée spirituelle » dans laquelle tout caractère mécanique est d'ores et déjà vaincu.

Notre philosophe a en effet été parmi les premiers, après Schiller mais bien avant Evola, à développer une conception organique de l'État et à étendre au domaine politique les acquis de la philosophie de la nature. Les *Leçons sur la méthode des études académiques* de 1802, par exemple, regardaient l'« État véritable » comme un absolu, une authentique œuvre d'art, un organisme spirituel, animé par un principe vivant. L'État au sens absolu est un savoir devenu objectif, formé d'après l'archétype du monde des idées et qui porte en lui l'empreinte de l'organisme intérieur du savoir originaire. Par opposition à Fichte, qui ne voyait en l'État qu'un instrument de contrainte, et sous l'influence de Schleiermacher, Schelling affirmait qu'on ne peut le penser à l'aide de concepts abstraits puisqu'il est en tant que tel une « manifestation intelligible du divin ». L'État ne doit rien à l'activité des hommes, il est une « objectivation de l'histoire », il est « le monde de l'histoire achevé [*die vollendete Welt der Geschichte*] », la raison dans l'histoire[3].

Aussi est-il inévitable que l'État organique dont Schelling fait la théorie ait davantage une dimension culturelle que politique. En tant qu'il inclut en

1. *Allgemeine Staatsrecht und Staatsverfassungslehre*, Göttingen, Vandenhoek und Ruprecht, 1793. Dans ses *Staats Anzeigen*, Schlözer (1735-1809) fut l'un des premiers à développer une théorie moderne de l'État, appuyée sur la statistique. Il fut notamment l'élève de l'orientaliste Johann David Michaelis, le père de Caroline, et écrivit, pour sa plus grande gloire, une histoire de la Corse.

2. *Kritik der Abhandlung F.H. Jacobis*, p. 34.

3. SW V, 306-307.

soi l'ensemble des tâches culturelles, il est une œuvre d'art dans laquelle viennent converger toutes les activités nationales. La science, la religion et les Beaux-arts sont ses trois attributs, ses trois puissances, qui s'unissent et se mêlent en une unité rythmique vivante. L'essai sur la science allemande, en tant qu'il fait signe vers le système de 1804, nous offre alors un éclairage inattendu sur l'arrière plan culturel du *Discours sur les arts plastiques*.

> De même qu'il n'existe qu'une seule et même nature et une seule et même substance infinie, qui se manifeste dans la pesanteur, la lumière et l'organisme, et de même qu'elle est absolue pour soi en chacun d'eux, c'est un seul et même élément divin qui vit dans la science, la religion et l'art. Il n'existe que ces trois expressions absolues pour les trois puissances du monde idéal. Mais, de même que, dans la nature, la substance elle-même, qui porte et comprend en soi toutes ces puissances, devient objective et sans puissance dans l'univers et l'édifice du monde, de même le divin qui, dans la science, la religion et l'art, vit dans la séparation tout en restant absolu, devient objectif grâce à l'État. Et comme en outre la pesanteur, la lumière et l'organisme sont seulement des attributs de l'univers et comme toutes les choses ne sont et ne peuvent être qu'en lui, la science, la religion et l'art véritables n'ont d'objectivité que dans l'État [1].

La science devient objective en prenant la forme de la législation (que Platon lui-même regardait comme la plus sublime philosophie, celle qui donne à la science la forme de la totalité vivante), la religion se réalise comme vie éthique et comme vertu, comme ce que Schelling appelle l'« héroïsme de la nation », l'art enfin se manifeste comme l'esprit créateur qui anime la vie publique et lui imprime un mouvement rythmique vivant (il parachève la totalité éthique en faisant apparaître « la beauté de son phénomène »). « Ce en quoi la science, la religion et l'art se pénètrent de façon vivante et deviennent objectifs en leur unité, c'est l'État ». Ce n'est que dans l'État que la philosophie découvre la présentation vivante de sa propre image. Dans l'État véritable, « la philosophie, qui n'est plus science, mais devient vie, est ce que Platon appelle *politeuein*, la vie avec et dans une totalité éthique » [2].

Au regard d'une telle conception organique de l'État, les doctrines dominantes, celle du pacte social et du droit naturel objectif, paraissent

1. *System der gesamten Philosophie*, SW VI, 575. Le plus proche collaborateur de Schelling à l'époque de la philosophie de l'Identité, Heinrich Steffens, publiera encore en 1808 un manifeste en faveur de l'État organique intitulé *Über die Idee der Universitäten*. Quant à Adam Müller, il dira bientôt qu'une science ne subsiste que si elle se mêle à la vie sociale de telle façon que « science et État ne fassent qu'un ».

2. *Philosophie de la Révélation*, SW XIII, 177-178.

extrêmement limitées et artificielles. Aussi Schelling n'a-t-il de cesse de s'élever contre elles et plus largement contre toute la philosophie des Lumières en tant qu'elle proclame l'absolue personnalité de l'individu particulier séparé et fermé sur soi. Schelling n'entend évidemment pas dénier ainsi toute valeur au droit privé, mais il cherche plutôt à lui restituer sa véritable autonomie au sein d'un État qui, en transposant entièrement les affaires privées dans le droit public, anéantirait toute scission. Or, l'État moderne, tel qu'il existe, est un État qui divise et oppose et ne peut jamais se donner une fin absolue : « l'État, pour réaliser ses objectifs, a besoin de divisions, non pas tant de celles qui résident dans l'inégalité des états [*Stände*], mais de divisions qui vont beaucoup plus loin, des divisions internes qui résultent de l'isolement et de l'opposition des talents particuliers, de l'oppression de tant d'individualités, de la rectification des forces qui s'orientent naturellement dans des directions si différentes, afin de les transformer en instruments plus adaptés »[1]. Les différents États existants, loin de les résorber, ne font donc qu'amplifier et redoubler les divisions qui caractérisent la société civile : ils ne sont jamais que des tentatives avortées pour devenir des touts authentiquement organiques puisqu'il est dans leur essence de ne jamais y parvenir pleinement.

Quant à la société civile, « aussi longtemps qu'elle doit poursuivre également des fins empiriques au préjudice de l'absolu, elle ne peut rétablir qu'une identité apparente et forcée, mais jamais une identité véritablement intime ». Son caractère le plus propre est le divorce, la disharmonie décisive du réel et de l'idéal, scission que l'État redouble du fait de l'impuissance à laquelle il se voue de son propre fait. D'où ce jugement sans appel : « l'amitié et la fidélité sans faille sont des divinités qui se sont éloignées de l'Allemagne » ; le déclin des valeurs, la mort intérieure qui caractérise la présente génération, est la marque irréfutable « du démon qui domine notre époque »[2]. Dans le fragment qui nous occupe, le ton est plus amer encore que dans la correspondance et le constat plus désabusé. La société moderne, nous dit-on, s'est édifiée sur le principe de l'« égoïté absolue », de sorte qu'en elle, plus aucune vertu ne vaut ou alors seulement de manière négative, à titre de simple restriction. De nos jours, les vertus ne sont plus des vertus puisqu'il leur manque ce qui en ferait d'authentiques valeurs, à savoir l'activité. Les vertus ne prennent sens et ne se développent que dans

1. SW V, 235 *sq. Cf.* la même idée chez Niethammer, dans *Der Streit des Philanthropinismus und Humanismus in der Theorie des Erziehungsunterrichts unser Zeit*, Jena, Frommann, 1808 (Weinheim, 1968) (dorénavant cité *Streit*), p. 127.

2. *Aus Schellings Leben*, Bd. II, p. 151.

l'espace public, et non, comme le pensait Kant, dans le domaine intime. On perd en effet le sens de la vertu si, à l'instar des philosophes rationalistes, on le recouvre sous ce concept de la « moralité de l'homme » que le *System der gesammten Philosophie* rejetait déjà comme le produit de la moderne *Aufklärerei* : « il n'existe que la vertu, la *virtus*. Il y a une nature divine dans l'âme mais non une moralité que l'individu comme individu peut se donner et dont il peut être fier »[1]. Fichte disait quelque chose de similaire, mais faisait trop dépendre la vertu de l'existence de l'État. Or, celui-ci, tel qu'on le voit à l'œuvre, ne peut plus faire naître la vertu, mais peut seulement restreindre et contrôler mécaniquement les actions des hommes.

De même, la tendance à privilégier l'utilité immédiate qui caractérise l'époque et nous conduit par exemple à douter qu'un Solon, un Lycurgue et même un Moïse puissent être plus utiles à l'humanité qu'un quelconque inventeur de métier à tisser[2], a pour effet que, même à la tête de l'État, on ne se préoccupe désormais plus que des vertus privées. On en oublie l'importance des grands caractères, des héros qui ont à guider les peuples et l'on en vient, comme le faisait Frédéric, à ne plus regarder le prince que comme le premier des fonctionnaires. Or, comme le disaient les *Conférences académiques*, « lorsque les rois eux-mêmes sont honteux d'être rois, et ne veulent être que les premiers des citoyens, la philosophie ne peut elle aussi que commencer à se transformer en une morale bourgeoise et descendre de ses régions élevées vers la vie ordinaire »[3]. Il ne s'agit donc pas que les philosophes deviennent rois, mais que les rois restent rois pour que les philosophes soient philosophes.

Toute réflexion politique sur la culture engage, on le voit, une pensée de l'éducation et aucun des penseurs de l'idéalisme allemand n'a manqué de s'interroger sur la pédagogie. Dans ses *Discours* de Berlin, Fichte par exemple se faisait le chantre d'une « éducation spécifiquement nationale et allemande », reposant sur le droit qu'a l'État de former les hommes pour son service : de même qu'il peut contraindre au service militaire, il peut « contraindre les citoyens à leur salut » et les élever exclusivement pour la vie nationale. Cette idée d'un enseignement donné par l'État et pour l'État ne put qu'horrifier Schelling et les textes que nous présentons s'en font encore inévitablement l'écho. Dans le dernier d'entre eux notamment, notre philosophe prend position dans la querelle que son correspondant et

1. SW VI, 559.
2. *Aufsätze und Rezensionen...*, SW VII, 524.
3. *Leçons sur la méthode des études académiques*, SW V, 260.

ami Friedrich Immanuel Niethammer déclencha à propos des mérites respectifs du philanthropinisme et de l'humanisme.

La fin du XVIIIe siècle avait été, on le sait, la période la plus glorieuse de la pédagogie en Allemagne. Il n'était pas d'auteur ou de philosophe qui n'ait consacré un volume à la question et Schelling avait lui-même sacrifié au genre avec les fameuses *Conférences sur la méthode des études académiques*, dont l'influence fut considérable jusque sur Humboldt. Le désir de réformer la pédagogie gagna le royaume bavarois à partir de 1802 et de l'établissement d'un système de scolarité obligatoire. Mais, c'est surtout entre 1806 et 1809 que la Bavière de Montgelas connut, comme la France de Lakanal, sa « révolution de l'école » et que le principe du contrôle de l'État sur l'enseignement fut affirmé avec le plus de force, notamment par la création de directoires, de bureaux, de sections ministérielles qui lui étaient consacrés. L'éducation perdit alors presque toute dimension confessionnelle et les écoles ne furent plus distinguées par religion.

La question du lien entre culture et éducation apparaît ainsi en filigrane dans le fragment sur la science allemande, notamment lorsque Schelling en vient à opposer à la personnalité comme simple existence la véritable individualité entendue comme vie dans l'Idée. Notre philosophe nous met alors en garde : quand il n'existe plus au sein d'une société que des rapports de droit entre les hommes, mettant en jeu de pures personnalités, tout ce qui est individuel en vient à disparaître. Schelling reprend en vérité l'idée maîtresse de Niethammer selon laquelle l'époque moderne n'aurait conduit à rien moins qu'à la mécanisation de tous les talents et à la destruction de ce qu'il y a d'authentiquement vivant en chacun de nous. Ce qui est en jeu, on le voit, dans la querelle qu'alimente Niethammer, ce n'est donc rien d'autre que la question de la culture en tant que libre développement personnel et construction de soi. Cet ancien pensionnaire du *Stift* de Tübingen s'insurge lui aussi contre les tendances profondes de l'époque :

> est-ce là ce que l'on appelle culture ou mieux encore libre culture de l'homme : le fait d'anéantir son individualité et de la transformer en un misérable compendium de toutes les aptitudes et habiletés humaines ? Et la nature de l'humanité, qui fait précisément voir toute sa splendeur au moment où l'individualité déploie sa richesse, la respecte-t-on si peu qu'on regarde l'anéantissement de cette individualité comme l'idéal de la culture du genre humain ? Connaît-on donc si peu les limites des choses culturelles qu'au lieu de simplement diriger et soutenir le développement naturel de l'individualité, on cherche à la supprimer et à la transformer d'après un schéma global indéterminé ? Par chance, l'art ne réussit pas facilement à opprimer la nature et le mauvais usage que l'on fait de notre méthode d'éducation ne saurait pas du moins venir à bout de l'individualité plus

> forte : il se peut même, comme cela arrive si souvent dans le domaine de la liberté, que la contrainte contre-nature ne stimule que davantage la force [1].

On voit donc encore une fois apparaître ici l'une des questions centrales de la modernité : quelle réponse apporter à la crise de la culture quand on a le souci de voir naître des individualités fortes ?

Or telle est bien la question que posait l'*humanisme*. Ce courant, dont Niethammer inventa le nom peu après avoir quitté, avec Schelling, Hufeland, Stahl et Paulus, Iéna pour Würzburg, était l'une des principales tendances qui alimentait la réflexion sur la pédagogie en réaction au renouveau du piétisme qu'avaient inspiré Francke, Spener et Niemeyer. C'est en effet au début des années 1800 que furent fondés les premiers établissements se réclamant d'une culture néo-humaniste. Le *Conradium* par exemple fut édifié à proximité de Dantzig sous l'impulsion d'un disciple de Kant, Reinhold Bernhard Jachmann, qui voulait mettre en application les théories pédagogiques du maître de Königsberg : son projet était de montrer que seul l'essor de la culture personnelle pouvait contribuer à la régénération de l'esprit national. Pour les promoteurs de cette renaissance du néo-humanisme, l'éducation ne devait pas être un moyen, mais une authentique culture morale de l'homme.

D'un autre côté, les tenants du néo-humanisme, les héritiers de Cellarius, avaient aussi en commun leur opposition aux réformes d'inspiration libérales apparues dans la deuxième moitié du XVIIIe siècle sous l'inspiration de Rousseau. Le plus important des courants réformateurs de cette époque était le philanthropinisme. Du point de vue de ses principaux représentants, Johann Bernhard Basedow et Joachim Heinrich Campe, la culture à donner à l'individu était de nature étroitement utilitaire et même eudémoniste. Selon eux, le but de l'éducation était de permettre à l'enfant de mener une vie patriotique, heureuse et utile à tous [2]. Un de leurs disciples, Ernst Christian Trapp, allait même jusqu'à définir l'éducation comme « la modification de l'homme en vue de le rendre aussi heureux et aussi utile aux autres que possible ». Pour y parvenir, la pédagogie se devait d'avoir une dimension intuitive et récréative.

La formation dispensée par les tenants du philanthropinisme parut évidemment trop utilitariste et matérialiste aux idéalistes allemands et aux

1. F. Niethammer, *Streit*, p. 199. *Cf.* R. Shibuya, « *Persönlichkeit und Selbstbildung. Niethammers Beitrag zu Schellings Überwindung der Transzendentalphilosophie* », *Athenäum. Jahrbuch für Romantik*, 2003, p. 15-34. *Cf.* SW VII, 511-534.

2. *Cf.* J.B. Basedow, *Das Methodenbuch für Väter und Mütter der Familien und Völker*, Altona, Cramer, 1770, p. 123.

néo-humanistes. Niethammer, qui fit mine de ne pas voir à quel point les réformes philanthropinistes avaient préparé la voie à sa propre pensée, critiqua la pédagogie des Lumières au motif qu'elle faisait de l'utilité commune le principe suprême et laissait de côté les capacités individuelles. Le philanthropinisme lui apparut comme une philosophie paternaliste faisant peu de cas de la capacité des individus à se diriger eux-mêmes. Alors que les institutions utilitaristes préparaient les individus à prendre la place qui leur était échue dans la société, l'éducation humaniste se donnait pour but de les préparer à se diriger eux-mêmes et à se former par leur propre effort, selon le sens fameux du mot *Bildung*. Niethammer, qui se présentait comme le représentant de la *formale Bildung* par opposition aux tenants de la « culture spirituelle matérielle », appelait le philanthropinisme *animalisme*, au motif qu'il favorisait les tendances animales de l'enfant au détriment de l'éveil de son humanité. Croire que les hommes sont seulement capables du bonheur et non de l'autonomie conduit à développer uniquement leur part animale, alors que ce qui distingue l'humanité est sa capacité à développer sa rationalité. Reprenant à son compte le terme d'humanisme, pour autant qu'il faisait référence au premier opposant historique aux théories pédagogiques de Basedow, à savoir Herder, un certain Ernst August Evers était même allé jusqu'à écrire en 1807 un pamphlet contre le philanthropinisme intitulé *Über die Schulbildung zur Bestialität*[1] !

Ainsi, avec le néo-humanisme, avec Humboldt, Schiller et surtout Niethammer émerge le concept de culture comme formation de soi : dans l'ouvrage que ce dernier fait paraître en 1808, *Der Streit des Philanthropinismus und Humanismus in der Theorie des Erziehungsunterrichts unser Zeit*, dont Schelling donne aussitôt une recension, les termes caractéristiques des Lumières, utilité, devoir, mérite, sont laissés de côté, critiqués ou pris en un nouveau sens. Le concept d'*Humanität* par exemple se substitue à celui de *Menschheit*, les notions d'*Individualität*, d'*Eigentümlichkeit* ou de *Persönlichkeit* à celle d'individu. *Menschheit* notamment prend de plus en plus une valeur quantitative par opposition à *Menschentum* et *Humanität*. L'authentique humanité en revanche devient l'objet d'une culture spécifique. La *Bildung*, la « culture de l'humanité dans l'individu », apparaît dans ses deux dimensions : celle, d'une part, d'une « culture de la raison [*Vernunftbildung*] » dans son acception nécessaire et contraignante, qui, « en dépit de toutes les différences entre les individus humains, est

1. Aarau, Bek, 1807. Il s'agit d'un des rares auteurs que Niethammer cite dans son ouvrage.

la même en tous», et, d'autre part, celle d'une «culture de l'humanité [*Humanitätsbildung*]», reposant sur la libre initiative de l'individu en vue de réaliser l'idéal[1]. Cette «culture de l'homme en tant qu'homme» est la «culture universelle [*allgemeine Bildung*]»[2]. Elle est le «but immédiat» de l'éducation et n'est pas une préparation à l'activité professionnelle.

Or, en 1804, deux adversaires du néo-humanisme d'inspiration piétistes, Josef Wismayr et Kajetan Weiller, s'étaient vus chargés d'élaborer un plan d'études susceptible de réglementer l'enseignement en Bavière. L'objectif était de regrouper les études classiques et modernes en une école unique (*Einheitsschule*), articulée autour de trois cycles (*Realschule*, *Gymnasium* et lycée). Or c'est essentiellement autour du statut du *Gymnasium* qu'allaient se cristalliser les difficultés. Celui-ci était en Allemagne le lieu d'une culture englobante, d'une *Bildung* au sens fort du terme, opposée à l'*Erziehung*, entendue comme simple éducation. À l'encontre de cette tradition, le plan de réforme était imprégné de ce que les néo-humanistes désignaient comme une pensée utilitaire. Le plan exprimait notamment le souhait que «l'on affaiblisse la croyance dans la toute-puissance de l'entendement» et que l'on encourage certains types de «sentiments»: «les enseignants vaincront ainsi le préjugé qui veut que la philosophie ne soit qu'affaire de savoir»[3].

Schelling s'était élevé publiquement contre ces directives alors qu'il était encore à Würzburg et avait écrit au comte von Thürheim que les dispositions de ce plan concernant la philosophie n'avaient d'autre but que d'empêcher l'enseignement de *sa* philosophie et faisait la promotion du jésuitisme. Le ministre lui répondit que l'arrogance dont il venait de faire preuve «montrait à quel point la philosophie spéculative était loin de rendre les hommes rationnels et moraux»[4].

Après l'échec du programme d'études clérical de Weiller, alors directeur du Lycée de Munich, Niethammer est nommé conseiller supérieur des écoles et des cultes de Bavière et est chargé à son tour de mettre en place une réforme scolaire. Celle-ci s'inscrit dans un effort global de modernisation de la Bavière conservatrice inspiré du modèle français et se heurte très vite à la hiérarchie catholique bavaroise qui entend conforter son emprise traditionnelle sur l'éducation et empêcher l'introduction d'un

1. *Streit*, p. 184-185 : «*Bildung der Menschheit in dem Individuum*» et p. 190-191.

2. *Streit*, p. 19.

3. Sur ce point *cf.* T. Pinkard, *Hegel. A Biography*, New York, Cambridge University Press, 2000, p. 271.

4. Lettre du 7 novembre 1804, dans *Aus Schellings Leben. In Briefen*, Bd. II, p. 36.

enseignement humaniste plus libéral dans le système scolaire : les vieux-catholiques souhaitent que les établissements d'enseignement secondaire limitent leur formation aux disciplines pratiques, la formation spirituelle devant rester la prérogative des institutions religieuses. Dans le plan d'études qu'il propose au gouvernement de Bavière, Niethammer définit son humanisme dans l'esprit de la tradition classique : au philanthropinisme, qui ne délivre qu'un savoir morcelé et simplement utilitaire, il oppose la prise en compte de la vie dans sa totalité. Le livre plus théorique qu'il fait paraître sur la querelle du philanthropinisme et de l'humanisme, a quant à lui pour but d'expliquer au public les ambitions de sa réforme, tandis que la « Directive générale pour l'organisation des institutions publiques d'enseignement » qu'il édicte en 1808 et qui, le 3 novembre, remplace celle du conseiller ecclésiastique Wismayr, en définit les modes d'application.

La réforme, déjà mise en pratique dès 1807 à Augsbourg et Nuremberg, consiste à séparer la formation théorique, dispensée dans le *Gymnasium* humaniste, et la formation pratique, dispensée dans le *Realgymnasium* aux jeunes gens désireux de s'orienter vers les carrières de l'armée, de la construction ou du commerce. Si certaines disciplines, telles l'histoire, les sciences et la philosophie, étaient enseignées dans les deux instituts, le gymnase humaniste se caractérisait surtout par l'enseignement des langues et civilisations anciennes : il avait pour but de préparer à une existence universelle, savante et désintéressée. Hegel rendra hommage à cet effort dans des termes dénués d'ambiguïté : « soyez loué pour l'élimination de toutes ces balivernes de technologie, économie, chasse aux papillons…, pour le fait que vous n'ayez pas renvoyé ces choses à la section d'enseignement pratique, mais que vous ayez institué dans cette section une étude approfondie des véritables connaissances pratiques, c'est-à-dire des connaissances scientifiques »[1]. Dans cet esprit, Niethammer rédigera en 1809 un supplément à sa *Norme*, intitulé *Bekanntmachung über die neue Einrichtung der öffentlichen Unterrichts-Anstalten im Königreiche Baiern*, dans lequel il précise que les *Volksschulen* sont « entièrement séparées des établissements d'étude et cessent désormais d'être des écoles élémentaires au sens strict du mot », un passage de la *Volksschule* à la *Realschule* restant toutefois possible.

1. Lettre à Niethammer du 14 décembre 1808, dans *Correspondance*, t. I, p. 245. Sur tout cela, *cf.* la préface de B. Bourgeois aux *Textes pédagogiques* de Hegel (Paris, Vrin, 1990, p. 48 *sq.*).

En 1809 est enfin crée le premier examen d'État et la philologie en constitue l'épreuve essentielle. Or l'un des principaux points de friction entre le philanthropinisme et l'humanisme concernait l'apprentissage des langues. Tandis que, pour les piétistes, l'enseignement des langues anciennes n'était qu'un moyen de faire comprendre les livres saints et que, tout en continuant à enseigner les grammaires grecque et latine, ils proscrivaient l'étude d'un grand nombre d'auteurs classiques, dont ils redoutaient le paganisme, les philanthropinistes entendaient bannir ces grands auteurs de l'enseignement pour les remplacer par les chrestomathies. Ils tenaient en outre à ce que l'éducation nationale soit dispensée au peuple en allemand, étant donné que l'enseignement dans la langue maternelle pouvait seul préparer à la vie. Pour les humanistes, au contraire, l'apprentissage des langues anciennes est, du fait de la liberté d'esprit qu'elle confère, le socle, la base irremplaçable de la culture de la raison qu'ils entendent promouvoir.

On le voit : le type d'enseignement qu'ont conjointement reçu Hegel, Schelling et Niethammer en Souabe et avant tout au *Stift* de Tübingen a laissé une trace profonde. Il a défini pour longtemps la conception de la pédagogie que se font ces auteurs. L'idée qui leur est commune est en effet que le tort de notre époque est de ne plus développer les sciences que pour leur utilité pratique ou pour les rendre utiles à la pratique[1], alors que l'éducation doit conduire à l'éveil de la raison en l'homme et que seule une authentique culture de l'humanité peut permettre, comme le répète ici Schelling, de reconnaître « l'idéalité de la vérité et la vérité de l'idéal »[2]. Notre philosophe affirmait déjà d'ailleurs en 1802 que « la formation en vue de la pensée rationnelle – j'entends par là non pas une simple accoutumance extérieure, mais une culture qui se transforme en l'essence de l'homme lui-même – est aussi la seule qui ait en vue l'agir conforme à la raison »[3].

Il s'agit donc concrètement de faire comprendre que les biens culturels, que ce soient les langues, les sciences ou les grandes œuvres d'art, ont pour fonction de donner à la vie publique de la nation le principe de sa mobilité et la direction qu'elle doit suivre[4] : il faut que les savants deviennent le centre de la nation, le noyau (*Kern*) autour duquel elle se développe[5]. En même

1. *Streit*, p. 15.
2. *Cf.* ici SW VII, 518.
3. *Leçons sur la méthode des études académiques*, SW V, 237.
4. *Streit*, p. 358.
5. *Streit*, p. 356.

temps, Niethammer entend promouvoir un type d'éducation qui non seulement « préserve et respecte l'individualité de celui qui apprend », mais l'aide aussi à s'accomplir et à se réaliser pleinement en tant qu'individu[1]. Cette double ambition, mettre le savoir au service de la nation aussi bien que de l'individu, explique pourquoi le *Streit um den Humanismus* marquera d'une empreinte durable la vie intellectuelle allemande et aura par exemple pour lointaine conséquence, malgré l'abandon de la réforme de Niethammer en 1816, la création de l'université de Berlin par Humboldt : le choix de ce dernier de toujours subordonner la *Menschenkenntnis* à la *Menschenbildung* est une position tout à fait typique du néo-humanisme.

Malgré un accord de fond avec les principes essentiels du néo-humanisme et la grande fidélité du recenseur à son texte, le compte-rendu de Schelling éclipse quelque peu l'arrière-plan théologique de l'ouvrage qu'il discute. L'idée de culture de l'humanité que Niethammer développe apparaît en effet comme indissociable de l'appartenance au luthérianisme que celui-ci professe puisque, si l'on en croit ce que Hegel lui écrit le 3 novembre 1810, « le protestantisme ne réside pas tant dans une confession particulière que dans l'esprit de réflexion et une forme supérieure de *Bildung* rationnelle ». De plus, la manière dont l'auteur entend enrichir notre concept d'humanité relève aussi fondamentalement de considérations théologiques : tandis que les philanthropinistes se construisent artificiellement un idéal d'humanité par abstraction à partir des traits d'une multitude de personnes, Niethammer conçoit l'humanité comme une réalité qui, malgré la présence en chacun de nous d'une part animale, possède une unité intrinsèque car c'est en vérité le *Logos* incarné en Jésus Christ qui est le principe de toute culture humaine : cela apparaît avec d'autant plus d'évidence depuis que le christianisme, en dépouillant le concept grec de *Logos* de sa naturalité, lui a donné sa vraie dimension d'humanité.

La recension que Schelling propose atténue en outre quelque peu les tensions plus proprement politiques qui travaillent le texte de Niethammer. Avec son concept de culture universelle de l'humanité, celui-ci en vient en effet à justifier la contrainte exercée par l'État : « le droit qu'a l'État de contraindre à l'éducation repose sur le but *inconditionné* qui est le sien, autrement dit sur l'exigence inconditionnée qui est faite au citoyen (*Staatsbürger*) d'être un homme ». En cela, Niethammer se montre très proche de Fichte, pour qui il conservera d'ailleurs jusqu'au bout toute son

1. Cf. *Streit*, p. 206-207.

amitié (ce qui ne sera bientôt plus le cas concernant Schelling), mais surtout il se montre fortement tributaire de Schiller[1].

Enfin, la recension fait subir à la pensée de Niethammer une notable inflexion en nous faisant passer d'une problématique de l'humanité à une problématique de la personnalité. Cette revalorisation de la notion de personne, plutôt inattendue au regard du Système, ouvre directement sur le questionnement que mettront en œuvre les *Recherches sur l'essence de la liberté humaine* et plus particulièrement encore les *Conférences de Stuttgart* de 1810. Le concept de personnalité recevra en effet dans ces textes une connotation toujours plus positive et deviendra progressivement le caractère essentiel de la divinité. À l'opposé, la notion d'humanité n'a jamais vraiment suscité l'enthousiasme de Schelling. Dans le *System der gesammten Philosophie* par exemple, notre philosophe n'hésitait pas à confier son aversion pour « le désir inquiet d'améliorer immédiatement les autres hommes en les tirant en avant et les tentatives philanthropiques de tous ceux qui n'ont que le bien-être de l'humanité à la bouche et qui veulent pour ainsi dire se mettre à la place de la Providence pour précipiter le progrès de l'humanité »[2]. Plus tard, en 1809, Schelling accusera encore Fichte de philanthropisme en tant qu'il dénie, par amour pour l'humanité, toute radicalité du mal.

Or, puisque le philanthropinisme avait reçu le soutien notable du baron Zedlitz, ministre de Frédéric II et réorganisateur des écoles prussiennes, et que celui-ci avait confié à Trapp la première chaire de pédagogie à l'université de Halle, Niethammer et Schelling ne manquèrent pas d'associer le développement de ce courant réformateur à l'essor de l'État prussien. La recension de l'ouvrage de Niethammer s'achève ainsi sur l'évocation d'un État qui perd son rang parmi les nations cultivées à compter du moment où il ferme à son peuple l'accès à la culture universelle de l'humanité, l'empêchant par contrecoup d'épanouir pleinement la culture qui est la sienne. Il est vrai que le propre de l'État moderne – et particulièrement de l'État prussien, qui en est en réalité la plus parfaite incarnation – est de s'être limité à sa dimension politique ou plus exactement de s'être édifié sur la base du divorce actuel de la politique et de la culture. Aussi, depuis Herder, le romantisme allemand présente-t-il avec une certaine constance Frédéric II comme l'exemple même de l'homme politique n'ayant pas su

1. *Streit*, p. 97. Cf. *Lettres sur l'éducation esthétique de l'homme*, trad. fr. R. Leroux, Paris, Aubier, 1992, p. 103-107 (avec une référence aux *Conférences sur la destination du savant*).

2. *System der gesammten Philosophie*, SW VI, 563.

faire coïncider l'État et la nation. Il semble que Schelling s'accorderait sans peine sur ce jugement, lui qui, dans sa jeunesse, se disait impressionné par les succès militaires du grand roi prussien, mais estimait déjà excessif le prix humain à payer pour la constitution de son État[1]. Il ne fait en tout cas aucun doute que notre philosophe ait approuvé l'idée de Niethammer selon laquelle le développement d'un machinisme sans âme met en danger l'indépendance de la nation[2].

Or c'est précisément en s'appuyant sur cette idée d'un État culturel, directement en prise sur la vie de la nation, que les disciples de Schelling entreprendront de critiquer à leur tour la conception mécanique de l'État qui prévaut depuis le XVIIIe siècle et essaieront de dépasser leur maître en généralisant à leur manière le projet d'une philosophie de la nature universelle. Dans son livre *Von der Natur der Dinge*, Johann Jakob Wagner développera par exemple l'idée que l'État, s'il veut se fonder durablement, doit cesser d'être « *simplement* État » et devenir « volonté vivante et originaire ». Pour que l'État établisse une liaison organique avec la science et se fasse le véritable représentant de la raison, il doit devenir une authentique « institution culturelle [*Kulturanstalt*] », c'est-à-dire une organisation d'individus libres se complétant entre eux de façon à pleinement représenter l'idée de l'humanité[3]. Quant à Adam Müller, il reprochera à Schelling de n'être pas allé assez loin dans son entreprise et de ne pas avoir eu l'idée d'une « histoire naturelle de l'État », autrement dit de ne pas avoir montré que cette institution est en réalité entièrement l'œuvre de la nature[4].

Quoi qu'il en soit des limites du projet schellingien, il faut tout de même prendre la mesure de son ambition et de l'effort qui est fait pour étendre à l'État et à la vie sociale dans son ensemble le concept de métaphysique (nous dirions : pour donner une dimension métaphysique à sa philosophie de la culture). Le fragment *sur l'essence de la science allemande* a en effet surtout attiré l'attention des commentateurs en raison de la définition

1. *Aus Schellings Leben*, Bd. I, p. 194. Pour l'appréciation de Niethammer sur Frédéric II, cf. *Streit*, p. 15.

2. *Streit*, p. 30.

3. *Von der Natur der Dinge*, Leipzig, Breitkopf und Härtel, 1803, § 572. À partir de son *Grundriß der Staatswissenschaft und Politik* (1805), Wagner (1775-1841) polémique ouvertement contre Schelling tout en reprenant l'essentiel des *Leçons sur la méthode des études académiques*, dont il reste très proche. Dans *Der Staat* (1815) et *Religion, Wissenschaft, Kunst und Staat in ihren gegenseitigen Verhältnissen betrachtet* (1819), il affiche une grande proximité de vue avec Adam Müller et les romantiques de Heidelberg.

4. *Elemente der Staatskunst*, Berlin, Sander, 1809, Bd. I, p. 47.

élargie de la métaphysique qu'il propose : « quoi que l'on puisse dire, tout ce qu'il y a d'élevé et de grand dans le monde a lieu par quelque chose que nous pouvons appeler métaphysique au sens le plus général. La métaphysique est ce qui crée organiquement les États et ce qui fait d'une foule humaine un cœur et une âme, c'est-à-dire un peuple ». Un des principaux intérêts de notre texte est dès lors d'insister plus que Schelling ne le faisait auparavant sur la dimension pratique de la métaphysique. À travers les raisons théorique et pratique s'exprime, nous dit-on, une seule et même métaphysique. Celle-ci est une « manière organique de sentir, de penser et d'agir », que l'on trouve à l'œuvre jusque dans l'activité esthétique : « la métaphysique est ce qui permet à l'artiste et au poète de reproduire dans une forme sensible la vivante sensation des éternels archétypes ». Mais surtout, Schelling fait davantage porter l'accent qu'à l'accoutumée sur la détermination ultime de la métaphysique, à savoir sur le fait qu'elle est par essence *religion*.

Or ce qui caractérise l'État moderne est qu'il est devenu un État non métaphysique, voire antireligieux : il tend à considérer la religion comme quelque chose qui lui est étranger et devient une institution à buts purement mondains. Quelques années plus tard, dans les *Conférences de Stuttgart*, Schelling formulera sur ces bases l'idée d'un dépérissement de l'État : une fois pleinement développé en lui « le principe religieux », il est appelé à se transformer en pure intelligence. On peut même aller jusqu'à imaginer un dépassement des limites nationales opposant les États : « la grande alliance de tous les peuples reposera sur la base de convictions religieuses devenues universelles »[1].

Au moment où Schelling écrit, l'Allemagne donne cependant, selon un mot célèbre de Hegel, « le spectacle étrange d'un peuple cultivé dépourvu de métaphysique, tel un temple qui serait par ailleurs paré de multiples ornements, mais dépourvu de sanctuaire »[2]. Schelling et Baader attribuent cet état de choses à l'influence pernicieuse de la physique mécaniste du XVIIIe siècle. Baader par exemple l'expose clairement à Jacobi alors même qu'il cherche à le convertir à la philosophie nouvelle :

> le mérite propre de cette philosophie de la nature consiste en ceci seulement qu'elle remet en évidence la nature elle-même, qui avait été complètement niée et oubliée sous l'amoncellement de la matière à l'époque récente depuis les temps de Descartes, de Newton et autres, et

1. *Conférences de Stuttgart*, SW VII, 465.

2. Hegel, *Science de la logique. L'être*, trad. fr. P.J. Labarrière et G. Jarczyk, Paris, Aubier, 1972, p. 3.

> depuis que la conception chimique de la nature avait été supplantée par la stupide théorie mécaniste atomistique. Mais celui qui oublie et nie la nature sous l'amoncellement de la matière, celui-là nie aussi d'autant plus facilement l'homme, et en lui Dieu, et réciproquement [...]. À cette matérialisation volontaire de soi a largement contribué cette physique négatrice de la nature, et donc stupide, que nous devons à Descartes et Newton, ainsi que le montre l'aberration totale des Encyclopédistes français [...]. L'assertion kantienne selon laquelle la métaphysique d'une époque porte la marque de la physique de cette époque s'est vérifiée dans son propre cas. Car lui-même se trouvait maintenu dans les liens de plomb du système de l'atomisme et s'efforçait de construire sa dynamique par la voie du mécanisme [1].

En réaction, Schelling entreprend de mettre la philosophie de la nature au service de la polémique contre ce qu'il croit être des courants antichrétiens et antireligieux. En renouant avec « la vitalité inhérente à la nature », la philosophie, en tant qu'elle est une métaphysique vivante et intérieure et qu'elle est animée par quelque chose de démonique (*dämonisch*), peut donner le jour à cette religion « rattachée à la connaissance et fondée sur la science » à laquelle aspire notre époque. Pour qui se rappelle la *Profession de foi épicurienne de Heinz Widerpost*, cette reprise de la philosophie de la nature en un sens ouvertement religieux est plutôt surprenante et ne va pas sans ambiguïté, au point que l'on est tenté de comparer avec Baader la *Naturphilosophie* schellingienne à « une belle pénitente qui se souvient avec encore trop de douceur de sa faute passée » [2].

Sur cette base, Schelling en vient à établir un parallèle entre sa découverte et la grande révolution religieuse qui a permis l'essor de la pensée allemande. La transformation spirituelle qui a donné le jour à l'Allemagne moderne fut une réaction contre « le mécanisme et la physique de la foi religieuse ». L'esprit allemand doit se donner aujourd'hui une tâche similaire et favoriser la renaissance de la religion au moyen de la science. Dieu doit désormais devenir l'objet d'une recherche scientifique. On ne peut en rester à la pure croyance, mais la foi doit s'ouvrir au mouvement du savoir et se laisser régénérer par lui : il faut parvenir à une nouvelle unité de la foi et du savoir. Revivifiée par la philosophie de la nature, la religion pourra devenir rien moins que « la présentation de la

1. Lettre du 16 août 1806, BSW XV, 200.

2. Cité par A. Lèbre, « Crise de la philosophie allemande », *Revue des deux mondes*, 1843, n° 1, p. 39.

divinité dans la science, dans la vie et dans l'art, la diffusion de son intuition totale et sa consolidation dans l'esprit des hommes »[1].

En 1798, Schelling avait déjà consacré une recension à un écrit de Niethammer sur l'éducation[2]. Il y critiquait la réconciliation de la raison et de la religion prônée à l'époque par son ami. Pour lui, les vérités de la religion n'étaient que des vérités métaphysiques cachées sous une expression populaire. Dans la recension de 1808, il s'agit cette fois de prendre acte d'un fait irrécusable : le lien religieux qui unissait le peuple s'est défait pour toujours et nous n'avons d'autre choix que de nous engager sur la voie de la libre connaissance. Cela seul permettra de ne plus avoir à « frayer avec les dieux étrangers ».

Or, si Schelling demeure indéfectiblement protestant, il parle fort peu de Luther. La mention qu'il en fait ici mérite alors d'être comparée à l'évaluation d'ensemble de la Réforme que proposaient les *Leçons académiques*. À cette époque, le jugement porté était double : le principe qui est au fondement de la Réforme, nous disait-on d'abord, « est devenu un principe entièrement destructeur pour la religion » en ouvrant la voie au soulèvement (*Erhebung*) de ce « bon sens commun [*des gemeinen Menschverstandes*] », nous dirions de cet entendement vulgaire dont Voltaire est le représentant et qui « s'érigea en juge de tous les intérêts spirituels ». D'un autre côté, on ne peut nier la grandeur de son ambition et Schelling de s'exclamer : « gloire aux héros qui, à cette époque, ont à jamais conforté, du moins dans quelques parties du monde, la liberté de pensée et d'invention »[3].

Malgré cette analyse équilibrée, Schelling se vit accusé de sympathie pour le catholicisme, voire d'être en train de préparer sa conversion. Pour mesurer à quel point ces craintes furent infondées, on peut comparer les différentes évaluations que notre philosophe propose de la révolution luthérienne, à celle, infiniment plus dure, de Rottmanner dans son pamphlet pour défendre la philosophie de la nature contre Jacobi. Rottmanner écrit ainsi :

> avec la Réforme commença en Europe la décadence de la période germanique de son histoire, décadence qui s'est prolongée jusqu'à nos jours. La Réforme a déchiré le lien qui unissait l'Allemagne à l'ensemble

1. *Aus Schellings Leben*, Bd. II, p. 73.

2. *Ueber Offenbarung und Volksunterricht* (*De la révélation et de l'enseignement du peuple*), dans F.W.J. Schelling, *Historisch-Kritische Ausgabe*, W.G. Jacobs, H. Krings, M. Durner (hrsg), Stuttgart, Frommann-Holzboog, 1976-2008, Bd. I, 4, p. 249-256.

3. *Philosophie de l'art*, SW V, 440.

de l'Europe ; l'unité hégémonique du monde intellectuel et politique vint à disparaître, pour s'éparpiller dans la masse chaotique des divers États. Qu'une puissance supérieure puisse réconcilier à nouveau les forces antagonistes, qu'un *nouvel amour* puisse surgir des courants opposés, restaurant l'harmonie des siècles passés : qui n'en ressent de nos jours le désir secret[1] ?

Cette analyse paraît être davantage dans l'esprit de Schlegel que dans celui de Schelling, de même que celle qui suit :

la division religieuse de l'Allemagne a signifié le déclin d'un monde riche de beauté, de sensibilité et de perfection, et ce qu'elle nous a donné en échange est de nature négative plutôt que positive. L'esprit émancipé s'est tourné contre les formes encore existantes du monde romantique ; il s'est complu à détruire les préjugés, vrais ou présumés, qu'il rencontrait sur sa route, plutôt qu'à réparer les ruines qu'il avait accumulées... La culture issue de la Réforme a dégénéré en une conception limitée et partielle du monde. Elle a fondé la suprématie sans joie d'une raison triste et pure ; et une sorte de rigorisme sans vie, purement extérieur, que l'on qualifie justement de mécanisme, est devenu le caractère dominant des trois derniers siècles de notre histoire, succédant à la culture vivante du Moyen Âge [...]. L'antique fidélité, la foi ardente et pieuse, le sens du divin ont disparu du sein des nations[2].

Schelling écrit précisément le contraire et ne prit sans doute pas position en faveur de Rottmanner pour cette raison. Dans sa dernière philosophie, il aura plutôt tendance à voir dans la Réforme un moment de transition et de recomposition de l'Église sur une base plus unitaire et plus authentiquement « catholique ». En tout cas, il ne démentira jamais vraiment ce qu'il énonçait dans les *Conférences académiques* : « en Allemagne, comme aucun lien extérieur n'en est capable, seul un lien intérieur, une religion ou une philosophie dominantes peuvent rappeler à la vie le vieux caractère national qui s'est désagrégé et se désagrège de plus en plus dans le particularisme »[3].

Or, pour que ce lien nouveau puisse s'établir, Schelling n'hésite pas à appeler de ses vœux une authentique révolution morale et spirituelle.

Plus s'effondre le monde des convenances, écrit-il, plus la nature et ce qui est originaire reviennent au premier plan, et ce monde naturel est *le monde*

1. *Kritik der Abhandlung F.H. Jacobis*, p. IV.

2. P. 33. Cité par J. Droz, *Le romantisme politique en Allemagne*, Paris, Armand Colin, 1963, p. 143.

3. SW V, 260.

> *véritablement nouveau*: il tend à remplacer l'ancien, qui, indigne de se transformer, sera purement et simplement détruit. Que ceux qui sont encore attachés au monde des convenances en soient libérés ! Ayez à cœur d'en détourner ce cher Johannes von Müller. La révolution vient seulement de commencer en Allemagne; je crois qu'il y a enfin place pour un monde nouveau [1].

En 1808 encore, Schelling opposera à la nature des convenances la vérité du monde qui vient [2]. Ce qui le caractérise indéniablement et le distingue tant de Baader que de Schlegel par exemple, c'est la conscience que la crise de la culture allemande rend autant dérisoire qu'impossible toute tentative pour revenir en arrière. Schelling n'accepte donc en aucun cas l'idéalisation du passé commune à tous les courants réactionnaires du romantisme. Il écrit au contraire au lendemain de la chute de la Prusse : « je sens vivement que notre époque est incurablement malade, mais persiste à me réjouir de cette ruine. La sottise venue d'en haut, la profonde bassesse des gouvernements que nous voyons s'effondrer, nous n'aurions pu nous les imaginer; elles apparaissent maintenant en toute clarté. Je n'entends pas m'en plaindre, mais veux même aider si possible à faire disparaître ce qui est révolu » [3]. Pour ce qui est de la science, le Sud est appelé à prendre la place qui revenait jusque là au Nord, c'est-à-dire à la Prusse protestante [4]. « Beaucoup ne se remettent pas encore de leur stupeur devant l'effondrement de la Prusse; celui qui avait observé l'esprit de ce gouvernement ne serait-ce que dans les questions scientifiques, pouvait certes déplorer la pauvreté d'esprit qui se répandait d'en haut, mais nul n'aurait osé l'imaginer si grande ». Il faut contribuer à ce que meure l'ancien monde si l'on veut espérer que du chaos total émerge de manière créatrice l'esprit plastique des Allemands. « Les Allemands aussi doivent se régénérer, quitte à ce que périssent des millions d'hommes » [5].

Pour mener à bien cette régénération, que Schleiermacher juge lui aussi nécessaire si l'on veut mettre fin aux faux-semblants nés de « la séparation de l'individu et de l'État, des savants et de la masse » [6], il faut d'abord

1. Lettre à Windischmann du 7 janvier 1807, dans *Aus Schellings Leben*, Bd. II, p. 110.
2. *Über die Verfassung der neuen königlichen Akademie der bildenden Künste in München*, SW VII, 554.
3. Lettre à Windischmann du 18 décembre 1806, dans *Aus Schellings Leben*, Bd. II, p. 108.
4. Lettre à Eichstädt du 16 novembre 1806, dans *Aus Schellings Leben*, Bd. II, p. 107.
5. *Cf.* la lettre du 16 décembre 1806 à Eichstädt, dans *Briefe und Dokumente*, Bd. I, p. 375.
6. Lettre à G. Reimer de novembre 1806 citée par P. Kluckhohn, *Die Idee des Volkes im Schrifttum der deutschen Bewegung*, Berlin, Junker und Dünnhaupt, 1934, p. 74.

expulser du peuple l'élément qui le corrompt. Fichte redira dans les *Discours à la nation allemande* que, pour se ressourcer, le moi national doit se fermer à toute influence étrangère. Schelling va d'ores et déjà plus loin en affirmant que l'effondrement de l'Allemagne doit tout à l'influence pernicieuse des idées françaises et que la France, ce pays corrompu et sénile, que Herder appelait « la Chine de l'Occident », s'identifie entièrement à cette philosophie funeste qu'il convient désormais d'extirper, la non-philosophie des Lumières : « cette absence d'idées qui ose se donner le nom de Lumières est ce qu'il y a de plus opposé à la philosophie. L'on doit bien reconnaître qu'aucune nation n'a porté la chose aussi loin que la nation française dans cette insurrection de l'entendement ratiocinant prétendant s'élever au-dessus de la raison et nos auteurs allemands ne sont à cet égard que de pauvres et fastidieux prédicateurs comparés aux écrivains français »[1]. Comme Schelling le disait déjà à Johannes von Müller, en s'insinuant dans les cours et les familles, en flattant l'orgueil des grands hommes, la philosophie française a miné la force innée du peuple et a imposé aux Allemands le langage des vainqueurs. Or, ce qu'une philosophie a détruit, seule une philosophie peut le reconstruire : ce que la philosophie française a mis à bas, seule la philosophie la plus authentiquement allemande peut le redresser[2]. Caroline rapporte alors à ce propos une idée qu'aurait eue son mari et qui concerne sans doute directement la genèse de notre fragment : « Schelling a l'intention d'écrire une petite pièce : haine antifrançaise et repentir en un seul acte. N'est-ce pas là une idée piquante ? »[3].

Or, en 1801, au lendemain du traité de Lunéville, une partie de l'opinion publique allemande avait salué la paix avec un certain soulagement. Que ce soit un vieux poète de cour comme Gleim, qui, après avoir chanté la gloire de Frédéric II, célébrait maintenant « Napoléon le sublime », ou que ce soit Hölderlin, beaucoup virent en l'Empereur celui qui était sur le point de réaliser la « paix perpétuelle »[4]. On sait qu'au moment de la bataille d'Iéna, Hegel avait souhaité la victoire des Français et dit son admiration pour Napoléon. À ses yeux, la victoire de la France était celle de la culture sur

1. SW V, 258.

2. *Briefe und Dokumente*, Bd. III, p. 363.

3. *Schelling im Spiegel seiner Zeitgenossen*, p. 181 (30 novembre 1806).

4. *Sämmtliche Werke*, G. Mieth (hrsg), München, Hanser, 1978, Bd. I, p. 365. *Cf.* E. Kleßmann, *Deutschland unter Napoleon in Augenzeugenberichten*, München, Rauch Verlag, 1976, p. 13.

la barbarie[1]. Schelling est loin de penser de la sorte et c'est plutôt avec impatience qu'il attend la guerre et l'appelle de ses vœux. Il suit sur ce point l'influence de Schleiermacher, qui, avec ses sermons antifrançais, était devenu le fondateur du nationalisme théologique et qui écrivait en 1806 à son amie Charlotte von Kathen :

> croyez-moi, nous aurons tôt ou tard à livrer un combat général, dont la raison d'être ne sera pas tant notre liberté et nos biens extérieurs que la conscience, la religion et la forme du génie qui sont les nôtres : un combat que les rois, avec leurs armées de mercenaires, seront incapables de conduire, que les peuples devront mener aux côtés de leurs princes et qui les unira les uns aux autres mieux que n'ont pu le faire les siècles passés [2].

Schelling, qui vient précisément de faire paraître une recension de la *Weihnachtsfeier* du grand théologien, renchérit : « où donc y a-t-il une guerre sainte si l'État n'a en lui rien de sacré, s'il a rejeté de lui-même, comme étrangère, la seule chose sacrée qu'il enfermât encore, la religion, et s'est lui-même constitué comme une institution à buts purement mondains ? »[3]. Selon R. Lote, on retrouve dans cette sacralisation de l'institution politique quelque chose qui s'apparente au rêve d'un État mystique et maçonnique conçu comme une Église invisible ou comme le « mystique individu État » de Novalis[4]. Quoi qu'il en soit, la guerre devient le moment de vérité vers lequel tend la vie sociale tout entière. On sait qu'en cela, Schelling est tout à fait en accord avec ses grands contemporains : quand Hegel voit dans la guerre la « confirmation de soi de la substance éthique », Fichte fait du sacrifice pour la patrie un devoir sacré et définit la guerre légitime comme celle en laquelle, guidé par son prince, le peuple entier lutte pour son existence, autrement dit pour sa liberté, son indépendance et son « développement »[5]. Un disciple de Schelling, lié à Fichte et fortement influencé par les *Discours à la nation allemande*, Adam Müller, s'inspirera

1. *Cf.* les lettres à Niethammer du 13 octobre 1806, dans *Correspondance*, t. I, p. 115 et à Zellmann du 23 janvier 1807, dans *Correspondance*, t. I, p. 129.

2. *Aus Schleiermacher's Leben. In Briefen*, Berlin, Reimer Verlag, 1858, Bd. II, p. 63. *Cf.* J. Droz, *Le romantisme allemand et l'État*, p. 112.

3. SW VIII, 12.

4. *Cf.* R. Lote, *Du christianisme au germanisme*, Paris, Alcan, 1914, p. 333 et *Les origines mystiques de la science « allemande »*, Paris, Alcan, 1913. *Cf.* également Novalis, *Blüthenstaub* (1798), dans *Schriften*, E. Heilborn (hrsg), Berlin, 1901, p. 16.

5. *Doctrine de l'État*, dans J.G. Fichte, *Werke*, I.H. Fichte (hrsg), Berlin, W. de Gruyter, 1971 (dorénavant cité FW), Bd. IV, 412. On sait que Fichte donna aussi à Berlin en mai 1813 trois leçons sur la guerre légitime. *Cf.* Hegel, *Phénoménologie de l'esprit*, trad. fr. J. Hyppolite, Paris, Aubier, 1991, t. II, p. 42.

encore du modèle de la philosophie de la nature en disant de manière autrement plus radicale que, puisqu'un « organisme ne reçoit vraiment l'existence que selon la force de résistance qu'il oppose à son antagoniste », l'État est tout sauf une institution pacifique : « paix perpétuelle, mort éternelle. La guerre pousse les États à se dépasser eux-mêmes et à créer des synthèses supérieures ».

Comme tous les postkantiens, Schelling oppose donc à l'universalisme napoléonien le droit qu'a chaque nation de faire respecter son individualité. Pour lui, seul un peuple peut former la base de l'État et pas une multitude, comme pouvait sembler encore le croire le Hegel de la *Constitution de l'Allemagne*[1]. S'il va néanmoins au-delà du particularisme local qui caractérisait le romantisme, notamment en Bavière, chez lui se dessine plus nettement que chez d'autres le mouvement qui conduit l'idéalisme allemand à passer du problème de la destination de l'homme à celui de la destination de l'esprit allemand[2]. Tandis que le philanthropinisme avait développé une conception entièrement utilitariste du patriotisme[3], Schelling, comme Herder, définit la nation à partir d'une donnée irrationnelle, le *Volkgeist*, le génie national qui lui est propre : la communauté véritable est une communauté spirituelle, à la fois une communauté de sentiment et une communauté de destin. En reconnaissant au peuple une réalité objective fondée sur la philosophie de la nature, Schelling prend donc une distance assez considérable par rapport à ses premières thèses et notamment au principe « ce n'est pas l'individu qui agit dans l'histoire, mais l'espèce » sur lequel reposait la philosophie de l'histoire du *Système de l'idéalisme transcendantal*. Mais, pour lui, c'est avant tout au regard de son rapport à la science qu'apparaît véritablement le caractère du peuple, ou de ce qu'il appelle ici la « nation allemande ». La science, telle qu'il l'entend, n'est pas un savoir limité ou un simple instrument, mais elle

1. *Cf.* R. Haym, *Hegel et son temps*, trad. fr. P. Osmo, Paris, Gallimard, 2008, p. 229.

2. Voir par exemple SW VIII, 14.

3. *Cf.* J.B. Basedow, *Das Methodenbuch*, IX, § 14 : « le meilleur moyen de développer le patriotisme, c'est de persuader à tous les membres de l'État, ou au plus grand nombre possible, qu'en deçà de leurs frontières, avec leur constitution ou sous leur monarque, ils sont plus heureux qu'ils ne pourraient le devenir par aucun changement… Pour cela, il faut organiser des fêtes annuelles, avec spectacles gratuits, banquets offerts aux fonctionnaires, et accorder des faveurs aux mariages conclus ce jour-là. On devrait surtout organiser dans les villes et les villages, aux frais de l'État, des réjouissances pour la jeunesse, sous la surveillance de ses maîtres […]. Dans les écoles publiques, quelques jours avant et après, il ne serait pas question d'autre chose que de la patrie, de grands exemples de dévouement patriotique, des avantages de l'union des citoyens, des devoirs que la patrie nous impose ».

définit tout un rapport au monde et constitue l'intériorité, l'essence même de cette nation particulière. Dans le titre du fragment comme dans l'ensemble de l'écrit, le mot *science* ne renvoie donc pas immédiatement à des savoirs particuliers donnés, mais signifie essentiellement science originaire, connaissance des principes ultimes et du fondement de l'être. Pour l'idéalisme allemand, héritier en cela de Kant, la science n'est pas à proprement parler la connaissance positive, mais le fondement métaphysique qui rend possible cette connaissance.

L'Allemagne s'est en effet toujours targuée d'avoir un rapport privilégié à la science et au savoir. C'est cette conviction par exemple qui conduisait Schleiermacher à voir en elle le « centre de la culture [*Deutschland als Mittelpunkt der Bildung*] »[1]. Quant à Schelling, non seulement il regarde l'Allemagne comme la racine ou la « puissance » de toutes les autres nations, mais il lui donne pour vocation de reprendre en elle tout ce que les autres peuples ont apporté et de réunir en soi tous les contraires. Il faut donc garder en mémoire le rôle synthétisant que Schelling attribue à la philosophie et se souvenir que, de Jacobi à Marx, c'est devenu un lieu commun que de parler des Allemands comme d'un « peuple philosophique »[2], si l'on veut comprendre quelle signification pour le présent le fragment reconnaît à l'histoire des sciences, réflexion qui par ailleurs se prolonge dans le court essai recueilli dans le *Nachlaß* de Berlin, mais probablement rédigé à Munich, sous le titre d'*Erster Entwurf. Welchen Nutzen kann jetzt noch das Studium der Geschichte der Wissenschaften bei den Alten haben, nachdem wir zu denselben so große Fortschritte gemacht haben ?* Selon Schelling, seule la philosophie est en effet à même de faire de l'unité indissoluble de la forme et du contenu qui caractérise la science, une unité consciente. Aussi le progrès de la science allemande est-il naturellement voué à suivre une direction déterminée, celle précisément qui mène à la philosophie. La pensée allemande a pour tâche de récapituler en elle-même toute l'histoire de la philosophie et de présenter en une unité différenciée ce qui était dispersé à travers elle.

1. *Gelegentliche Gedanken über Universitäten im deutschen Sinn*, Berlin, 1808, p. 22 (trad. fr. A. Laks, dans *Philosophies de l'université*, Paris, Payot, 1979, p. 266).

2. *Cf.* Jacobi, *Fliegende Blätter*, dans *Werke* VI, p. 206 : « nation philosophique ». Sur l'Allemagne comme seule nation philosophique, *cf.* Fichte, *Über den Begriff der Wissenschaftslehre*, dans *Gesamtausgabe*, I, 2, p. 118. *Cf.* K. Marx, *Gloses critiques en marge de l'article « Le roi de Prusse et la réforme sociale. Par un Prussien »* (1844), dans *Œuvres*, trad. fr. M. Rubel, Paris, Gallimard, 1982, t. III, p. 413 : « un peuple philosophique ne peut trouver que dans le socialisme la *praxis* qui lui convient, et dans le prolétariat l'élément actif de son émancipation ».

Or, suivant Schelling, c'est au peuple allemand, en tant qu'il ne se fie qu'aux forces de la science et de la claire connaissance, qu'il revient d'avoir le rapport le plus intime à la métaphysique. En effet, s'il est encore possible, une fois accomplie « la destruction récente de la métaphysique », d'espérer se débarrasser des théories abstraites qui encombrent le chemin du savoir, c'est précisément parce que la philosophie kantienne a été le point de basculement (*Wendepunkt*) à partir duquel la science a pu se régénérer, une « vraie métaphysique » ne pouvant s'édifier qu'à partir du « principe positif » que le philosophe de Königsberg a promu. Kant est désormais de tous les penseurs celui qui mérite le plus d'entrer au Panthéon de la nation allemande.

Or il semble que Schelling, s'il n'a pas sensiblement évolué sur ce dernier point, envisage à présent différemment qu'il ne le faisait le contexte à l'intérieur duquel s'est effectué le tournant kantien. En 1804, c'est-à-dire au moment où la philosophie de l'Identité atteignait en quelque sorte son point de perfection, rendant hommage au maître de Königsberg au lendemain de sa mort, Schelling établissait une série de comparaisons qu'aujourd'hui il se garderait bien de reprendre à son compte. Kant, « en parfaite harmonie avec son siècle », lisait-on, a introduit en philosophie une révolution en tout point comparable à celle qui secoua la France au même moment. Malgré la diversité des nations et des circonstances, c'est un même esprit qui s'est exprimé en France et en Allemagne : « c'est un seul et même esprit, en formation depuis longtemps, qui, au gré de la diversité des nations et des circonstances, se faisait jour là dans une révolution réelle, et ici dans une révolution idéale »[1]. Le reflux simultané de la Révolution et du système kantien est la preuve manifeste de leur « effective coïncidence et équivalence interne » : tous deux sont restés dans le négatif car ils ont cherché une solution au conflit de l'abstraction et de la réalité effective « l'un dans la spéculation et l'autre dans la pratique ». En 1807, il est évident que le parallèle ne tient plus et que, pour que Kant puisse apparaître comme un penseur authentiquement allemand, il ne faut plus parler de *révolution* kantienne.

Il se trouve en effet que, dans notre fragment, Schelling, à l'instar cette fois de Johannes von Müller, que le prince de Bavière avait chargé durant l'été 1807 d'édifier le Walhalla, le « Panthéon des grands Allemands », rend hommage aux génies qui, de Kepler[2] à Kant, ont maintenu vivant

1. *Immanuel Kant*, SW VI, 4.

2. SW IX, 454. *Cf.* J. von Müller, *Briefwechsel mit Gottfried Herder und Caroline*, K.E. Hoffmann (hrsg), Schaffhausen, J.G. Müller, 1952, p. 216.

l'esprit de la nation. Notre philosophe, qui participera d'ailleurs aussi à cet effort pour déterminer qui mérite d'entrer dans le palais de Wotan et de figurer parmi les héros, mentionnera à nouveau ce projet en 1832 et proposera encore d'y faire figurer Luther. En attendant, dans notre texte, soucieux de donner à la science allemande une extension la plus large possible, il en vient à faire de Spinoza lui-même un philosophe germanique, sous prétexte que ce sont des Allemands, Lessing et Jacobi (!), qui ont révélé le sens de sa doctrine. Le *deutsche Bewegung*, en tant qu'il consiste en une synthèse des philosophies kantienne et spinoziste, est cette fois reconstruit dans une perspective anti-illuministe. Le mérite des grands hommes allemands, en tant qu'ils sont les héritiers de la révolution scientifique anti-mécaniste du XVIe siècle, est d'avoir contribué à montrer l'inanité de toute pensée mécanique.

En définissant l'essence de la science allemande comme un effort sans fin vers la métaphysique, Schelling entend en définitive renouer avec la double inspiration issue du kantisme, qui était de faire de la métaphysique une science et de l'ouvrir sur la vie. La science est d'autant plus « intérieure » qu'elle s'appuie sur une métaphysique vivante, c'est-à-dire sur une métaphysique qui repose sur le sens de la totalité : « toute métaphysique, qu'elle s'exprime spéculativement ou pratiquement, repose sur le talent de pouvoir comprendre immédiatement le multiple dans l'un et inversement l'un dans le multiple, en un mot sur le sens de la totalité ». Steffens dira ainsi de Schelling qu'il est le plus allemand des penseurs car il maîtrise justement ce qui fait l'essence de l'esprit national, à savoir la capacité à « ressaisir tout ce qui s'éprouve intérieurement, tout ce qui est véritablement vécu, en une unité spirituelle » [1]. Or c'est précisément une fois encore la philosophie de la nature qui nous permet de nous élever à une telle vision d'ensemble de ce qui est et rien n'est finalement plus significatif que le fait qu'en 1810, les *Conférences de Stuttgart* se voient donner le titre évocateur de *F.W.J. Schellings naturphilosophisches System* [2].

Un auditeur des cours d'Iéna, tout imprégné de cette philosophie de l'Identité que Schelling développe autour des années 1800, disait qu'au regard de l'Absolu, il importe peu que « Bonaparte soit devenu premier consul, puis consul à vie, ou qu'il ait gagné à Marengo », que ce n'est même positivement rien [3]. Depuis lors, les victoires napoléoniennes ont manifes-

1. H. Steffens, *Was ich erlebte*, W. Koch (hrsg), Leipzig, Dieterich, 1938, p. 332.

2. Cf. *Stuttgarter Privatvorlesungen*, M. Vetö (éd.), Paris, L'Harmattan, 2009, p. 101.

3. *Schelling im Spiegel seiner Zeitgenossen*, p. 37.

tement contraint notre philosophe à mieux prendre en considération le mouvement de l'histoire. Sans doute l'actualité politique immédiate a-t-elle elle aussi contribué à faire éclater le système de l'Identité ou, en tout cas, a-t-elle introduit en lui un certain principe d'inquiétude. En 1809, après la victoire de Wagram, alors que Napoléon est au faîte de sa gloire et de sa puissance, Schelling et Joseph de Maistre, convaincus que le mal règne en maître sur le monde, mettront en chantier, au même moment mais indépendamment l'un de l'autre, les deux dernières grandes théodicées de l'histoire occidentale, les *Recherches philosophiques sur l'essence de la liberté humaine* et les *Soirées de Saint-Pétersbourg*.

Or Schelling est bien loin d'éprouver pour l'action immédiate l'exaltation que ressentait Fichte, et Steffens rapporte que le philosophe lui aurait reproché avec une certaine colère son engagement politique durant la guerre de libération contre la France : pourquoi se mêler au tumulte de l'histoire puisque notre royaume n'est pas de ce monde[1] ? Toute sa vie, Schelling regardera la production de la science comme le seul véritable agir et toute la méfiance dont il fera preuve à l'égard de l'État reposera précisément sur le fait que celui-ci menace en permanence d'entraver le libre développement du savoir. C'est cette même méfiance qui faisait par exemple dire à Schleiermacher que « Napoléon déteste le protestantisme autant qu'il déteste la spéculation »[2]. Toute la polémique avec Johannes von Müller tournait précisément autour de cette question des rapports de l'action pratique et de la spéculation pure et pouvait plus globalement se lire comme une réaction au mot célèbre de Frédéric II : « il importe peu pour le bien de la société de savoir comment nous *pensons* sur des questions spéculatives, mais que ce qui compte, c'est de savoir comment nous *agissons* »[3].

Au lendemain de la parution des *Recherches sur l'essence de la liberté humaine*, Schelling regrettera encore que les savants allemands n'aient pas su se montrer dignes de la liberté de l'esprit si chèrement acquise, qu'ils aient appelé liberté la simple opportunité de bâtir leur propre chapelle et qu'en renonçant à édifier « la grande cathédrale de la science allemande »[4], ils se soient coupés du peuple :

1. *Was ich erlebte*, Bd. VIII, p. 374.

2. *Aus Schleiermacher's Leben*, Bd. II, p. 77.

3. Cf. *Die Werke Friedrichs des Großen*, H. Volz (hrsg), Berlin, Hobbing, 1913, Bd. VIII, p. 19.

4. Lettre à Windischmann du 9 mai 1809, dans *Aus Schellings Leben*, Bd. II, p. 157.

> que signifie la séparation qui existe aujourd'hui entre les savants et le peuple ? En vérité, je vois venir le temps où le peuple, condamné à devenir de plus en plus ignorant en ce qui concerne les questions les plus importantes, s'insurgera et contraindra les savants à parler en disant : « vous devriez être le sel de votre nation ; pourquoi ne nous donnez-vous point de goût ? Baptisez-nous à nouveau dans le feu de l'esprit ; nous sentons que nous en avons besoin, et avons assez régressé comme cela » [1].

Le philosophe écrira encore à August Wilhelm Schlegel le 15 mai 1811 :

> ce qui manque actuellement en Allemagne, c'est un quelconque lieu de rassemblement. Soyez assuré, à voir la situation comme je la vois de près maintenant, que bien des choses seraient changées, si un tel lien d'unité se reconstituait. Mais l'impression mauvaise, qui se manifeste actuellement en toute circonstance, ne permet pas d'en arriver là ; il n'existe pas pour ainsi dire deux hommes vivant en union, qui puissent agir d'accord dans un même esprit d'entente véritable. Ne seriez-vous pas disposé à vous engager dans une entreprise, de quelque nature que ce soit, qui se donnerait à nouveau pour but la totalité et la grandeur ? J'ai souvent songé à un projet de ce genre ; mais il demande l'accord de forces qu'il n'est guère possible de trouver. Et comme les individus isolés ne veulent pas se comprendre eux-mêmes, ou même veulent se tromper, au bout du compte, l'influence de tous se trouve perdue, au moins pour leur époque [2].

Cette incapacité à s'unir autour d'un même amour du savoir explique aussi la rapide décadence de cette Académie que Maximilien espérait voir rayonner au-delà des frontières bavaroises. Les contemporains assistèrent bientôt à la dissolution du groupe qui s'était formé autour de Jacobi :

> Baader et Jacobi, Schelling et Görres, ces nobles penseurs, qui sont les seules gloires de l'université de Munich, ne sont, après tout, que ses hôtes, et, dans ce riche domaine de la philosophie, Munich n'a rien produit qui lui appartienne en propre. Chose étrange ! Si paisible que fût leur mysticisme, si grande que fût leur aspiration vers le repos, ces belles intelligences ont effrayé plus d'une fois le pouvoir qui les avait accueillies ou appelées. Baader avait été installé à Munich pour être le chef d'une croisade religieuse contre la philosophie du Nord ; personne, en effet, n'avait plus nettement dénoncé certaines tendances funestes des grandes écoles d'Iéna et de Berlin. Il finit cependant par devenir suspect à un pouvoir qui lui demandait moins le vivant esprit du christianisme que les formalités mortes et les étroites puérilités du Moyen Âge. Jacobi était trop audacieux

1. *Clara*, SW IX, 92 (trad. fr. E. Kessler, Paris, l'Herne, p. 139).

2. *Krisenjahre der Frühromantik. Briefe aus dem Schlegelkreis*, J. Körner (hrsg), Brünn, Rohrer, 1936, Bd. II, p. 206.

aussi; Schelling, dès qu'il a pu le faire, dès qu'il a senti la flamme s'agiter une dernière fois sous son front blanchi, Schelling est parti pour Berlin [1].

La relative improductivité qui caractérise le premier séjour de Schelling à Munich n'a cependant pas empêché la reformulation, et même parfois la refonte, de quelques uns des thèmes majeurs de sa philosophie. Le concept de métaphysique forgé à cette occasion sera notamment l'objet dans les *Âges du monde* d'une extraordinaire mise en application. La richesse de la spéculation développée à partir de 1811 aura néanmoins quelque peu tendance à faire oublier l'origine polémique, voire immédiatement politique, de cette notion. L'unité de ce concept tout au long du parcours intellectuel de notre auteur permet certes d'évacuer l'accusation d'« occasionnalisme subjectif » qui aurait pu être formulée contre lui, mais la métaphysique telle qu'elle est définie dans ces pages apparaît comme un authentique concept politique au sens où le définit Carl Schmitt :

> tous les concepts politiques deviennent des abstractions incompréhensibles et dénuées de sens quand on les sépare de l'opposition concrète, intra- ou extrapolitique, dont ils sont issus. Il ne peut donc être en aucun cas question d'oblitérer la situation concrète, c'est-à-dire l'antagonisme concret, qui est également présupposé dans la considération théorique des choses politiques et qui lui est immanent. Tout concept politique est un concept polémique. Il vise un ennemi politique et se voit déterminé dans son rang spirituel, dans sa force intellectuelle et dans sa portée historique par son ennemi [2].

Quel autre sens et quelle autre portée accorder après tout à une aussi funeste idée que celle d'une « science allemande » ?

1. Saint-René Taillandier, « Portraits politiques et littéraires », *Revue des deux mondes*, 1848, t. 22, p. 838.

2. « *Hugo Preuss in der deutschen Staatslehre* », *Die neue Rundschau*, XLI, 1, 1930, p. 289. Sur les implications directement culturelles du concept schellingien de métaphysique, *cf.* J.-F. Courtine, « Un peuple métaphysique », *Revue de métaphysique et de morale*, juillet-septembre 2001, n° 3, p. 39-61. On se demande par ailleurs ce qui a bien pu faire dire à Slavoj Zizek que l'œuvre de Schelling après 1807 est un « cas exemplaire de non-contemporanéité de la pensée à son temps » (*The Abyss of Freedom*, Ann Arbor, University of Michigan Press, 1997, p. 4).

NOTE DU TRADUCTEUR

En 1845, un des tout premiers lecteurs français de Schelling, J. Matter, écrivait que « le discours sur les rapports des beaux arts avec la nature est peut-être celui de tous ses ouvrages qu'on ferait connaître le plus utilement en France, mais qu'il ne faudrait pas essayer de le traduire » [1]. Quand nous avons entrepris ce travail, il l'avait pourtant déjà été trois fois. C'est pourquoi il nous faut avant tout rendre hommage à l'effort de nos prédécesseurs. Nous avons repris de la traduction d'Alain Pernet ses plus brillantes trouvailles (« haute beauté autarcique », « carnation fragile », ...) et, quant au travail de Marc de Launay et Rozenn-Maï Le Goff, sa précision a été pour nous un modèle et une source d'inspiration constante. Il n'est pas jusqu'à la traduction de Charles Bénard que nous n'ayons mise à profit.

Pour plus de commodité, nous dressons la liste des abréviations que nous avons utilisées dans le présent ouvrage :

BSW	Franz von Baader, *Sämmtliche Werke*, F. Hoffmann (hrsg), Leipzig, Bethmann Verlag, 1854.
FW	Johann Gottlieb Fichte, *Werke*, I.H. Fichte (hrsg), Berlin, W. de Gruyter, 1971.
JWA	Friedrich Heinrich Jacobi, *Werke*, *Gesamtausgabe*, K. Hammacher-W. Jaeschke (hrsg), Hamburg-Stuttgart-Bad Cannstatt, Meiner, 1998-2004.
SB	*Schellings Bibliothek. Die Verzeichnisse von F.W.J. Schellings Buchnachlaß*, A.L. Müller-Bergen (hrsg), Stuttgart, Frommann-Holzboog, 2007.

1. *Schelling ou la philosophie de la nature et la philosophie de la révélation*, Paris, Comptoir des imprimeurs, 1845, p. 22.

Streit F.I. Niethammer, *Der Streit des Philanthropinismus und Humanismus*, Jena, Frommann, 1808.

SW *Friedrich Wilhelm Joseph von Schellings sämmtliche Werke*, K.F.A. Schelling (hrsg), Stuttgart-Augsburg, Cotta, Bd. I-XIV, 1856-1861.

Le traducteur souhaite remercier les éditions Vrin et M. Denis Arnaud d'avoir bien voulu accueillir ce volume dans leurs collections. Il n'oublie pas non plus tout ce qu'il doit à l'aide de Mme Marie-Luise Brandi. Il dit enfin sa reconnaissance à MM. les professeurs Miklos Vetö et Jean-François Courtine pour leur soutien amical.

F. W. J. SCHELLING

DU RAPPORT DES ARTS PLASTIQUES AVEC LA NATURE

ET AUTRES TEXTES

DU RAPPORT DES ARTS PLASTIQUES AVEC LA NATURE

| Messieurs[a], SW VII 291

Les jours de fête comme celui-ci, qui, placé sous patronage du roi, nous convie, d'un mot d'ordre supérieur, à tous nous réjouir de concert, semblent, là où seuls le discours et la parole peuvent les célébrer, amener d'eux-mêmes à des considérations qui, rappelant ce qui est le plus universel et le plus digne, unissent les auditeurs dans une communion spirituelle autant qu'ils sont réunis par les sentiments patriotiques qu'un tel jour inspire. Y a-t-il plus grande chose, en effet, dont nous soyons redevables aux princes de ce monde que de nous procurer et de nous conserver la jouissance paisible de tout ce qui est excellent et beau ? De sorte que nous ne pouvons songer à leurs bienfaits ni constater la prospérité publique sans être aussitôt conduits à ce qui est universellement humain. À vrai dire, une joie plus unanime serait à peine à la hauteur de ce que requiert la célébration d'une telle fête si elle était l'occasion de dévoiler au public une vraie et grande œuvre d'art et de l'offrir à l'intuition; il ne semblait pas moins propice à la communion et approprié à ce lieu dédié uniquement aux sciences, de tenter de dévoiler l'essence de l'œuvre d'art en général, et de la faire en quelque sorte surgir aux yeux de l'esprit.

Que n'a-t-on pas, depuis longtemps, senti, pensé et affirmé sur l'art? Comment ce discours pourrait-il donc, devant une si digne assemblée des connaisseurs les plus éclairés et des plus pénétrants critiques, espérer doter

a. Ce discours a été prononcé à l'Académie des sciences de Munich, le 12 octobre 1807, jour de la fête du Roi. Les annotations ont été ajoutées ultérieurement lors de la réimpression de ce discours dans le premier tome de nos *Écrits philosophiques* (Landshut, 1809) (1).

l'objet de nouveaux attraits? Ces critiques ne dédaigneraient-ils pas un ornement étranger, et le discours ne devrait-il pas plutôt tenir compte en partie de la faveur et de l'inclination générales dont jouit ce genre
292 d'ornement ! | D'autres objets doivent être relevés par l'éloquence, ou bien, s'ils possèdent en soi un contenu très riche, être rendus plausibles grâce à l'exposition. Mais l'art a cet avantage qu'il se manifeste aux regards et que l'exécution prévient les doutes qui sinon s'élèveraient contre les affirmations d'une perfection supérieure à la mesure commune, puisque ce qui n'aurait pas été compris dans l'idée, apparaîtrait, dans ce domaine, comme revêtu d'un corps. Le discours en vient alors à considérer que les nombreuses doctrines qui ont été élaborées à propos de cet objet, ne sont encore que trop peu remontées à la source première de l'art. Car la plupart des artistes, bien qu'ils aient tous à imiter la nature, parviennent rarement à former un concept de ce qu'elle est en son essence. Quant aux connaisseurs et aux penseurs, puisque la nature est moins facile à percer à jour, ils trouvent la plupart du temps plus commode de déduire leurs théories de l'observation de l'âme (1) plutôt que d'une science de la nature. Or ces doctrines sont d'ordinaire beaucoup trop plates : elles disent en général, il est vrai, bien des choses bonnes et vraies sur l'art, mais qui sont inutiles aux artistes eux-mêmes et parfaitement stériles en pratique.

En effet, les arts plastiques doivent être, selon la formule très ancienne, une *poésie muette* (2). L'auteur de cette déclaration voulait sans doute dire par là qu'ils doivent exprimer comme elle des pensées, des concepts spirituels dont l'âme est l'origine, non par le langage, mais, comme la nature silencieuse, par des figures, par des formes, par des œuvres sensibles indépendantes de lui. Les arts plastiques constituent donc manifestement un lien actif entre l'âme et la nature, et on ne peut les comprendre que dans cette médiation vivante. Et puisqu'ils ont en commun avec tous les autres arts, et notamment avec la poésie, cette relation à l'âme, ce qui leur demeure propre, c'est cette force qui les relie à la nature et qui en produit une autre qui lui ressemble : c'est uniquement à cette force que doit donc se rapporter une théorie qui puisse satisfaire l'entendement, stimuler l'art même et lui être profitable.

293 | Nous espérons donc, en considérant les arts plastiques en relation avec leur véritable modèle et source première, la nature, pouvoir fournir à leur théorie un élément nouveau et apporter quelques précisions ou éclaircissements plus rigoureux à leurs concepts, mais surtout faire apparaître la cohésion de tout l'édifice de l'art à la lumière d'une nécessité supérieure.

Mais la science n'a-t-elle pas, en effet, de tout temps reconnu cette relation? Et toutes les théories modernes ne sont-elles pas parties de ce principe même que l'art doit imiter de la nature? – Il en a bien été ainsi; mais en quoi ce grand principe général pouvait-il servir à l'artiste étant donnée l'ambiguïté du concept de nature et attendu qu'il en existe presque autant de représentations qu'il y a d'espèces vivantes? Pour l'un, la nature n'est rien de plus que l'agrégat inerte d'une foule innombrable d'objets ou bien l'espace où il imagine les choses comme comprises dans un réceptacle; pour l'autre, elle n'est que le sol d'où il tire sa nourriture et son entretien: seul le chercheur enthousiaste (1) la considère comme la force cosmique primitive, sacrée, éternellement créatrice, qui produit et créé toutes choses par sa propre activité (2). Ce principe avait certes une haute signification quand il apprenait à l'art à rivaliser avec cette force créatrice: mais, quant à savoir quel sens on lui prêtait, cela ne fait guère de doute si l'on connaît l'état général des sciences à l'époque où il a été formulé pour la première fois. Un sens assez étrange en vérité puisque ce sont justement ceux qui déniaient toute vie à la nature, qui ont préconisé de l'imiter dans l'art! On peut leur appliquer les mots de ce profond penseur: « votre philosophie mensongère s'est débarrassée de la nature et vous voulez que nous l'imitions? Pour vous donner encore le plaisir d'exercer la même brutalité à l'endroit de ses disciples? » [b] (3).

| La nature n'était pas pour eux qu'une image muette, entièrement 294
morte, que n'habitait aucune parole vivante: c'était une carcasse vide de simples formes à partir de laquelle devait être transposée sur la toile ou taillée dans la pierre une image tout aussi vide. Telle était bien la doctrine de ces anciens peuples plus grossiers qui, ne voyant rien de divin dans la nature, en tiraient des idoles, tandis que pour le peuple des Hellènes, doué de sensibilité et qui percevait partout la trace d'un être vivant et agissant, de véritables divinités sortaient du sein de la nature.

Mais, le disciple de la nature devrait-il donc tout imiter en elle indifféremment, et copier chaque chose intégralement? Il ne doit restituer que les beaux objets et ce qui, en eux, est beau et parfait seulement. On détermine ainsi le principe de plus près, tout en affirmant que, dans la nature, l'imparfait se mêle au parfait, la beauté à la laideur. Comment celui

b. Ce sont les mots de J.G. Hamann (dans le *Kleeblatt hellenistischer Briefe II*, S. 189), quelque peu atténués en fonction du contexte du présent discours. Les voici reproduits tels que l'auteur les a prononcés: « votre philosophie mensongère et meurtrière s'est débarrassée de la nature, et vous voulez que nous l'imitions? Pour vous donner encore le plaisir d'être également meurtriers de ses disciples? ». – Puisse celui à qui l'auteur est redevable d'avoir pour la première fois eu plus précisément connaissance des écrits de ce puissant esprit, F.H. Jacobi, entreprendre d'achever l'édition, attendue depuis longtemps des œuvres de Hamann, ou d'en hâter d'un mot la réalisation (4)!

qui ne concevait d'autre relation à la nature que l'imitation servile pourrait-il donc les différencier ? La manière d'agir des imitateurs est de se saisir plutôt et plus facilement des défauts de leur modèle que de ses qualités, parce qu'ils offrent plus de prises et des caractères plus apparents. Aussi voyons-nous que la laideur est plus fréquemment copiée par ceux qui imitent la nature et qu'elle l'est même avec plus d'amour que la beauté (1). Si nous ne considérons pas les choses dans leur essence, mais dans leur forme vide et abstraite, elles ne nous disent rien non plus intérieurement ; nous devons faire intervenir notre propre cœur et notre esprit pour qu'elles nous répondent. Mais qu'est-ce que la perfection de toute chose ? Rien d'autre que la vie créatrice en elle, sa force d'exister. Jamais celui qui se représente la nature comme quelque chose de mort, ne réussira à opérer cette transformation profonde, analogue au processus chimique, d'où surgit, comme purifié par la flamme, l'or pur de la beauté et de la vérité.

Rien non plus ne fut changé à la manière que l'on avait d'envisager
295 fondamentalement cette relation | lorsqu'on commença à ressentir plus généralement l'insuffisance d'un tel principe. Rien, pas même lorsque Johann *Winckelmann* (1) posa magistralement les bases d'une doctrine et d'une connaissance nouvelles. Certes, il rétablit l'âme dans toute son efficacité et l'arracha à sa dépendance indigne pour l'élever jusqu'au royaume de la liberté spirituelle. Vivement ému par la beauté des formes dans les créations de l'Antiquité, il enseigna que la plus haute intention de l'art était, en même temps que l'expression de concepts spirituels, la production d'une nature idéale et supérieure à la réalité.

Mais si nous examinons en quel sens la plupart ont compris ce dépassement de la réalité par l'art, il se trouve que, même avec cette doctrine, persiste la conception selon laquelle la nature serait un simple produit et les choses des êtres privés de vie : elle n'éveille nullement l'idée d'une nature vivante et créatrice. Dès lors, ces formes idéales ne pouvaient pas non plus être vivifiées par une connaissance positive de leur essence ; et si les formes de la réalité étaient mortes pour l'observateur mort, les formes idéales ne l'étaient pas moins ; si aucune production autonome de ces dernières n'était possible, celle des autres ne le serait pas davantage. L'objet de l'imitation avait changé, l'imitation, elle, restait. À la nature se substituèrent les grandes œuvres de l'Antiquité, dont les disciples s'appliquèrent à dégager la forme extérieure, en oubliant l'esprit qui les remplit. Or, ces œuvres sont d'un abord aussi difficile, voire plus difficile, que les œuvres de la nature : elles vous laissent plus froids encore si vous ne les regardez pas avec l'œil de l'esprit pour percer l'enveloppe qui les recouvre et éprouver la force qui est en elles.

D'un autre côté, les artistes ont reçu, il est vrai, depuis ce temps-là un certain élan idéal et des représentations d'une beauté placée plus haut que la matière; mais ces représentations étaient comme de belles paroles auxquelles les actes ne correspondent pas. Si une pratique antérieure de l'art avait engendré des corps sans âme, cette manière de voir n'enseignait que le mystère de l'âme, mais non celui du corps. Comme il arrive souvent, la théorie était passée à grands pas du côté opposé |, mais elle n'avait pas 296
encore trouvé le juste milieu vivant.

Qui peut dire que Winckelmann n'a pas reconnu la beauté suprême? Mais elle n'est apparue chez lui que dans ses éléments séparés : d'un côté comme beauté qui existe dans le concept et émane de l'âme, de l'autre, comme beauté des formes. Or quel lien actif et efficace les unit ensemble? Ou quelle force crée l'âme en même temps que la chair et comme d'un seul souffle? (1) Si cela n'est pas au pouvoir de l'art, comme de la nature, alors celui-ci ne peut rien créer en général. Winckelmann n'a pas défini ce moyen terme vivant. Il n'a pas enseigné comment des formes peuvent être engendrées à partir du concept. C'est ainsi que l'art en est venu à cette méthode que nous pourrions appeler régressive, parce qu'elle va de la forme à l'essence. Mais on n'atteint pas l'inconditionné de cette manière : on ne le trouve pas seulement par intensification du conditionné (2). C'est pourquoi les œuvres qui ont leur point de départ dans la forme, quelle que soit l'élaboration dont celle-ci a fait l'objet (3), trahissent, comme marque distinctive de leur origine, une lacune impossible à combler, là même où nous attendions l'achèvement, l'essentiel, l'ultime. Le miracle fait défaut qui élèverait le conditionné à l'inconditionné et qui diviniserait ce qui est humain. Le cercle magique est tracé, mais l'esprit qui devait s'y enfermer, n'apparaît pas, rétif à l'appel de celui qui tenait pour possible une création par la seule forme.

Loin de nous l'idée de vouloir blâmer l'esprit de cet homme parfait dont la doctrine immortelle, véritable révélation du beau, a été la cause occasionnelle plus qu'efficiente de la direction qu'a suivie l'art. Que sa mémoire demeure pour nous aussi sacrée que le souvenir des grands bienfaiteurs de l'humanité! Durant toute son époque, il s'est tenu dans une solitude sublime, comme une montagne. Pas l'écho d'une réponse, pas le moindre signe de vie, pas une pulsation dans tout le vaste empire de la science, ne répondit à son effort[c]. Quand vinrent ses vrais compagnons, | cet homme 297

c. Winckelmann est unique en son temps en raison de l'objectivité non seulement de son style, mais également de toute sa manière de voir. Il y a | un type d'esprit qui veut réfléchir 297
sur les choses, et un autre qui veut les connaître en elles-mêmes, dans leur pure nécessité.

admirable nous fut enlevé. Que de grandes choses n'a-t-il pourtant pas accomplies! ... Par sa sensibilité et son esprit, il n'appartient pas à son
298 siècle, mais | à l'Antiquité ou au temps dont il est le créateur, au temps présent. Il a donné grâce à sa doctrine la première base à cet édifice général de la connaissance et de la science de l'Antiquité (1), que les époques ultérieures ont commencé à ériger. C'est lui qui le premier a eu l'idée de considérer les œuvres d'art à la manière et selon les lois des œuvres éternelles de la nature, tandis qu'avant et après lui toute création de l'activité humaine était regardée comme l'œuvre d'un arbitraire sans lois, et traitée en conséquence. Son esprit fut parmi nous comme une brise venant des

L'histoire de l'art de Winckelmann offre le premier exemple de ce type-ci (1). Ce n'est que plus tard que cet esprit s'est manifesté aussi dans les autres sciences, non sans une grande résistance de ceux qui s'étaient habitués à l'autre style, lequel est bien plus commode à suivre. On ne connaissait à l'époque de Winckelmann que ce genre de maîtres, et il faudrait tenir *Hamann*, dont nous venons de parler, pour une exception. Mais appartient-il bien à son époque, dans laquelle il resta incompris et sans influence? Si *Lessing*, le seul homme de ce temps qui puisse être nommé à côté de Winckelmann, est grand, c'est parce qu'en cette ère de *subjectivité* totale, et bien qu'il ait précisément développé la plus haute maîtrise dans cette pensée sur les choses, il penchait et se sentait attiré, encore qu'inconsciemment, vers l'autre manière de sentir, non seulement dans sa reconnaissance du spinozisme, mais dans plus d'une autre recherche, et principalement dans l'*Éducation du genre humain* (2). L'auteur n'en a pas moins dû toujours regarder comme un préjugé l'opinion suivant laquelle Lessing aurait été parfaitement en accord avec Winckelmann et aurait eu la même manière de sentir et de penser que lui, pour ce qui touche au but suprême de l'art. – Qu'on lise les fragments suivants de Lessing :

« La destination véritable d'un des Beaux-Arts ne peut être que celle qu'il est capable de produire sans le secours d'un autre. Pour la peinture, c'est la beauté corporelle ».

« Pour pouvoir rassembler des beautés corporelles de plus d'une sorte, on se mis à la peinture historique ».

« L'expression, la représentation de l'histoire n'a pas été la fin ultime du peintre. L'histoire n'était pour lui qu'un moyen d'atteindre sa fin ultime : la beauté dans sa diversité ».

« Les peintres modernes font manifestement du moyen une fin; ils peignent des histoires pour peindre des histoires, sans songer qu'ils font ainsi de leur art un auxiliaire des autres arts et des autres sciences ou qu'ils se rendent du moins si dépendants de cet auxiliaire que leur art perd par là toute sa valeur d'art primitif ».

« L'expression de la beauté corporelle est la destination de la peinture ».

« La beauté corporelle suprême est donc sa suprême destination, etc. » (*Pensées et opinions de Lessing, rassemblées par Friedrich Schlegel*, Première partie, p. 292 (3)).

Qu'un esprit pénétrant comme Lessing ait pu imaginer le concept d'une beauté purement corporelle et s'en tenir là, voilà qui se comprend fort bien. On comprend aussi, à la rigueur, qu'il ait pu se persuader qu'abstraction faite de ce but, la présentation de la beauté corporelle dans sa diversité, il n'y avait plus d'autre but pour la peinture historique que précisément la *représentation de l'histoire*. Mais, si la doctrine de Winckelmann, telle qu'elle est contenue en particulier dans l'*Histoire de l'art* (les *Monumenti inediti* ont été écrits pour des Italiens, et

climats les plus doux, qui dissipa les nuages dans le ciel de l'art d'autrefois; et si maintenant aucune brume ne nous empêche de voir clairement les astres, c'est à lui que nous le devons. Combien n'a-t-il pas ressenti le vide de son époque! Quand nous n'aurions d'autre raison que son sentiment éternel de l'amitié et cette nostalgie inextinguible qu'il avait d'en jouir, cela suffirait à justifier et conforter le mot d'amour spirituel pour l'homme accompli, pour l'homme classique dans sa vie et classique dans son œuvre. Et s'il est encore une autre nostalgie qu'il ait éprouvée et qu'il n'ait pu apaiser, c'est celle de la connaissance plus intime de la nature. Il déclare lui-même à plusieurs reprises à ses amis fidèles, dans les dernières années de sa vie, que ses ultimes considérations iraient de l'art à la nature[d], pressentant, en quelque sorte, un manque et ce qui lui faisait défaut pour contempler aussi dans l'harmonie de l'univers la beauté suprême qu'il trouvait en Dieu (2).

| La nature nous apparaît toujours au premier abord sous une forme et 299
dans une fermeture plus ou moins brutales. Elle est comme la beauté grave et paisible, qui ne sollicite pas l'attention par des manifestations criardes et n'attire pas le regard ordinaire. Comment peut-on fondre spirituellement cette forme dure en apparence pour que la force plus limpide des choses conflue avec celle de notre esprit et que les deux ne fassent plus qu'une seule coulée? Il nous faut aller au-delà de la forme pour la retrouver vivante, compréhensible et véritablement sentie. Considérons les formes les plus belles: que reste-t-il lorsque vous en avez écarté en pensée le principe actif (1)? Rien que des propriétés inessentielles telles l'étendue et les relations dans l'espace. Qu'une partie de la matière soit à côté et en dehors d'une autre, cela apporte-t-il quelque chose à son essence intérieure ou plutôt rien? Évidemment rien. Ce n'est pas la juxtaposition qui fait la forme, mais la façon dont les choses sont juxtaposées : mais celle-ci ne peut être déterminée que par une force positive qui s'oppose, au contraire, à la juxtaposition, qui soumet la diversité des parties à l'unité d'un concept,

n'ont pas la même valeur documentaire (4)), peut être accordée avec ces affirmations de
Lessing; | si l'on peut faire passer en particulier pour une opinion de Winckelmann que la 298
représentation d'actions et de passions, en un mot, le genre suprême dans la peinture n'a été inventé que pour montrer en elle une alternance de beautés corporelles, l'auteur avoue n'avoir rien compris du tout à Winckelmann. Il sera toujours intéressant de comparer du point de vue de leur style extérieur aussi bien qu'intérieur le *Laocoon* (3), la chose la plus intelligente qui ait été pensée sur l'art selon le premier type d'esprit indiqué plus haut, et les œuvres de Winckelmann. La différence totale des deux manières de traiter un objet deviendra dès lors évidente aux yeux de chacun.

d. *Cf.* par exemple, la correspondance rassemblée par Daßdorf, 2e part., p. 235 (4).

depuis la force qui opère dans le cristal, jusqu'à celle qui, comme un doux flux magnétique dans les créations humaines, donne aux parties de la matière une position et une situation telles qu'elles puissent rendre visibles le concept, l'unité et la beauté essentielles.

Mais ce n'est pas simplement comme principe actif en général, c'est comme esprit et comme science opérante que l'essence doit nous apparaître dans la forme pour que nous la saisissions vivante. Si toute unité ne peut être que de nature et d'origine spirituelles, à quoi tend toute recherche sinon à trouver de la science jusque dans la nature ? Car ce dont l'entendement est absent ne saurait non plus en être l'esquisse (2); ce qui est soi-même privé de connaissance, ne peut être connu. La science par laquelle la nature opère ne ressemble à vrai dire à aucune science humaine liée à la réflexion sur soi (3). Dans la nature, le concept n'est pas distinct de l'acte, ni l'esquisse de l'exécution. C'est pourquoi la matière brute tend pour ainsi dire aveuglé-
300 ment | à une forme régulière, et prend inconsciemment des formes purement stéréométriques, mais qui appartiennent cependant au domaine des concepts et sont quelque chose de spirituel au sein de ce qui est matériel. Les étoiles possèdent de manière innée l'art très sublime du nombre et de la mesure, qu'elles appliquent à leurs mouvements sans en avoir le concept. La connaissance vivante apparaît plus clairement chez les animaux, bien qu'elle leur soit à eux-mêmes insaisissable, et c'est pourquoi nous les voyons accomplir, même s'ils se meuvent sans y penser, d'innombrables opérations bien plus admirables qu'ils ne le sont eux-mêmes : l'oiseau enivré de musique qui se surpasse lui-même dans des chants expressifs, la petite créature artistiquement douée qui sans exercice ni leçon, accomplit aisément des œuvres d'architecture, tous guidés par un esprit d'une puissance supérieure, qui déjà brille en quelques éclairs d'intelligence, mais n'apparaît encore nulle part tel un plein soleil, comme c'est le cas chez l'homme.

Cette science opérante est dans la nature et dans l'art le lien qui unit le concept et la forme, le corps et l'âme. Ce qui dirige toute chose, c'est un principe éternel esquissé au sein de l'entendement infini. Mais par quel biais ce concept passe-t-il dans la réalité et prend-il une forme corporelle ? Uniquement grâce à la science créatrice, liée à l'entendement infini de manière aussi nécessaire que, chez l'artiste, l'être qui conçoit l'idée d'une beauté insensible, est lié à celui qui la représente sous forme sensible. Si l'on peut dire heureux et surtout admirable l'artiste à qui les dieux ont octroyé cet esprit créateur, l'œuvre d'art apparaîtra excellente dans la mesure où elle nous montrera en un seul tracé cette force créatrice authentique qui œuvre à travers la nature.

On a compris depuis longtemps déjà que tout dans l'art n'est pas exécuté avec conscience (1), qu'une force inconsciente doit s'unir à l'activité consciente et que l'unité parfaite et la pénétration réciproque des deux engendrent ce qu'il y a de plus haut dans l'art. Les œuvres auxquelles manque le sceau de la science inconsciente se reconnaissent à un défaut palpable : le manque de vie autonome indépendante du créateur, alors que, là où elle opère, l'art accorde au contraire à son œuvre, en même temps que
la plus haute clarté de l'entendement, | cette réalité insondable qui la fait 301
ressembler à une œuvre de la nature.

On a souvent dû expliquer la situation de l'artiste au regard de la nature en disant que l'art, pour être tel, doit d'abord s'éloigner de la nature pour n'y retourner que dans l'ultime achèvement. À ce qu'il nous semble, le vrai sens de cette formule ne peut être que le suivant. Chez tous les êtres de la nature, le concept vivant ne se manifeste qu'en opérant de façon aveugle : s'il en était de même chez l'artiste, il ne se distinguerait en aucun cas de la nature. Mais s'il voulait consciemment se soumettre sans réserve à la réalité (1) et reproduire avec une fidélité servile ce qui existe, il créerait des masques, mais nullement des œuvres d'art. Il lui faut donc prendre ses distances vis-à-vis du produit ou de la créature pour s'élever à la force créatrice et l'appréhender en esprit. C'est ainsi qu'il s'élance dans le royaume des purs concepts ; il délaisse la créature pour la regagner au centuple et, en ce sens, retourner de toute façon à la nature. Cet esprit de la nature à l'œuvre au sein des choses, qui ne parle que le langage symbolique des formes et des figures, voilà sans doute avec quoi l'artiste doit rivaliser, et c'est seulement s'il le saisit dans une imitation vivante qu'il aura lui-même créé quelque chose de véritable. Car des œuvres nées d'une combinaison de formes, fort belles au demeurant, n'auraient cependant aucune beauté, puisque ce qui fait que l'œuvre ou le tout est beau à proprement parler ne peut plus être la forme, mais ce qui dépasse la forme, à savoir l'essence, l'universel, la vision et l'expression de l'esprit inhérent à la nature.

Ce qu'il faut conserver, en art, de cette idéalisation de la nature si communément exigée, ou de ce que l'on appelle ainsi, ne fait maintenant plus guère de doute. Cette exigence procède, semble-t-il, d'une manière de penser qui veut que le réel ne soit ni le vrai, ni le beau, ni le bien, mais le contraire de tout cela. Si le réel s'opposait en effet à la vérité et à la beauté, l'artiste devrait non pas l'élever ou l'idéaliser, mais le supprimer et
l'anéantir | pour créer quelque chose de vrai et de beau. Mais comment 302
pourrait-il exister réellement quelque chose en dehors du vrai ? Et qu'est-ce que la beauté sinon la plénitude de l'être sans défauts ? Quelle fin plus

élevée pourrait donc avoir l'art, si ce n'est de présenter ce qui existe effectivement dans la nature ? Comment se proposerait-il de dépasser ce qu'on appelle la nature effective s'il doit toujours demeurer en retrait derrière elle ? Donne-t-il donc à ses œuvres la vie sensible et réelle ? Cette statue ne respire pas, aucune pulsation ne l'anime, aucun sang ne la réchauffe. Mais ce prétendu dépassement et ce retrait apparent semblent tous deux relever d'un seul et même principe dès lors que nous donnons à l'art la tâche de manifester l'Étant véritable (1). C'est seulement en surface que ses œuvres apparaissent comme animées : dans la nature, la vie paraît pénétrer plus profondément et épouser totalement le matériau. Mais la transformation constante de la matière et le destin commun qui nous conduit à la dissolution finale ne nous enseignent-ils pas le caractère inessentiel de cette liaison et le fait qu'elle n'est en rien une fusion intime ? L'art, qui anime ses œuvres seulement en surface, ne manifeste en fait que le non-étant comme tel. Comment se fait-il que les imitations de ce que l'on appelle le réel, poussées jusqu'à l'illusion, paraissent fausses au plus haut degré à toute intelligence un tant soit peu cultivée, et donnent même l'impression d'être des fantômes, tandis qu'une œuvre où le concept domine, la saisit avec toute la force de la vérité, voire la transporte pour la première fois dans le monde authentiquement réel ? D'où cela vient-il si ce n'est du sentiment plus ou moins obscur qui lui dit que le concept est la seule part vivante dans les choses, alors que tout le reste n'est qu'ombre inconsistante et vaine ? Ce même principe explique tous les cas opposés que l'on donne comme exemples de la supériorité de l'art sur la nature. Quand l'art retient le cours rapide des années humaines, quand il allie la force virile au doux attrait de la première jeunesse, ou quand il montre dans la plénitude de sa puissante beauté une mère dont les enfants sont déjà grands, que fait-il d'autre que
303 de supprimer ce qui est inessentiel, | le temps ? Si, comme l'a remarqué l'excellent connaisseur, chaque production de la nature ne possède qu'un instant de la vraie beauté parfaite, nous devons dire qu'elle ne possède aussi qu'un seul instant de pleine existence (1). Elle est à cet instant ce qu'elle est dans toute l'éternité : hors de cet instant, elle n'est vouée qu'à devenir et disparaître. L'art, en manifestant l'être à cet instant, l'élève en dehors du temps ; il le fait apparaître dans son être pur, dans l'éternité de sa vie.

Une fois qu'on eut écarté d'elle par la pensée tout élément positif et essentiel, la forme dut apparaître comme limitante et en quelque sorte comme hostile à l'essence, et cette même théorie qui avait évoqué un faux et impuissant idéal, dut renvoyer du même coup à ce qui est informe dans l'art. Si de toute façon la forme devait être limitante pour l'essence, elle subsisterait indépendamment d'elle. Mais si elle existe avec et par l'essence, comment celle-ci pourrait-elle se sentir limitée par ce qu'elle crée elle-même ? L'essence pourrait certes subir la violence de la forme qui lui serait imposée, mais jamais celle de ce qui émane de soi. Elle doit bien plutôt reposer paisiblement en elle et ressentir son existence comme quelque chose d'autonome et de fermé sur soi. Dans la nature, la détermination de la forme n'est jamais une négation, mais toujours une affirmation. À vrai dire, on conçoit d'ordinaire la forme d'un corps comme une limitation dont il pâtit ; mais si l'on considérait la force créatrice, elle se manifesterait comme une mesure que celle-ci s'impose à elle-même et dans laquelle elle apparaît comme une force véritablement sensée. Car le pouvoir de se donner une norme est partout regardée comme une perfection, et même comme l'une des plus hautes qui soient. De la même manière, la plupart considèrent l'individu négativement, je veux dire comme ce qui n'est ni l'ensemble, ni le tout : mais aucun être individuel ne subsiste par sa limitation, mais plutôt par la force qui l'habite et qui lui permet de s'affirmer comme un tout face au tout.

Comme cette force de la singularité et donc aussi de l'individualité se présente comme un caractère vivant, son concept négatif | a nécessairement **304**
pour conséquence le point de vue insuffisant et faux du *caractéristique* (1) dans l'art. L'art serait mort, il serait d'une rigidité insupportable s'il voulait représenter l'écorce vide ou la limitation de l'individu. Ce n'est certes pas l'individu que nous voulons, nous voulons plutôt voir son concept vivant. Mais lorsque l'artiste reconnaît en lui l'éclat et l'essence de l'*idea* créatrice et la fait ressortir, il fait de l'individu un monde pour soi, un genre, un éternel archétype ; et celui qui veut appréhender l'essence ne doit pas non plus craindre la rudesse et la rigueur, car elles sont la condition de la vie. Nous voyons la nature, qui, dans sa plénitude, apparaît comme la suprême douceur, renvoyer en chaque individu à la détermination, et avant tout à la rudesse, à la fermeture sur soi de la vie. De même que la création tout entière est une œuvre de la suprême extériorisation, de même l'artiste doit d'abord se nier lui-même, condescendre à l'individualité, sans craindre ni l'isolement ni la douleur, ni même le tourment de la forme. Dès ses premières œuvres, la nature est absolument caractéristique ; elle enferme la force du feu et l'éclat de la lumière dans la dureté de la roche, l'âme gracieuse des sons dans la rigueur du métal. Au seuil même de la vie et songeant déjà à l'organisation, elle retombe, terrassée par la force de la forme, dans la pétrification. La vie des plantes consiste dans une paisible réceptivité ; mais dans quels contours stricts et précis cette vie passive est-elle enserrée ? Ce n'est que dans le règne animal que le conflit entre la vie et la forme paraît s'engager véritablement : la forme abrite ses

premières œuvres sous de dures coquilles, et là où celles-ci disparaissent, sous l'impulsion d'un instinct artistique, le monde animé retourne au règne de la cristallisation. Elle finit par émerger plus audacieuse et plus libre et exhibe à l'identique dans toutes les espèces des caractères actifs et vivants. L'art, il est vrai, ne peut commencer aussi profondément que la nature. Si la beauté est également répandue partout, il y a cependant différents degrés de manifestation et de déploiement de l'essence, et, donc, de la beauté; mais l'art réclame une certaine plénitude de beauté et il ne voudrait pas faire entendre un son ou une tonalité singulière, ni même faire résonner un
305 accord séparément, | mais il préfère la mélodie unanime de la beauté. C'est pourquoi il aime mieux s'emparer immédiatement de ce qu'il y a de plus élevé et de plus développé, à savoir de la forme humaine (1). Puisqu'il ne lui est pas donné d'embrasser l'immensité du tout, puisque chez toutes les autres créatures n'apparaissent que des fulgurations isolées, tandis que chez l'homme seul apparaît dans toute sa plénitude l'être sans fissure, il lui est non pas permis, mais enjoint de ne voir la nature en sa totalité que dans l'homme (2). Mais, précisément parce qu'elle y rassemble tout en un seul point, elle récapitule aussi toute sa diversité et elle refait pour la deuxième fois, mais avec moins d'ampleur, le chemin qu'elle avait parcouru dans toute son extension. C'est ainsi que l'exigence est faite à l'artiste d'être fidèle et vrai d'abord dans ce qui est limité pour apparaître accompli et beau dans le tout. Il s'agit ici de lutter avec l'esprit créateur de la nature, qui, dans le monde humain aussi, distribue les caractères et les physionomies avec une diversité inépuisable, non pas en un combat veule et alangui mais énergique et courageux. L'exercice continu dans la connaissance de ce qui fait du propre de chaque chose un élément positif, doit préserver l'artiste du vide, de la mollesse et du néant interne, avant qu'il ne lui soit permis, par une liaison toujours plus haute et finalement par une fusion des formes multiples, d'atteindre la beauté la plus parfaite dans des œuvres alliant à la suprême simplicité un contenu infini.

Seul l'achèvement de la forme peut anéantir la forme, et c'est là en effet, dans le caractéristique, le but ultime de l'art. Mais s'il est vrai que la conformité apparente, que les esprits inconsistants atteignent plus aisément que d'autres, n'en est pas moins nulle intérieurement, l'harmonie superficielle sans la plénitude du contenu peut aussi être rapidement atteinte en art, et, si la doctrine et l'enseignement doivent s'opposer à l'imitation sans âme des belles formes, elles doivent aussi et surtout contrecarrer le penchant qui incline vers un art amolli et dénué de caractère, lequel se pare en effet des plus beaux noms, mais à la seule fin de masquer son impuissance à remplir les conditions fondamentales de l'art.

Cette sublime beauté (3), dans laquelle la plénitude de la forme supprime | la forme elle-même, fut admise par la théorie de l'art la plus 306
récente, après Winckelmann, non seulement comme la plus haute, mais comme l'unique mesure. Mais, parce qu'on avait négligé le fondement profond sur lequel elle repose, on en est arrivé à former un concept négatif de l'ensemble des éléments affirmatifs. Winckelmann compare la beauté à l'eau puisée à la source, que l'on trouve d'autant plus saine qu'elle a moins de goût (1). Il est vrai que la beauté suprême est dépourvue de caractère; mais elle l'est comme nous disons de l'univers qu'il n'a ni dimension déterminée, ni longueur, ni largeur, ni profondeur, parce qu'il les contient toutes dans une égale infinité, ou que l'art de la nature créatrice est sans forme, car elle-même n'est assujettie à aucune forme. C'est en ce sens et en aucun autre que l'on peut dire que l'art hellénique, à l'apogée de sa culture, s'est élevé à l'absence de caractère. Mais il n'y aspirait pas immédiatement. Il s'est d'abord dégagé des liens de la nature pour se tourner vers la liberté divine. Ce n'est pas d'une graine semée en surface que pouvait naître cette créature héroïque, mais seulement d'une semence profondément enfouie dans la terre. Seuls de puissants mouvements du sentiment, seul un ébranlement profond de l'imagination, sous l'impulsion des forces naturelles qui animent et gouvernent toute chose, pouvaient imprimer à l'art la force irrésistible grâce à laquelle il est toujours resté fidèle à la vérité depuis la gravité rigide et fermée des premières créations jusqu'aux œuvres débordant d'une grâce sensuelle, et il a produit en esprit la réalité la plus haute qu'il ait été donnée à des mortels de contempler. De même que, chez les Grecs, la tragédie commence par le plus grand caractère moral, de même le commencement de leur plastique fut la gravité de la nature, et la sévère déesse d'Athènes fut la première et la seule muse de l'art plastique. Cette époque est caractérisée par le style que Winckelmann décrit comme rude et sévère; celui qui lui succéda, le haut style, ne put se développer que par une intensification (2) du caractéristique jusqu'au sublime et à la simplicité. En effet, dans les images des natures les plus parfaites, c'est-à-dire des natures divines, il ne s'agissait pas seulement d'imposer une unité à la profusion de formes dont la nature humaine est capable, mais l'union devait se faire de telle sorte que | nous puissions nous la représenter dans la totalité de 307
l'univers même, autrement dit elle devait être telle que les qualités inférieures, ou celles qui s'y rapportent, se subordonnent à des qualités supérieures et que toutes soient enfin rassemblées sous une seule et même qualité suprême, dans laquelle elles puissent s'annuler mutuellement en tant que particulières, tout en subsistant selon l'essence ou la force. Si nous pouvons donc appeler caractéristique cette haute beauté autarcique, pour

autant qu'on songe par là à une limitation ou à un conditionnement du phénomène, le caractéristique continuerait cependant à opérer indistinctement, comme dans le cristal, quand bien même il serait entièrement transparent, la texture subsiste malgré tout. Chaque élément caractéristique maintient son action, serait-ce en douceur, et concourt à produire l'indifférenciation sublime de la beauté.

Le côté ou la base extérieurs de toute beauté est la beauté de la forme. Mais puisque la forme ne peut exister sans l'essence, là où il n'y a plus que la forme, ce qui est présent de manière visible ou simplement sensible est le caractère. La beauté caractéristique est donc la beauté dans sa racine: ce n'est qu'à partir d'elle que la beauté peut ensuite se développer telle un fruit. L'essence peut bien recouvrir la forme, le caractéristique reste néanmoins le fondement toujours actif du beau.

Le plus éminent connaisseur, à qui les dieux ont donné pour royaume à la fois la nature et l'art (1), compare le caractéristique dans sa relation à la beauté au squelette dans sa relation à la forme vivante. Si nous devions interpréter à notre façon cette pertinente métaphore, nous dirions que, dans la nature, le squelette n'est pas séparé de la totalité vivante, comme il l'est dans notre pensée; que la fermeté et la mollesse, le déterminant et le déterminé, se présupposent mutuellement et ne peuvent exister qu'ensemble: c'est pourquoi le caractéristique vivant est déjà la figure totale, née de l'action réciproque des os et de la chair, de l'actif et du passif. Si l'art et la nature, à leurs degrés supérieurs, font reculer à l'intérieur l'ossature auparavant visible, celle-ci ne peut jamais être opposée à la figure et à la beauté, puisqu'elle contribue toujours de façon déterminante à l'une aussi bien qu'à l'autre.

Mais quant à savoir si cette haute et indifférente beauté doit également
308 | servir d'unique mesure dans l'art, puisqu'elle passe pour être le critère suprême, cela doit, semble-t-il, dépendre du degré d'extension et de plénitude avec lequel l'art en question peut opérer. Dans le vaste domaine qui est le sien, la nature ne présente-t-elle pas toujours ce qui est supérieur en même temps que ce qui lui est inférieur? Tandis qu'elle crée du divin en l'homme, elle agit, dans les autres produits, sur leur simple matière ou fondement, de sorte qu'en s'y opposant l'essence apparaisse en tant que telle. Dans le monde supérieur, autrement dit dans l'humanité elle-même, la grande masse devient à son tour la base à partir de laquelle le divin contenu uniquement dans le petit nombre se manifeste par la législation, le pouvoir et la fondation de nouvelles croyances. Là donc où l'art opère davantage avec la diversité de la nature, il peut et doit montrer à nouveau, dans des créations particulières, outre la mesure suprême de la beauté, le

fondement de cette beauté, et, en quelque sorte, son matériau. Il est significatif que ce soit ici que se déploie pour la première fois la nature diverse des formes d'art. La plastique, au sens plus rigoureux du terme, répugne à donner de l'extérieur son espace à l'objet, car ce dernier le porte en lui. Mais c'est justement ce qui lui interdit de s'étendre plus avant, de sorte qu'elle est contrainte de montrer la beauté de l'univers pour ainsi dire en un point. Il lui faut donc tendre immédiatement vers l'objet suprême et elle ne peut atteindre la diversité que séparément et par la plus sévère exclusion des résistances mutuelles. C'est en isolant le côté purement animal de la nature humaine qu'elle parvient aussi à former, de façon harmonieuse et même belle, des créatures inférieures, comme nous l'apprend la beauté de plusieurs faunes (1) conservés depuis l'Antiquité. Elle peut aussi, comme l'esprit espiègle de la nature, se parodier elle-même, inverser son propre idéal et, par exemple dans la disproportion des figures de Silène (2), paraître s'affranchir à nouveau, de façon ludique et plaisante, du poids de la matière. Mais elle est toujours forcée d'isoler complètement son œuvre pour l'accorder à soi, et d'en faire un monde pour soi, puisqu'il n'y a pas pour elle une unité supérieure où la dissonance de l'individuel puisse être résorbée. En revanche, la peinture peut déjà se mesurer en ampleur avec le monde et composer des œuvres de dimension épique. Un Thersite n'a-t-il
pas aussi sa place dans une Iliade (3), et, d'ailleurs, qu'est-ce | qui n'a pas sa 309
place dans le grand poème héroïque de la nature et de l'histoire ? C'est à peine si l'individu compte ici pour soi-même ; le tout prend sa place, et ce qui ne serait pas beau pour soi, le devient par l'harmonie du tout. Si, dans une œuvre picturale étendue qui relie ses figures par l'espace environnant, la lumière, les ombres et les reflets, la mesure suprême de la beauté était appliquée partout, il s'en suivrait la monotonie la plus contraire à la nature, puisque, comme le dit Winckelmann, le plus haut concept de la beauté est partout le même et tolère peu d'écarts (1). L'individuel serait alors préféré au tout, alors que, partout où celui-ci naît d'une pluralité, l'individuel doit lui être subordonné. Il faudrait donc observer, dans une telle œuvre, des gradations de la beauté, car c'est par elles seulement que la parfaite beauté concentrée au milieu devient visible ; et c'est d'un déséquilibre dans l'individuel que résulte l'équilibre dans le tout. Ici le caractéristique limité trouve aussi sa place, et du moins la théorie ne devrait pas tant renvoyer le peintre à cet espace étroit qui rassemble et concentre tout ce qui est beau, qu'à la diversité caractéristique de la nature, qui seule lui permet de donner à une grande œuvre la plénitude vivante du contenu. C'est là ce que pensaient, parmi les fondateurs de l'art nouveau, l'illustre Léonard et Raphaël, le maître de la plus haute beauté, qui ne craignait pas de la représenter dans

une moindre mesure plutôt que de paraître monotone, sans vie, ni réalité. Il savait non seulement produire la beauté parfaite, mais aller jusqu'à briser son uniformité par la variété de l'expression (2).

Si le caractère peut en effet s'exprimer aussi dans le repos et l'équilibre de la forme, il n'est toutefois vraiment vivant que dans son activité. Nous entendons par caractère une unité de plusieurs forces qui produit constamment un certain équilibre et une mesure précise de ces forces, à quoi correspond alors, si on ne les trouble pas, un équilibre semblable dans la régularité des formes. Mais il est impossible que cette unité vivante se montre en action
310 et en activité | si les forces, soulevées par quelque cause, ne sortent pas de leur équilibre (1). Chacun reconnaîtra que c'est le cas dans les passions.

Nous trouvons ici le fameux précepte de la théorie qui recommande de modérer autant que possible les passions dans leur irruption effective afin qu'elles n'entament pas la beauté de la forme. Mais nous croyons devoir plutôt inverser ce précepte et le formuler ainsi : la passion doit être tempérée par la beauté elle-même. Car il est très à craindre que cette modération que l'on recommande ne soit aussi comprise d'une manière négative, alors que la véritable exigence est plutôt d'opposer à la passion une force positive. Car, de même que la vertu ne consiste pas dans l'absence de passions, mais dans le pouvoir que l'esprit a sur elles, de même la beauté n'est pas préservée par leur éloignement ou leur amoindrissement, mais par l'empire qu'elle exerce sur elles. Il faut donc que la force des passions se manifeste effectivement, il faut qu'on voie qu'elles pourraient très bien se soulever, mais qu'elles sont réprimées par la violence du caractère et qu'elles se brisent contre les formes d'une inébranlable beauté comme le courant d'un fleuve qui remplit son lit sans jamais pouvoir en déborder. Autrement, cette tentative pour modérer les passions ne ferait que ressembler à celle de ces moralistes étroits qui, pour avoir raison de l'homme, préfèrent mutiler la nature en lui (2), et si radicalement purger ses actions de tout ce qu'il y a de positif que le peuple se repaît du spectacle des grands crimes pour se revigorer au moins par la vue de quelque chose de positif.

Dans la nature et dans l'art, l'essence s'efforce tout d'abord de se réaliser ou de se présenter elle-même dans l'individuel. C'est pourquoi la plus grande rigueur de la forme se manifeste aux premiers moments de la nature et de l'art car, sans limitation, l'illimité ne pourrait apparaître. Sans la rudesse, la douceur n'existerait pas, et si l'unité doit devenir sensible, cela ne peut se faire que grâce à la particularité, à la séparation et au conflit. Au commencement, l'esprit créateur semble donc se perdre entièrement dans la forme, impénétrable, fermé sur soi et même encore âpre dans
311 l'ensemble. | Mais à mesure qu'il parvient à unifier toute sa plénitude en

une même création, il abandonne peu à peu de sa rigueur et, là où il a fini d'élaborer sa forme au point de se reposer et de se saisir lui-même en elle, il se rassérène en quelque sorte, et commence à se mouvoir selon des lignes douces. C'est là l'instant de sa plus belle maturité, celui de sa floraison, où le pur contenant se tient achevé, où l'esprit de la nature se libère de ses liens et ressent sa parenté avec l'âme. L'apparition de l'âme s'annonce comme par une douce aurore qui se lève au-dessus de la figure tout entière. Elle n'est pas encore là, mais tout se prépare à l'accueillir par le jeu subtil de mouvements délicats; les contours rigides se tempèrent et s'estompent en lignes plus douces; un être aimable qui n'est encore ni sensible ni spirituel, se répand sur toute la figure, épousant tous les contours, toutes les sinuosités des membres. Cet être en quelque sorte insaisissable, mais sensible à tous, est ce que la langue grecque appelait *Charis* et la nôtre *grâce*.

Là où la grâce apparaît sous une forme pleinement achevée, l'œuvre est parfaite du côté de la nature; il ne lui manque plus rien; toutes les exigences sont remplies. Ici aussi l'âme et le corps sont en parfaite harmonie. Le corps est la forme, la grâce est l'âme, non pas l'âme en soi, mais l'âme de la forme ou bien l'âme naturelle.

L'art peut s'arrêter à ce point et ne pas le franchir; car, sous un rapport au moins, sa tâche entière est accomplie. L'image pure de la beauté arrêtée à ce degré est la déesse de l'amour. Mais la beauté de l'âme en elle-même, fondue avec la grâce sensible, est la suprême divinisation de la nature.

L'esprit de la nature n'est opposé à l'âme qu'en apparence; en soi, il est l'instrument de sa manifestation; il produit certes l'opposition des choses, mais seulement pour que l'unique essence, qui est la douceur suprême et la réconciliation de toutes les forces, puisse apparaître. Toutes les autres créatures sont mues par le pur esprit de la nature et affirment à travers lui leur individualité. Dans l'homme seul, comme en un centre, l'âme transparaît: sans elle le monde serait comme la nature sans le soleil.

| L'âme est donc en l'homme non pas le principe de l'individualité, mais 312
ce par quoi il s'élève au-dessus de tout égoïsme, ce qui le rend capable de se sacrifier, de faire preuve d'amour désintéressé et, ce qu'il y a de plus sublime, de contempler et de connaître l'essence des choses, et donc précisément de produire de l'art (1). Elle ne s'occupe plus de la matière, elle n'a plus de commerce immédiat avec elle, mais seulement avec l'esprit, qui est la vie des choses. Bien qu'elle apparaisse dans le corps, elle est pourtant libre de ses liens, et la conscience qu'elle en a, dans les plus belles représentations, plane seulement comme un rêve léger qui ne la trouble pas. Elle n'est pas une propriété, une faculté ou quelque chose de ce genre en particulier. Elle ne sait pas, mais elle est la science; elle n'est pas bonne, mais

elle est la bonté, elle n'est pas belle, comme peut l'être aussi le corps, mais elle est la beauté même (2).

Sans doute, l'âme de l'artiste se manifeste tout d'abord ou immédiatement dans l'œuvre d'art par l'invention dans le détail et, dans le tout, lorsque, en tant qu'unité, elle plane paisiblement au-dessus de son œuvre (3). Mais elle doit se rendre visible aussi dans ce qui est représenté soit comme une force primitive de la pensée, lorsque des êtres humains sont représentés entièrement emplis par un concept ou une noble considération, soit comme une bonté immanente, essentielle. L'une et l'autre manifestations trouvent également leur expression claire dans l'état le plus paisible, plus vivant toutefois lorsque l'âme peut se manifester activement et dans l'opposition. Et, comme ce sont principalement les passions qui troublent la paix de la vie, on admet en général que la beauté de l'âme apparaît surtout par une force paisible au milieu de la tempête des passions.

Il y a ici cependant une distinction importante à faire. Pour modérer ces passions, qui ne sont qu'un soulèvement (4) des esprits inférieurs de la nature, ce n'est pas à l'âme qu'il faut faire appel; pas plus qu'on ne peut la montrer en opposition à eux, car là où la pondération lutte toujours contre eux, l'âme, en général, n'a pas encore paru; il faut que la nature de l'homme, que la puissance de l'esprit déjà les tempèrent. Il est toutefois des circonstances supérieures où ce n'est pas seulement une force individuelle,
313 mais l'esprit pondéré lui-même | qui rompt toutes les digues, où l'âme elle-même est soumise, par le lien qui la rattache à l'existence sensible, à la souffrance qui devrait être étrangère à sa nature divine, où l'homme se sent attaqué à la racine de sa vie non par de simples forces naturelles, mais par des puissances morales, où une erreur dont il n'est pas responsable l'entraîne au crime et ainsi au malheur, injustice profondément sentie qui appelle au soulèvement les sentiments les plus sacrés de l'humanité. C'est le cas de tous les états vraiment tragiques au sens élevé du mot, tels qu'ils nous sont présentés dans la tragédie antique (1). Si les forces aveugles de la passion sont excitées, l'esprit pondéré est là pour servir de gardien à la beauté; mais si l'esprit lui-même est emporté comme par une violence irrésistible, quelle puissance protègera la beauté sacrée et veillera sur elle? Ou si l'âme souffre également, comment se sauve-t-elle de la douleur et de la profanation?

Retenir arbitrairement la force de la douleur ou du sentiment déchaîné serait pécher contre le sens et le but de l'art et trahirait chez l'artiste lui-même un défaut de sensation et d'âme. Du seul fait que la beauté, fondée sur des formes grandes et solides, est devenue caractère, l'art s'est forgé le moyen de montrer, sans entamer l'harmonie des proportions, toute la

grandeur de la sensation. Car là où la beauté s'appuie sur des formes puissantes comme sur d'indestructibles colonnes, une légère altération – et qui l'affecte à peine – de ses relations nous fait comprendre quelle force fut nécessaire pour la produire. La grâce sanctifie davantage la douleur. Son essence repose sur le fait qu'elle ne se connaît pas elle-même; mais, de même qu'elle ne s'acquiert pas arbitrairement, on ne peut non plus la perdre de manière arbitraire : lorsqu'une douleur insupportable et la folie elle-même, infligée par des dieux vengeurs, ravissent la conscience et la connaissance, elle se tient là comme un démon tutélaire auprès de la figure souffrante et fait en sorte qu'elle ne commette rien d'inconvenant, ni rien qui s'oppose à l'humanité, tandis que, si la créature tombe, elle tombe du moins comme une offrande pure et sans tache. Ce qu'elle produit par une
action naturelle, ce n'est pas encore l'âme elle-même, mais | son pressenti- **314**
ment, ce que l'âme produisait par une action divine lorsqu'elle transformait la douleur, la torpeur et la mort même en beauté (1).

Pourtant, cette grâce, réaffirmée dans ce qu'il y a de plus répugnant serait morte si elle n'était transfigurée par l'âme. Mais quelle expression peut lui convenir dans cette situation ? Elle se libère de la douleur et apparaît invaincue, victorieuse, en renonçant à son lien avec l'existence sensible. L'esprit de la nature peut bien mettre en jeu toutes ses forces pour la conserver, l'âme ne s'engage pas dans ce combat, mais sa présence calme les tourments de la vie en proie à la douleur. Toute violence extérieure ne peut ravir que des biens également extérieurs qui n'atteignent pas l'âme, elle peut déchirer un lien temporel, mais non détruire le lien éternel d'un amour véritablement divin (2). Ni dure, ni insensible, ne renonçant pas à l'amour lui-même, l'âme le révèle bien plutôt dans la souffrance, sensation qui survit à l'existence sensible et s'élève ainsi au-dessus des ruines de la vie et du bonheur extérieurs dans la gloire divine.

Telle est l'expression de l'âme que le créateur de la Niobé (3) nous a montrée en image. Tous les moyens que l'art peut employer pour atténuer l'effroi, sont ici mis en œuvre. La puissance des formes, la grâce sensible et même la nature de l'objet adoucissent l'expression par le fait que la douleur, dépassant toute expression, la supprime à nouveau, et que la beauté, qu'il semblait impossible de sauver ou de vivifier, se voit préservée de toute atteinte par un début de raidissement. Mais que serait tout cela sans l'âme, et comment celle-ci se révèle-t-elle ? Sur le visage de la mère, nous ne voyons pas seulement la souffrance que lui cause la vue de ses enfants fauchés à ses pieds, ni seulement l'angoisse mortelle que lui inspire le salut de ceux qui restent et de la plus jeune de ses filles qui se réfugie contre son sein, ni sa colère contre la cruauté des dieux, ou du moins, comme on l'a prétendu, son froid dédain ; nous voyons tout cela sans doute, mais pas pour soi : à travers la douleur, l'angoisse et la colère rayonne, telle une divine lumière, l'amour éternel, comme la seule chose inaltérable, et, dans cet amour, la mère apparaît non telle qu'elle était, mais bien telle qu'elle *est*, attachée à ce qu'elle aime par un lien éternel.

315 | Chacun sait que la grandeur, la pureté et la bonté de l'âme ont aussi leur expression sensible. Comment cela pourrait-il se concevoir, si le principe à l'œuvre dans la matière n'était déjà un être apparenté à l'âme et qui lui ressemble ? Or il y a à nouveau des degrés de l'art dans la manifestation de l'âme, selon qu'elle est liée au simple caractéristique, ou qu'elle se confond visiblement avec la majesté et la grâce[e]. Qui ne voit que cette haute moralité, qui habite naturellement dans les œuvres de Sophocle, règne déjà dans la tragédie d'Eschyle (1) ? Mais elle est enfermée ici sous une rude enveloppe et se communique moins au tout, puisque le lien de la grâce sensible manque encore. C'est de la gravité et des grâces encore terribles (2) de l'art à son origine que put cependant naître le charme de Sophocle, et, avec elle, cette fusion parfaite des deux éléments, qui nous fait douter si c'est la grâce morale ou le charme sensible qui nous enchante le plus dans les œuvres de ce poète. Il en est de même pour les créations plastiques d'un style encore sévère comparé à celui d'œuvres plus tardives et plus conciliantes.

Si la grâce, en plus d'être la transfiguration de l'esprit de la nature, est encore le moyen qui sert à lier la bonté morale et le phénomène sensible, il est évident que l'art doit converger vers elle de toutes les directions possibles comme vers son centre. Cette beauté, qui procède de l'accord parfait de la bonté morale et de la grâce sensible, nous saisit et nous enchante, là où nous la rencontrons, avec la puissance d'un miracle. Puisque l'esprit de la nature manifeste en effet partout ailleurs son indépendance à l'égard de l'âme, et qu'il lui résiste même en quelque sorte, il parait ici se fondre avec elle comme par un libre accord et comme par le feu intérieur de l'amour divin ; le spectateur est envahi avec une clarté soudaine
316 par le souvenir de l'unité originelle de l'essence de la nature | et de l'essence de l'âme, autrement dit par la certitude que toute opposition n'est qu'apparente, que l'amour est le lien unissant tous les êtres, et que la bonté pure est le fondement et le contenu de toute la création.

L'art va ici pour ainsi dire au-delà de lui-même et fait à nouveau de soi un moyen. À ce sommet, la grâce sensible n'est une nouvelle fois que

e. [Première édition] Il y a à nouveau des degrés de l'art dans la manifestation de l'âme : le premier où elle est présente comme un élément encore discernable, plus en soi que pleinement réalisé ; le second, où elle se confond visiblement avec la majesté et la grâce.

l'enveloppe et le corps d'une vie supérieure; ce qui était auparavant le tout est traité comme une partie, et la relation suprême de l'art à la nature est atteinte lorsqu'il fait d'elle un milieu où l'âme peut devenir visible.

Mais si, dans cette floraison de l'art, comme dans celle du règne végétal, tous les degrés antérieurs se répètent, on peut aussi d'un autre côté apercevoir quelles différentes directions l'art peut suivre pour sortir de ce centre. C'est en particulier ici que se manifeste avec la plus grande acuité la différence naturelle des deux formes d'art plastique. Car, pour ce qui est de la sculpture, comme elle présente ses idées par le biais de choses corporelles, le point suprême doit précisément consister dans le parfait équilibre de l'âme et de la matière : si elle accorde une prépondérance à cette dernière, elle tombe en deçà de sa propre idée; mais il paraît parfaitement impossible qu'elle élève l'âme aux dépens de la matière, à moins de se dépasser elle-même. Il est vrai que le parfait sculpteur, comme le dit Winckelmann à propos de l'Apollon du Belvédère, ne prendra pas plus de matière pour son œuvre qu'il n'en a besoin pour atteindre son but spirituel; mais, à l'inverse, il ne mettra pas plus de force dans l'âme que la matière n'en exprime, car son art consiste précisément à exprimer d'une manière toute corporelle ce qui relève de l'esprit. La sculpture ne peut donc atteindre son véritable sommet que dans des natures dont le concept implique qu'elles soient toujours effectivement ce qu'elles sont selon l'idée ou l'âme, et par conséquent dans des natures divines. Ainsi, quand bien même il n'y aurait jamais eu de mythologie, elle en serait venue d'elle-même à des dieux, elle les aurait inventés, à défaut de les trouver. Comme en outre l'esprit a de nouveau, au plus profond degré, la même relation à la matière que celle que
nous avons attribuée à l'âme (puisqu'il est le principe | de l'activité et du **317**
mouvement, de même que la matière est celui du repos et de l'inactivité), la loi qui impose de modérer l'expression et la passion sera une loi fondamentale découlant de leur nature; cette loi ne vaudra cependant pas uniquement pour les passions inférieures, mais également pour ces passions, si l'on peut dire, supérieures et divines, dont l'âme est capable dans le ravissement, la méditation et la prière; d'où son attrait, de ce côté-ci, pour la création de natures divines, les dieux seuls étant affranchis aussi de telles passions.

Mais il en va tout autrement, semble-t-il, en peinture et en sculpture. La peinture ne présente pas les choses comme le fait la sculpture, à l'aide de ce qui est corporel, mais à l'aide de la lumière et de la couleur, donc par des moyens uniquement incorporels et, pour ainsi dire, spirituels. Aussi ne donne-t-elle jamais ses images pour les objets eux-mêmes; elle entend expressément qu'on les considère comme des images. Elle n'attache donc pas en et pour soi à la matière l'importance que lui accorde la sculpture, et paraît pour cette raison, lorsqu'elle élève le matériau au-dessus de l'esprit, déchoir par rapport à elle-même davantage que ne le fait la sculpture en pareil cas ; par contre, il semble légitime qu'elle donne, avec une d'autant plus grande autorité, une nette prépondérance à l'âme. Là où elle tend vers la réalité suprême, elle ennoblira certes les passions grâce au caractère, les tempèrera par la grâce, ou bien fera transparaître en elle la puissance de l'âme. Quant aux passions supérieures, qui reposent sur la parenté de l'âme avec un être suprême, elles sont précisément celles qui conviennent parfaitement à sa nature. En effet, si la sculpture équilibre parfaitement la force grâce à laquelle un être subsiste au dehors et opère dans la nature, et celle qui lui permet de vivre intérieurement en tant qu'âme, si elle exclut de la matière la simple passivité elle-même, la peinture, au contraire, peut estomper en elle, au profit de l'âme, le caractère de la force et de l'activité afin de les transformer en dévouement et en patience, grâce à quoi il semble que l'homme devienne plus réceptif aux suggestions de l'âme ainsi qu'aux influences extérieures en général.

Mais cette opposition explique déjà la prééminence inévitable de la sculpture dans l'Antiquité et de la peinture dans le monde moderne,
318 l'Antiquité étant foncièrement plastique, alors | que le monde moderne allait jusqu'à faire de l'âme l'organe passif de révélations supérieures. Mais cette opposition montre aussi qu'il ne suffit pas d'aspirer à ce qui est plastique dans l'ordre de la forme et de la représentation et qu'il faudrait avant tout penser et sentir de manière plastique, c'est-à-dire antique. Mais si l'abus de la sculpture dans le domaine de la peinture est une corruption de l'art (1), réduire la peinture à la condition et à la forme plastiques, c'est lui imposer des limites arbitraires. Car, si la sculpture, comme la pesanteur, s'exerce en un point unique, la peinture, en créant, peut, comme la lumière, remplir l'espace tout entier.

Une preuve de cette universalité sans limite de la peinture est l'histoire même et l'exemple des plus grands maîtres, qui, sans nuire à l'essence de leur art, ont porté chacun de ses degrés, en lui-même, à sa perfection, de sorte que nous pouvons retrouver dans l'histoire de l'art la même succession qui peut être montrée dans l'objet (2).

Et cela non dans l'ordre du temps, mais bien plutôt dans l'ordre réel[f]. Ainsi, c'est avec Michel-Ange qu'apparaît la première et la plus puissante

f. S'il y avait eu place pour une démonstration plus détaillée, nous aurions cependant pu justifier comme chronologique la succession qui se trouve établie ici. Nous pourrions en effet aisément rappeler à tout un chacun que le *Jugement dernier* ne fut commencé qu'après la mort de Raphaël (3). Mais le style de Michel-Ange était né avec lui, avant par conséquent celui de

époque de l'art devenu libre, celle où il déploie sa force encore indomptée dans des créations monstrueuses, de même que, comme le rapportent les poèmes du monde primitif et ses symboles, la terre produisit d'abord, à la suite des étreintes d'Ouranos, les Titans et les Géants montant à l'assaut du ciel, avant que | n'apparaisse le doux royaume des dieux sereins. Aussi le 319
Jugement dernier, dont cet esprit supérieur couvrit la chapelle Sixtine et qui est la quintessence de son art, paraît rappeler davantage les premières époques de la terre et leurs créatures que les temps plus récents. Curieux de connaître les fondements les plus secrets des figures organiques et notamment de la figure humaine, il n'évite pas le terrible et le recherche même à dessein, l'arrachant à son repos dans les noirs ateliers de la nature. Il compense le manque de douceur, de grâce et d'agrément par l'expression de la force la plus extrême (1) et, s'il provoque la peur avec ses tableaux, il s'agit de l'effroi que répand selon la légende l'ancien dieu Pan lorsqu'il fait soudain irruption dans les assemblées des hommes. La nature, en général, produit l'extraordinaire en isolant et en excluant des propriétés opposées : il fallait donc que, chez Michel-Ange, le sérieux et une profonde force naturelle l'emportent sur le sens de la grâce et la sensibilité de l'âme pour que se révèle la suprématie d'une force purement plastique dans la peinture des temps modernes.

Une fois apaisée la violence des origines et le brutal désir de naître, l'esprit de la nature se transfigure en âme et avec lui naît la grâce. L'art atteignit ce degré, après Léonard de Vinci (2), chez le Corrège, dans les œuvres duquel l'âme sensible est le principe agissant de la beauté. Cela n'est pas seulement visible dans les tendres ébauches de ses figures, mais aussi dans les formes qui ressemblent au plus haut point à celles des natures purement sensibles des œuvres de l'Antiquité. En lui fleurit le véritable âge d'or de l'art, que le doux règne de Chronos vint apporter à la terre : ici, le sourire enjoué de l'innocence, le désir serein et la joie enfantine rayonnent sur des visages ouverts et joyeux, ici l'on célèbre les saturnales de l'art (3). L'expression générale de cette âme sensible est le clair obscur, que Corrège

Raphaël. Sans accorder plus de crédit qu'il ne faut à ce que l'on dit d'habitude de l'effet que produisit sur le jeune Raphaël la vue des premières œuvres romaines de Michel-Ange, ni imputer à ce hasard le fait que ce dernier, parti d'un style d'abord timide, soit parvenu à l'audace et à la grandeur d'un art parfait, on ne peut toutefois nier que, non seulement le style de Michel-Ange fut l'une des bases de l'art de Raphaël, mais que, grâce à lui, l'art en général a accédé pour la première fois à une pleine liberté. – Du Corrège on pourrait dire de façon peut-être moins ambiguë : « c'est par lui que le véritable âge d'or fleurit dans l'art », bien que personne ne se trompera sur le sens de ces paroles ou n'ignorera ce que l'auteur a tenu pour le sommet proprement dit de la peinture moderne.

a cultivé plus que tout autre (4). Ce qui remplace en effet pour le peintre la matière, c'est l'obscurité ; elle est le matériau auquel il doit attacher la manifestation fugitive de la lumière et de l'âme. Plus l'obscur se mêle à la clarté, de sorte que l'un et l'autre ne fassent plus qu'une seule et même
320 essence et pour ainsi dire un seul corps et une seule | âme, plus le spirituel apparaît sous une forme corporelle et plus le corporel s'élève au niveau de l'esprit.

Une fois franchies les bornes de la nature et chassé le monstrueux, fruit de la première liberté, une fois la forme et la figure embellies par le pressentiment de l'âme, le ciel s'éclaircit, la terre adoucie peut s'unir à l'élément céleste, et celui-ci à son tour à l'humain apaisé. Raphaël prend possession de l'Olympe radieux et nous entraîne avec lui de la terre dans l'assemblée des dieux, parmi les êtres bienheureux et éternels. La fleur de la vie la plus cultivée, le parfum de l'imagination et le piquant de l'esprit s'exhalent ensemble de ses œuvres. Il n'est plus seulement peintre, il est philosophe, et poète tout à la fois. La sagesse côtoie la puissance de son esprit, et, lorsqu'il représente les choses, celles-ci se trouvent ordonnées selon la nécessité éternelle. Avec lui, l'art a atteint son but, et puisque le pur équilibre du divin et de l'humain peut exister pour ainsi dire en un seul point, ses œuvres sont marquées du sceau de l'unicité.

Il ne restait plus qu'une seule voie ouverte à la peinture pour épuiser chacune des possibilités fondée en elle, et quoi que l'art ait pu entreprendre dans les renouvellements ultérieurs de l'art, quelles que soient les différentes directions qu'il ait essayées, il semble toutefois qu'un seul soit parvenu à fermer avec une sorte de nécessité le cercle des grands maîtres. De même que la fable nouvelle de Psyché (1) ferme le cercle des anciennes histoires des dieux, de même la peinture a pu, en accordant une prééminence à l'âme, accéder à un degré nouveau, toutefois pas supérieur, de l'art. C'est à cela que tendit Guido Reni, qui devint le véritable peintre de l'âme (2). C'est ce que nous semble signifier tout son effort, souvent mal assuré et qui, dans plusieurs œuvres, se perd dans le vague, interprétation que confirme aussi, à côté d'un petit nombre d'autres tableaux peut-être, le chef-d'œuvre que la vaste collection royale offre à l'admiration de tous (3). Dans la figure de la Vierge élevée au ciel, toute rudesse et toute rigueur
321 plastiques | ont disparu jusqu'à la dernière trace ; la peinture elle-même ne semble-t-elle pas, telle Psyché affranchie et dégagée des formes rigides, s'envoler ici de ses propres ailes jusqu'à sa transfiguration ? Il n'y a là aucun être qui subsiste au dehors grâce à une force déterminée de la nature ; tout exprime la délicatesse et une patience sereine, jusqu'à cette carnation fragile dont la langue italienne désigne le caractère particulier par le terme

de *morbidezza* (1), et qui est toute différente de celle dont Raphaël revêt la Reine du ciel, lorsqu'elle descend des cieux et apparaît au pape en prière et à une sainte (2). S'il est certes fondé de remarquer que le modèle des têtes féminines du Guide est la Niobé antique (3), le fondement de cette similitude n'est assurément pas une imitation purement arbitraire; une même aspiration a peut-être conduit à user d'un moyen identique. Si la Niobé florentine est un sommet de la sculpture et de l'expression de l'âme en cet art, le tableau que nous connaissons est un sommet pour la peinture qui ose même ici s'affranchir du besoin des ombres et de l'obscurité et produire ses effets pour ainsi dire au moyen de la pure lumière.

Si l'on a pu admettre que la peinture accorde, en raison de sa nature particulière, une nette prépondérance à l'âme, la doctrine et l'enseignement gagneraient à reconduire constamment au centre originaire, à partir duquel seulement l'art peut toujours à nouveau être engendré, puisqu'il ne peut sans cela que s'immobiliser au dernier degré mentionné, ou bien dégénérer en un style étriqué. Car, cette passivité supérieure est aussi aux prises avec l'idée d'un être absolument énergique dont l'art a pour mission d'exhiber l'image et le reflet. Un homme à l'esprit droit se réjouira toujours d'apercevoir un être digne de son aspect individuel et, autant que possible, indépendant; c'est en effet avec joie que la divinité laisserait tomber un regard sur la créature qui, d'une âme pure, affirmerait énergiquement au dehors, à travers son existence sensible et agissante, la majesté de sa nature.

Nous avons vu que | l'œuvre d'art, surgie des profondeurs de la nature[g], **322**
dans sa détermination et sa limitation, déploie ensuite son infinité et sa

g. Tout ce traité met en évidence la base de l'art et donc aussi de la beauté dans la vitalité de la nature; mais il est clair que les critiques qui s'expriment publiquement sont mieux instruits des doctrines de la philosophie actuelle que leurs auteurs eux-mêmes. Ainsi avons-nous appris récemment d'un connaisseur de ce genre, par le biais d'un périodique d'ailleurs justement apprécié (1), que, d'après l'esthétique et la philosophie nouvelles (concept commode dans lequel ces demi-savants entassent tout ce qui leur déplait, apparemment pour mieux s'en débarrasser), il n'y aurait de beauté que dans l'art et non dans la nature. Nous aurions aimé savoir où la philosophie et l'esthétique modernes ont proféré une pareille affirmation, si nous ne nous rappelions à l'instant quel concept les juges de cette espèce ont coutume d'attacher au mot de nature, en particulier dans l'art. En exprimant cette opinion, le critique en question n'est pas du reste animé de mauvaises intentions; il cherche plutôt à l'étayer par une démonstration rigoureuse dans le langage et les formes de la philosophie nouvelle. Écoutons cette démonstration excellente! « Le beau est la manifestation du divin dans le terrestre, de l'infini dans le fini. La nature est certes aussi une manifestation du divin, mais cette nature, qui a existé depuis le commencement des temps et qui durera jusqu'à la fin des jours, comme s'exprime plus précisément cet écrivain bien informé, n'apparaît pas à l'esprit de l'homme et n'est belle que dans son infinité ». – De quelque manière que nous

323 plénitude intérieures, se transfigure en grâce et | finit par atteindre l'âme. Mais il fallait représenter séparément ce qui, dans l'acte créateur de l'art
324 parvenu à maturité, ne constitue qu'une action unique. | Cette force spirituelle d'engendrement, aucune doctrine, aucune méthode, ne peuvent la produire. Elle est le pur don de la nature qui se referme ici pour la seconde fois, car, en se réalisant entièrement, elle place sa force créatrice dans la créature. Mais, de même que, dans le grand mouvement de l'art, ces degrés se succèdent l'un après l'autre, jusqu'à ne plus faire qu'un à l'étape suprême, de même aussi, une culture enracinée dans l'individu ne peut apparaître que là où, partie du germe et de la racine, elle s'est intensifiée régulièrement jusqu'à la fleur.

entendions cette infinité, il y a ici une contradiction à dire que la beauté doit être une manifestation de l'infini dans le *fini*, mais que la nature ne doit être belle que dans son infinité. Or, doutant de lui-même, le connaisseur objecte que chaque partie d'une belle œuvre peut elle-même être belle, par exemple la main ou le pied d'une belle statue. Mais (et c'est ainsi qu'il lève ce doute) où allons-nous trouver la main ou le pied d'un tel colosse (à savoir la nature)? Notre expert philosophe fait ainsi apparaître la valeur et la sublimité de son concept de l'infinité de la nature. Cette infinité, il la trouve dans l'étendue incommensurable. Qu'il y ait une véritable infinité essentielle dans chaque partie de la matière est une exagération à laquelle notre brave homme ne se risque certainement pas, bien qu'il parle le langage de la philosophie la plus récente. Et que l'homme puisse être un peu plus que, par exemple, la main ou le pied de la nature – à vrai dire plutôt son œil –, tandis qu'il faudrait encore trouver ailleurs une main ou un pied, voilà ce qu'on ne pourrait penser sans extravagance. Aussi la question peut-elle ne pas lui avoir paru trop ruineuse et c'est ici que le véritable effort philosophique commence. Il est sans doute vrai, pense l'excellent homme, que tout ce qui est individuel dans la nature est une apparition de l'éternel et du divin (mais est-ce bien le cas dans cet individu-là!) : or le divin n'apparaît pas *comme* divin, mais comme terrestre et périssable. – Voilà ce qui s'appelle
323 un art philosophique! De même qu'au | théâtre d'ombres, les silhouettes vont et viennent au commandement *Apparais* et *disparais* (1), de même le divin apparaît ou n'apparaît pas dans le terrestre, au gré de l'artiste. Mais ce n'est là qu'un prélude à un futur syllogisme, dont les parties méritent chacune d'être remarquées :

1) « L'individuel, comme tel, ne constitue pas autre chose qu'une image du devenir et du périr – non pas l'idée du devenir et du périr, mais un exemple des deux, étant donné qu'il devient et périt (ainsi pourrait-on dire d'un *beau* tableau qu'il constitue un exemple du devenir et du périr, puisque lui aussi ne commence que progressivement à recevoir ses couleurs, et qu'il s'obscurcit ensuite, est attaqué par la fumée, la poussière, les vers ou les mites).

2) « Or rien n'apparaît dans la nature qui ne soit individuel » (auparavant, tout ce qui est individuel était une manifestation du divin dans l'individuel).

3) Donc, rien ne peut donc être beau dans la nature, puisque le divin, qui doit *pourtant bien* apparaître comme quelque chose de durable et de permanent (dans le temps, bien sûr!) dans ce qui est terrestre pour qu'il y ait de la beauté, tandis qu'il n'y aurait dans la nature que des choses individuelles, et par conséquent éphémères (2). Quelle démonstration magnifique!

Exiger que l'art, comme tout ce qui est vivant, parte des premiers commencements et y revienne pour se rajeunir et se revivifier, peut paraître une doctrine sévère à une époque où l'on a si souvent dit que la beauté la plus élaborée provenait toute achevée des œuvres d'art existantes et pouvait donc atteindre le but ultime pour ainsi dire d'un seul coup. N'avons-nous pas déjà ce qui est excellent et parfait? Pourquoi devrions-nous retourner à l'originaire et à l'informe? Si les grands fondateurs de l'art moderne avaient pensé de même, nous n'aurions jamais vu leurs merveilles. Eux aussi avaient sous les yeux les créations des anciens, les rondes-bosses et les bas-reliefs qu'ils auraient pu transposer immédiatement en peinture[h].

Elle pèche néanmoins par plusieurs défauts, dont nous ne mentionnerons que deux. D'abord, la seconde assertion, selon laquelle la nature n'apparaît que sous la forme de l'individuel; il y avait au préalable trois choses, là où il n'y a plus désormais que de l'individuel: A) le divin, B) l'individuel au sein duquel celui-ci apparaît, C) ce qui résulte de cette union, autrement dit quelque chose qui est à la fois divin et terrestre. Mais, voilà que notre homme, contemplant, il y a peu encore, son visage au miroir de la philosophie moderne, oublie entièrement à quoi il ressemblait (3). De A, de B et de C, il ne voit désormais plus que B, dont il est certes facile de démontrer qu'il n'est pas le beau puisque ce ne devrait être, selon sa propre explication, que C. Il ne voudra pas dire que C *n'apparaît* pas, car là encore il était déjà d'un autre avis. En effet, A (le divin) n'apparaît pas pour soi, mais seulement à travers l'individuel, autrement dit à travers B et donc en C. Mais B *n'existe*, en général, que dans la mesure où A apparaît en lui, et donc aussi uniquement en C. C est alors précisément la seule chose qui apparaisse effectivement. – Le second vice du raisonnement consiste dans le corolaire inséré dans la conclusion avec une demi certitude et pour ainsi dire à titre de question: le divin en tant que tel devrait *pourtant bien* apparaître comme quelque chose de durable et de permanent!

Malgré ses bonnes intentions, notre homme a manifestement confondu l'idée de ce qui est éternel en soi, en dehors du temps, avec le concept de ce qui est permanent dans le temps et dure indéfiniment, et il réclame le dernier lorsqu'il doit voir le premier. Maintenant, si le divin ne peut apparaître que dans ce qui dure infiniment, que l'on nous dise comment l'on peut envisager une apparition du divin dans la beauté artistique.

Un homme aussi instruit ne manquera pas de passer à la postérité et, à son tour, de reprocher à d'autres, peut-être à juste titre, de faire un mauvais usage de la philosophie la plus récente | et il montrera grâce à quelle série de puissances toujours plus compréhensives **324**
l'intelligence, comme on le voit aisément, doit aller en se perfectionnant.

h. On ne saurait dire des premiers ou des plus anciens fondateurs de la peinture moderne qu'ils avaient sous les yeux des monuments de l'art antique. Car, comme le remarque expressément l'honorable Fiorillo dans son *Histoire des arts graphiques* (Première partie, p. 69), du temps de Cimabue et de Giotto, aucune peinture ou statue antique n'avait encore été découverte; elles gisaient, abandonnées sous terre. « Personne ne pouvait donc songer à se former sur les modèles que les Anciens nous ont légués, et le seul objet d'étude pour les peintres était la nature. On peut constater, dans les œuvres de Giotto, disciple de Cimabue, qu'il l'a déjà consultée avec soin » (1). On a suivi son exemple en empruntant cette voie, qui pouvait préparer à l'antique et nous en rapprocher, jusqu'à ce que, comme l'observe le même historien (p. 286), la maison des Médicis commence (principalement avec Côme) à rechercher des

325 Mais le fait de s'approprier ainsi | une beauté que l'on n'a pas acquise par soi-même et qui est par conséquent incompréhensible, ne pouvait calmer un penchant artistique qui les tournait vers l'originaire, à partir de quoi le beau était censé à nouveau s'engendrer, libre et plein de la force primitive. C'est pourquoi ils ne craignaient pas de paraître naïfs, sans artifice et secs, comparés à ces sublimes Anciens, ni de longtemps maintenir l'art à l'état de bourgeon de peu d'apparence, bien avant que ne fût arrivé le règne de la grâce. D'où vient que nous regardons maintenant encore avec une sorte de ferveur et une certaine prédilection ces œuvres des maîtres anciens, de Giotto jusqu'au maître de Raphaël, si ce n'est parce que la loyauté de leur effort et le grand sérieux avec lequel ils ont calmement choisis de s'imposer des limites, forcent notre estime et notre admiration ? La génération actuelle
326 se rapporte à eux | comme la leur se rapporte aux Anciens. Aucune tradition vivante, aucun lien de développement culturel organique ne rattache leur époque à la nôtre : nous devons recréer l'art sur leurs traces, mais avec nos propres forces, si nous voulons être leurs égaux. Sans doute, ce regain de l'art à la fin du XVIe et au commencement du XVIIe siècle a pu susciter quelques floraisons nouvelles sur l'ancienne souche, mais il n'a pu

monuments de l'art ancien. « Auparavant, les artistes devaient se contenter des beautés que
325 leur offrait la nature, | mais cette observation scrupuleuse eut l'avantage de préparer un traitement plus scientifique de l'art, et les artistes philosophes qui suivirent, tels Léonard de Vinci ou Michel-Ange commencèrent à chercher quelles lois permanentes sont au principe des phénomènes naturels ». Mais la redécouverte des œuvres d'art anciennes à l'époque de ces maîtres et de Raphaël, n'eut pas du tout pour conséquence leur imitation au sens qui ne s'est répandu que plus tard. L'art resta fidèle à la voie qu'il avait empruntée d'abord et s'accomplit entièrement à partir de lui-même, n'accueillant en lui rien qui vînt de l'extérieur, mais s'efforçant plutôt d'atteindre, d'une manière originale, le but qu'avaient poursuivi les grands modèles, et ne se rencontrant avec eux qu'au dernier point de la perfection. Ce n'est qu'à l'époque des *Carrache* (1) que l'imitation de l'Antiquité, qui signifie tout autre chose que cultiver le sens *personnel* selon l'esprit antique, devint un principe formel et passa, en particulier grâce à *Poussin*, dans la théorie de l'art des Français, qui avaient une intelligence entièrement littérale de presque toutes les choses supérieures. Ensuite, avec Mengs (2), et du fait d'une mauvaise compréhension des idées de *Winckelmann*, ce principe s'introduisit chez nous et provoqua dans l'art allemand du milieu du siècle dernier une telle faiblesse et une telle absence d'esprit, avec un tel oubli du sens personnel, que même les quelques révoltes individuelles contre cette situation n'obéirent encore, dans la plupart des cas, qu'à un sentiment erroné qui ne fit que conduire d'une tentative d'imitation à une autre, plus mauvaise encore. Qui peut nier que, dans les derniers temps, un sens beaucoup plus libre et plus original ne se soit à nouveau manifesté dans l'art allemand, lequel, si tout s'y prêtait, donnerait de grandes espérances et ferait peut-être espérer la venue d'un esprit à même d'ouvrir à l'art cette voie supérieure et plus libre que la poésie et les sciences ont déjà commencé à emprunter, la seule voie où pourrait exister un art que nous pourrions vraiment dire *nôtre*, c'est-à-dire un art propre à l'esprit et aux ressources de *notre* peuple et de *notre* temps ?

produire aucun germe fécond, et encore moins donner à l'art une souche nouvelle. Mais, quant à rejeter les œuvres d'art parfaites et à se mettre en quête, comme certains ont voulu le faire, de leurs commencements encore naïfs et ingénus afin de les imiter, ce ne serait là qu'un nouveau malentendu, peut-être plus grave encore; ces hommes ne seraient pas revenus à l'originel; même leur simplicité ne serait qu'afféterie et deviendrait une apparence hypocrite.

Mais quelle perspective l'époque actuelle offrirait-elle à un art issu d'un germe neuf et qui partirait des racines mêmes ? Celui-ci ne dépend-il pas pour une large part de l'esprit de son époque ? Et qui voudrait promettre à des commencements aussi sévères l'approbation du temps présent quand, d'une part, l'art obtient à peine la même estime que les instruments d'un luxe prodigue et quand, d'autre part, artistes et amateurs, tout à fait incapables de comprendre la nature, louent et réclament l'idéal ?

L'art ne doit sa naissance qu'à ce vif ébranlement des forces les plus intimes du sentiment et de l'esprit que nous appelons enthousiasme (1). Tout ce qui, partant de commencements difficiles ou modestes, s'est élevé à une puissance et une hauteur considérables, doit sa grandeur à l'enthousiasme. Il en est ainsi des empires et des États, des arts et des sciences. Cela ne résulte cependant pas de la force de l'individu, mais de l'esprit qui se répand dans le tout. Car l'art est particulièrement dépendant de l'opinion publique, de même que les plantes plus délicates dépendent de l'air et du climat. Il a besoin d'un enthousiasme général pour le sublime et la beauté, comparable à celui qui, du temps des Médicis, telle une chaude brise printanière, fit éclore d'un seul et même coup tous les grands esprits; il a besoin d'une constitution politique pareille à celle que nous dépeint Périclès dans son éloge d'Athènes (2) | et semblable à l'autorité clémente qu'un souverain **327**
paternel nous garantit plus sûrement et plus durablement qu'un gouvernement populaire, où toutes les forces se meuvent librement et où tous les talents aiment à se montrer, car chacun n'est apprécié que selon son mérite, où l'inaction est une honte et la vulgarité ne procure aucune louange, mais où l'on aspire à un but élevé et hors du commun. C'est seulement lorsque la vie publique est mise en mouvement par les forces qui donnent son essor à l'art, que ce dernier peut en tirer profit, car il peut se passer, sans renoncer à la noblesse de sa nature, de tout ce qui lui est extérieur pour se diriger. L'art et la science ne peuvent se mouvoir que sur leur axe propre; l'artiste, comme tout homme qui agit par l'esprit, suit la loi que Dieu et la nature ont gravée dans son cœur, et aucune autre. Personne ne peut lui venir en aide; il doit s'aider tout seul; aussi ne peut-il trouver hors de lui-même sa récompense, car ce qu'il ne produirait pas en vertu de lui-même serait aussitôt

tenu pour rien; c'est précisément aussi pour cela que personne ne peut lui commander ou lui tracer la route qu'il doit suivre. S'il est à plaindre lorsqu'il doit lutter contre son temps, il est méprisable quand il y sacrifie. Et comment le pourrait-il seulement! Sans un grand enthousiasme général, il n'y a que des sectes et pas d'opinion publique. Ce ne sont alors ni un goût sûr, ni les grandes conceptions de tout un peuple, mais les voix de quelques juges arbitrairement choisis, qui décident du mérite, et l'art qui, dans sa noblesse, se suffit à lui-même, se met en quête d'applaudissements et se fait servile, lui qui devait régner.

Des siècles différents partagent un enthousiasme différent. Ne pouvons-nous en attendre aucun pour notre époque, étant donné que le monde nouveau qui se forme sous nos yeux, tel qu'il existe en partie déjà extérieurement, en partie intérieurement et dans l'intimité du cœur, ne peut plus être mesuré selon l'ensemble des critères qui ont jusqu'ici gouverné l'opinion, et que tout exige ouvertement des normes plus hautes et annonce un complet renouvellement? Ce sens grâce auquel la nature et l'histoire se sont à nouveau ouvertes d'une façon plus vivante ne devait-il pas redonner aussi à l'art ses grands objets? Tirer quelques étincelles des cendres de ce
328 qui n'est plus et vouloir en faire repartir un feu universel, | est un bien vain effort. Mais seul un changement dans les idées elles-mêmes est susceptible de relever l'art de son épuisement; seul un nouveau savoir, seule une nouvelle foi, peuvent provoquer en lui un enthousiasme pour le travail, grâce auquel, dans une existence rajeunie, il témoignerait d'une splendeur comparable à celle d'autrefois. Un art qui serait semblable en toutes ses déterminations à celui des siècles passés, ne reviendra certes plus, car la nature ne se répète jamais. Il n'y aura pas le même Raphaël, mais c'est un autre qui, par des voies tout aussi singulières, parviendra au sommet de l'art. Faites en sorte seulement que cette condition fondamentale ne soit pas absente, et l'art ressuscité manifestera, comme l'art antérieur dans ses premières œuvres, son but et sa destination: si tant est qu'elle provienne d'une autre source que la force originelle naissante, la grâce est déjà présente, bien que voilée, dans la culture de ce qui est nettement caractéristique et dans l'un et l'autre terme l'âme est déjà prédéterminée. Les œuvres qui surgissent de cette manière sont aussi, jusque dans leur inachèvement initial, des œuvres déjà nécessaires et éternelles.

Qu'il nous soit permis d'avouer que, lorsque nous espérons voir renaître un art entièrement original, nous pensons principalement à la patrie. À l'époque qui vit renaître l'art en Italie, c'est bien sur un sol national qu'est apparue cette vigoureuse création vivante que fut l'art de notre grand Albert Dürer(1): elle était spécifiquement allemande(2) et pourtant apparentée à celle dont le soleil italien, plus clément, a fait arriver les doux fruits à leur suprême maturité. Ce peuple dont est issue la révolution de la pensée dans l'Europe moderne, ce peuple dont les plus grandes inventions attestent la force spirituelle, qui a donné des lois au ciel (3) et a sondé la terre le plus profondément qui soit, ce peuple en qui la nature a enraciné plus fermement qu'en tout autre un sens inébranlable du droit et un penchant pour la connaissance des causes premières, ce peuple doit aboutir à un art qui lui soit propre.

Quand le destin de l'art dépend du destin de l'esprit humain, avec quels espoirs ne pouvons-nous pas considérer la patrie qui nous est la plus proche et où un prince magnanime a donné | à l'entendement humain la liberté, à **329**
l'esprit des ailes et aux idées généreuses de l'efficacité, tandis que des peuples vigoureux conservent encore les germes vivants d'anciens dons artistiques, et que les célèbres foyers du vieil art allemand lui ont été rattachés (1). Les arts et les sciences, lors même qu'ils seraient partout bannis, trouveraient refuge sous la protection d'un trône où une sagesse clémente tient le sceptre, que la grâce faite reine embellit, et qu'ennoblit cet amour héréditaire de l'art grâce auquel le jeune prince (2), salué ces jours-ci par la vive allégresse de la patrie reconnaissante, fait désormais l'admiration des nations étrangères. Celles-ci trouveraient ici partout semés les germes d'un puissant avenir, un sens commun déjà éprouvé et, affermi par les vicissitudes des temps, au moins le lien d'un seul et même amour et d'un seul et même enthousiasme général pour la patrie et pour le roi, vers qui les vœux de santé et de continuation jusqu'au terme le plus lointain de la vie, ne pourraient s'élever plus chaleureusement dans aucun temple que dans celui qu'*il* a lui-même érigé pour les sciences.

SUR L'ESSENCE DE LA SCIENCE ALLEMANDE

FRAGMENT
(EXTRAIT D'UN MANUSCRIT POSTHUME)

| Nombreux sont ceux aujourd'hui qui parlent de la science allemande SW VIII, 3 avec une emphase particulière. Mais ce qu'ils entendent par là, ils ne l'expliquent pas clairement : ils ne disent pas si elle est le chaos de concepts et d'opinions opposées qui a cours de nos jours ou si elle est une science passée ou en quelque sorte à venir. Or, l'on peut bien parler d'une science allemande car elle n'est point quelque chose d'extérieur à la nation elle-même, qui viendrait s'ajouter à autre chose ou qui pourrait faire office de simple instrument : elle est l'intériorité véritable, l'essence, le cœur de la nation, elle est intimement mêlée à son existence et qui voudrait nier que c'est seulement en elle qu'elle existe vraiment (1) ? Les révolutions scientifiques et religieuses grâce auxquelles ce peuple a devancé tous les autres et à l'occasion desquelles il a témoigné pour ce qui est au fondement de toute connaissance d'un intérêt du cœur et de l'esprit tel qu'aucune nation n'en avait montré et tel que lui-même n'en a plus manifesté par la suite pour quelque autre but que ce soit, en sont autant de preuves. C'est pour cette raison aussi que l'on ne saurait regarder comme accidentels la forme et le contenu intérieur de la science allemande. Beaucoup se sont étonnés de voir combien peu s'est altéré l'amour des recherches métaphysiques chez les Allemands, comme parmi toutes les autres nations, et qu'il s'est plutôt sans cesse rajeuni. Ils ont l'air de penser que les Allemands auraient gagné à suivre l'exemple venu de l'étranger. On voit qu'ils ne connaissent pas l'essence de leur propre peuple et n'ont pas non plus compris son destin. Ce peuple est bien trop particulier de cœur et d'esprit | pour suivre d'un même 4
pas la voie des autres nations (1). Il doit parcourir son propre chemin et il le fera sans se perdre, ni se laisser détourner, comme on s'y essaya toujours en

vain. Sa tâche lui est tout à fait particulière, la direction de ses évolutions et de ses progrès est une direction nécessaire.

Depuis le jour où il s'est libéré de la foi qui avait cours, pour autant que celle-ci était ou bien vide de tout savoir ou bien fondée sur des formes étouffantes et mortes, le peuple allemand se fie aux seules forces de la science et de la claire connaissance (2), – ce n'est que depuis ce jour que la science allemande existe dans toute la particularité de sa signification. Depuis lors ses progrès ne sont plus accidentels et ne se produisent plus sans direction déterminée (tels ceux des autres nations); ils ont un but déterminé, une direction nécessaire.

Il est assez curieux que nul n'ait jamais remarqué que la division publique des confessions religieuses réserve déjà au peuple allemand un but de beaucoup supérieur à celui des autres peuples. On déplore certes qu'il en ait souffert en tant que nation mais nul ne s'est encore demandé à quelle fin a lieu cette division et à quoi doit finalement le mener cette contradiction inscrite au cœur même de la nation (3). – Assez de toutes ces pensées du retour en arrière ! Tout retour en arrière, hormis celui qui a lieu au cours d'un progrès, n'est que corruption et décadence (4). Les créations de l'esprit du monde (5) ont elles aussi leur circulation vivante, qui fait revenir la même chose dans la nature et dans l'histoire mais en un sens différent et plus élevé. Les créations de l'esprit humain progressent de manière analogue. À l'époque de ce détachement décisif à l'égard de la foi traditionnelle, l'esprit allemand a fait le vœu, il s'est même fait le serment de porter l'opposition à une dissolution complète et de rétablir un jour dans une plus large signification et à un degré supérieur comme unité consciente l'unité qu'il avait délaissée comme un état de paix dénué de connaissance. Tel est le but que s'est donné l'esprit allemand, tel est le vœu qu'il a formulé et qui le fait paraître pauvre au regard de la richesse des autres nations et humble au regard de leur exubérance : c'est là l'aiguillon de son zèle, qui, tandis que les autres nations imaginent avoir mené à bien les plus hautes recherches
5 et | disposer des principes suprêmes, le pousse à remuer à nouveau les certitudes fondamentales de toute connaissance et à descendre jusqu'à des profondeurs insondables.

La transformation spirituelle du XVIe siècle fut une révolution produite grâce à la science, grâce à la métaphysique contre le mécanisme et la physique de la croyance religieuse de cette époque. Le principe, l'âme de toute croyance, prenait le dessus sur la matière et sur le corps, lequel en arrivait à se suffire à lui-même. De là la métaphysique du sentiment dans l'esprit de l'auteur (1); de là le fait que non pas l'œuvre mais la magie de la foi fut l'un et le tout de sa doctrine. Ce qui au fil des époques se développe dans la science allemande, ce qui particulièrement à notre époque est stimulé, suscité et produit avec une force nouvelle, se trouve, en tant que conséquence directe ou indirecte, dans la plus étroite connexion avec ce commencement de la science allemande.

Tout ce qui se tient entre ce commencement et le temps présent, lequel ne passera pas, ce que même le plus distrait comprend, sans laisser derrière soi un monde nouveau, une nouvelle création (de quelque espèce qu'elle soit), je le regarde comme un simple mais nécessaire phénomène intermédiaire (2) tandis que je considère l'époque tout entière comme la période où la scission a atteint son point extrême. En effet, il était nécessaire qu'une fois l'unité supprimée, l'opposition se manifeste fortement et ressorte dans toutes les directions et que ses éléments, cachés dans l'harmonie, apparaissent pour qu'elle puisse, grâce à son extension et à son application au réel, parvenir à son anéantissement. La science devait en venir, par-delà toutes ses formes possibles, à la libre et claire conscience pour s'achever dans une indifférence divine, qui est son vrai caractère. Indéniablement, c'est seulement depuis ce temps que l'ancienne notion dualiste, étrangère à la nature allemande, de la mort de la nature et de l'exclusive vitalité en l'homme du principe spirituel a pu émerger sous la forme d'un système ou d'une notion dominante à laquelle peu à peu tout type de science, toute branche de la connaissance et finalement la vie publique elle-même se sont soumis. Quand, en vertu de cette notion, tout fut mort sur la terre et dans le ciel
hormis l'apparence de vie du sujet, | toute métaphysique, se retirant en elle- 6
même pour qu'on la distingue encore de la physique, dut basculer dans l'empirisme tandis que la religion, avec tout ce qui lui appartenait, dut s'échapper en dehors et au delà de tout monde réel (1).

Or, puisqu'on ne pouvait plus rien trouver de divin dans tout ce qui était connaissable clairement, ceux qui s'étaient mis en quête de l'unité, mais ne voyaient la science que dans la connaissance claire, devaient précisément admettre comme unique réalité cet être non divin, en soi privé de vie et qui ne produit une illusion de vitalité que grâce à la connexion mécanique, tandis qu'il leur fallait rejeter comme superstition, mystification, erreur tout concept d'un être en dehors de cette connexion. Le dualisme se serait ainsi anéanti de lui-même. C'est d'une autre façon, plus conforme à l'esprit allemand, qu'eut lieu cet anéantissement par scission absolue, lorsqu'on reconnu que la science valait seulement pour ce qui est mort et en ce qui est mort tandis que pour ce qui est vivant, libre et divin, il ne restait à l'homme que la profonde conscience de son non-savoir, éclairée uniquement par le pressentiment, la foi et un sentir privé de connaissance (2). Le fini et ce qui est prétendument réel étaient ainsi, en tant que positifs, tout entiers placés d'un côté, l'infini et le prétendu idéal se trouvant, en tant que négatifs, placés de l'autre tandis que le lien qui les tenait ensemble, avait complètement disparu.

Si pour l'ensemble des autres nations la progressive émergence des éléments de l'opposition, l'échec de leur application dans toutes les directions et leur propre anéantissement final ont produit l'apparence que s'en était fini de toute philosophie (ce qui peut être considéré de nos jours comme l'opinion générale en Europe), en Allemagne, en revanche, de la mort et de l'effondrement de la fausse science et des théories abstraites devait jaillir la vraie science et la vraie métaphysique. La régénération de la science que l'on doit à Kant est le signe que s'est produit un tel tournant vers une nouvelle science procédant d'un principe positif (3). Ce serait grandement restreindre sa vision que de n'apercevoir dans les transformations scientifiques ultérieures qui ont eu lieu en Allemagne nul principe plus élevé que l'esprit des individus qui en sont la source. Il s'agissait là encore, comme dans les précédentes transformations religieuses, de l'essence ou
7 de l'esprit de | la nation elle-même car elles ont trouvé en lui leur origine, ainsi que la force et l'impulsion nécessaires à leur poursuite. De même, nous n'avons pas à examiner comment les affirmations de ces hommes sont apparues à leurs contemporains pas plus qu'à eux-mêmes, mais à les considérer d'après leur signification dans le contexte élargi des époques et des progrès de la culture. De ce point de vue, ce qui nous paraît essentiel dans le renouveau kantien est la preuve qu'il apporte que la mort dans les choses ne serait rien d'autre qu'une forme et une partie extérieure transposée du sujet sur elles (1) (bien que cette transposition était encore représentée comme nécessaire) et que se trouverait à la base de ces choses purement phénoménales et donc aussi à la base de la nature quelque chose d'essentiel, de vivant, encore qu'il soit inaccessible à la pure forme de l'entendement. Kant, toutefois, n'avait déterminé les choses en soi que négativement, c'est-à-dire seulement par opposition à celles qui apparaissent, mais en orientant par là les pensées en direction d'une vraie métaphysique et en étant le premier depuis longtemps à placer de nouveau à la base de la nature quelque chose de divin, d'inengendré, de véritablement existant. Après lui pouvait apparaître l'homme qui reconnut à nouveau la véritable essence de tout en-soi, qui découvrit que l'en-soi universel est la source de l'automouvement, de la révélation de soi et de l'affirmation de l'égoïté. L'avenir peut chercher ce qui a empêché cet esprit fort, une fois en possession de cette connaissance véritable de l'en-soi, de replacer celui-ci dans le Tout et ainsi, grâce à l'intuition de l'identité (2) à soi et de la vitalité de toute chose et de la nature dans son ensemble, de s'élever jusqu'à la source originaire de toute

égoïté, au regard de quoi tout autre moi, dans la séparation, n'est qu'ombre et apparence et, considéré dans l'unité, est une partie vivante et un reflet réel.

Tel est le but vers lequel toute la science allemande a tendu depuis les origines : appréhender la vitalité inhérente à la nature et son unité intime avec l'essence spirituelle et divine. C'est dans cette intuition qu'évoluait l'immense esprit de Johannes Kepler, qui, à l'époque de Descartes, attribuait à la terre une respiration et une âme, et reconnaissait la signification physique des formes spirituelles, l'exemplarité (3) de la *mathesis* dans son rapport à la nature et au système du monde. Telle était précisément l'âme de
cet inventeur allemand | qui ne se satisfaisait pas de la vie de l'unique 8
substance qui contient toute vie et qui pressentit intuitivement que chaque partie de la matière est semblable à un jardin rempli de plantes, à une mer pleine d'êtres vivants (1). Pour ce qui est du sens et de la compréhension, Spinoza appartient aux Allemands; les athées de France et d'Angleterre l'ont tenu pour un des leurs et sa doctrine, à peu d'exceptions près, est demeurée un livre scellé jusqu'à la révélation de son sens par des Allemands, Lessing et Jacobi. Un témoignage irrécusable de cette vérité et de la direction qu'a prise l'esprit allemand a été offert par cet homme hautement illuminé que fut Jakob Boehme (2). Par pur enthousiasme et sans autre doctrine et inspiration que celles intérieures et comme maintenu dans l'enchantement d'une intuition bienheureuse, il a produit une poésie labyrinthique, aussi obscure que la nature elle-même, sur le caractère des choses et l'essence de Dieu. À lui se joignit Hamann, l'esprit profond par excellence, qui perçut plus profondément que quiconque quel coup mortel avaient donné à la nature l'usage de l'abstraction et toute la vanité de son temps, qui prétendait s'élever au-dessus de la nature et la dominer, et son hostilité morale à son encontre ...[a] (3). Mais qui voudrait énumérer en détail cette *nuée* de *témoins* du moment que tout ce qui est originairement engendré par la force allemande est unanimement dirigé contre ce but de toute connaissance ?

Même si d'autres pouvaient s'être jetés avec frivolité dans l'un des extrêmes de l'opposition, la science allemande, pendant qu'elle se perd dans ses plus lointaines ramifications, n'a pas elle-même renoncé à son caractère religieux. Il est bien sûr possible de se détacher de la religion par religion, comme c'est le cas du romain Lucrèce (4) chez qui l'on trouve plus de dévotion envers la nature et de vrai enthousiasme religieux que chez celui qui entend nier Dieu par l'entendement mais le confesser par le

a. Voir le *Discours sur la relation des arts plastiques à la nature*, SW VII, 293.

cœur (5). La nation allemande tend de tout son être à la religion mais, du fait
9 de sa spécificité propre, à une religion liée à la connaissance | et fondée sur la science. C'est ainsi qu'a dû se vérifier d'une manière frappante le mot connu de Bacon selon lequel la philosophie goûtée superficiellement et seulement du bout des lèvres éloigne de Dieu tandis que celle dont on a épuisé la richesse reconduit à lui (1). La régénération de la religion au moyen de la science suprême, telle est proprement la tâche de l'esprit allemand, le but précis de tous ses efforts (2). Après le temps nécessaire de la transition et de la division, nous reprenons l'œuvre initiée par la révolution religieuse d'un siècle précédent précisément au point où elle a été laissée. Le temps de l'accomplissement et de l'achèvement s'ouvre maintenant.

L'Allemand fait la preuve de sa fidélité innée jusqu'en ce qui est corrompu en ne l'abandonnant pas mais en le développant jusqu'à la pleine apparition de sa nullité (3). La dégénérescence de tout ce qui est élevé et sublime, son extinction jusqu'en son concept même sous la forme d'affaires et de choses mondaines est une preuve supplémentaire de son caractère conséquent. C'est pourquoi des principes pernicieux ont eu une influence plus pernicieuse encore et ont en vérité corrompu la masse entière de la nation comme un peu de levain fait fermenter une masse entière. Quoi que l'on puisse dire, tout ce qu'il y a d'élevé et de grand dans le monde a lieu grâce à quelque chose à quoi nous pouvons donner le nom de métaphysique au sens le plus général. La métaphysique est ce qui crée organiquement les États et ce qui fait d'une foule humaine un cœur et une âme, c'est-à-dire un peuple (4). La métaphysique est ce qui permet à l'artiste et au poète de reproduire dans une forme sensible la vivante sensation des éternels archétypes. Cette métaphysique intérieure qui inspire également l'homme d'État et les héros de la foi et de la science, est quelque chose qui s'éloigne autant de ces prétendues théories auxquelles les plus naïfs se laissent prendre et du plat empirisme qui lui est opposé.

Toute métaphysique, qu'elle s'exprime spéculativement ou pratiquement, repose sur le talent de pouvoir comprendre immédiatement le multiple dans l'un et inversement l'un dans le multiple, en un mot sur le sens de la totalité.

10 | La métaphysique est l'opposé de tout mécanisme, elle est une façon de sentir, de penser et d'agir organique. L'époque récente s'est donnée pour but la destruction de toute métaphysique en chaque individu comme dans le tout et c'est là en fait le secret de toute sagacité et de tout son art d'éduquer ou de gouverner.

Nous ne voulons pas tirer nos exemples des sciences proprement spéculatives. On sait par exemple que la physique s'en est entièrement remise au mécanisme. La physique se doit certes de construire le mécanisme des phénomènes mais ce qu'elle doit proprement voir et faire voir dans ce mécanisme, n'est plus lui-même mécanisme : c'est précisément pourquoi le physicien a besoin de la métaphysique intérieure, de l'intuition et de la profondeur de la contemplation. Que le principal mérite et la principale tâche aient été de purifier la philosophie de tout élément démonique (1), de toute authentique métaphysique, chacun le sait. Nous parlons uniquement de ces sciences qui concernent et déterminent immédiatement la vie de l'homme. Pour ce qui touche avant tout au rapport général des hommes entre eux, le point de départ et le point d'appui de l'ensemble des théories étaient la personnalité absolue de l'individu. Ce n'est pas pour qu'advienne un tout semblable à l'univers ou uniquement par amour du tout, mais pour que l'individu pour soi, clos et séparé, puisse exister que le droit et les lois apparurent. Le caractère sous lequel l'individu était considéré était (pareillement à ce que la physique mécanique connaît de plus haut) l'impénétrabilité morale, le pouvoir absolu d'être pour soi et de remplir sa propre sphère à l'exclusion de tout autre. Sur cette prétention parfaitement insensée de l'égoïté absolue était fondée une science en ce sens en tout point ignorée des Anciens, un prétendu droit naturel, qui a tous donne un même droit à tout et ne connaît aucun devoir susceptible d'obliger intérieurement mais seulement une contrainte extérieure, aucun agir positif mais seulement des omissions et restrictions que chacun supporte pour ce qui touche à son droit originaire uniquement afin de pouvoir profiter de ce qui lui en reste avec d'autant plus de sûreté dans un isolement autarcique (2). De cette source impure de l'égoïsme | le plus vil et de l'hostilité 11
de tous contre tous naît alors l'État au moyen d'une convention *entre les hommes* et d'un contrat réciproque (1).

Si l'on ne trouve pas dans l'humanité le principe nécessaire d'une institution divine par laquelle la multiplicité se fondait en un et par laquelle inversement l'unité se réalise dans la multiplicité, si ce qu'il y a de plus haut, à cause de quoi tout le reste existe et advient, est la personnalité de l'individu, il est impossible de vraiment vouloir en vue du tout et de comprendre et accomplir la loi de la doctrine des mœurs ou d'agir dans le sens et l'esprit du tout autrement qu'en un sens négatif, autrement dit *en ne faisant rien* qui contredise la volonté du tout, pour autant qu'il puisse en avoir une. Alors, ou bien toutes les vertus sont de type purement négatif ou bien elles ne peuvent non plus se manifester que de ce seul point de vue : toute la valeur de l'homme tient dans la limitation qu'il s'impose en fonction des autres et non dans ce qu'il accomplit pour eux; les vertus qui ne peuvent se développer et s'exprimer que dans les conditions d'une vie publique et commune font défaut et seules existent les vertus de la vie privée (2). Même l'État croit pouvoir se passer de ces vertus aussi bien que de toute force qui oblige intérieurement. Les convictions ne le regardent en rien car il pense pouvoir empêcher par la force les actions qui s'opposent à son existence et obtenir par la contrainte celles dont il a besoin. La mécanisation complète de tous les talents, de toute histoire et de toute institution est ici le but suprême. Dans l'État, tout doit être nécessaire, non de la manière où tout est nécessaire dans une œuvre divine, mais comme dans une machine mue par contrainte et impulsion externe (3).

Il doit certes arriver en pratique que l'État, malgré l'ensemble de ces moyens, ne prenne jamais la forme d'un tout, qu'on n'atteigne pas même à cette nécessité aveugle, mais qu'il faille toujours seulement en chercher la raison dans l'imperfection du mécanisme; de nouveaux rouages sont introduits, qui, pour leur réglage, nécessitent à leur tour d'autres rouages, etc. ..., à l'infini; mais le *Perpetuum mobile* mécanique reste également à jamais éloigné car il appartient seulement à l'art organique de la nature et à celui des hommes de le découvrir.

12 | Dans un État ainsi constitué, seul a de la valeur ce qui peut être attendu et calculé avec certitude : mais tout ce qui est démonique, tout ce qui vient du ciel et ne peut être calculé, est dépourvu de signification.

Tout mécanisme anéantit l'individualité, autrement dit ce qui est vivant n'entre pas en lui et n'est rien pour lui. Mais, tout ce qui est grand et divin arrive toujours par miracle (1), c'est-à-dire qu'il ne se produit pas suivant les lois générales de la nature, mais seulement d'après la loi et la nature de l'individu. La destruction de l'individualité, telle est précisément l'orientation que prend un État non métaphysique, formé de façon purement mécanique. Voilà pourquoi ceux qui accèdent en lui au pouvoir et à la direction des affaires sont ceux qui se distinguent le moins par leur individualité, autrement dit les talents les plus communs et les âmes élevées de la façon la plus mécanique. En effet, plus un homme est éloigné de la vraie science et des idées, plus il se trouvera fait pour les affaires politiques. En définitive, à la tête de l'État aussi, on n'apprécie que les vertus privées sans les vertus publiques et comme, en vérité, il n'existe rien qui soit commun ou véritablement public, la fade morale de la vie privée est elle aussi finalement élevée jusqu'au trône et aux princes eux-mêmes on apprend ce qu'ils doivent négliger et non quelles choses positives et salutaires pour leur peuple ils doivent faire de leur propre chef (2). Mais comment un tel État pourrait-il être à même de faire la guerre du moment qu'il fait tout reposer

sur l'égoïsme de la vie privée et qu'il ne s'est donné en contrepartie d'autre rapport au citoyen que celui qui consiste à en tirer tous les avantages possibles, à le filouter et, là où c'est faisable, à lui prendre son or et ses biens (3) ? Cela semble d'autant plus problématique que, pendant la guerre, seules les grandes individualités sont décisives, celles-là mêmes qui en temps de paix sont opprimées et liquidées. Il n'y a pas de guerre juste si ce n'est celle qui est conduite par amour de l'Idée, autrement dit celle qui est religieuse (4). Celui qui combat doit vaincre ou périr, non comme une machine, seulement conduite par l'arbitraire, mais en obéissant à la loi de Dieu et à la nature, qui ont établi la guerre. Où donc y a-t-il une guerre sainte si l'État n'a en lui rien de sacré, s'il a rejeté de lui-même, comme étrangère, la seule chose sacrée qu'il enfermât encore, | la religion, et s'est lui-même 13
constitué comme une institution à buts purement mondains (1) ?

L'Allemagne est dans son essence la plus profonde une nation religieuse (2) ; mais chaque peuple n'a sa force et sa puissance qu'en ce qui fait sa nature particulière. Les autres nations peuvent être entraînées et unifiées par autre chose, une illusion de gloire peut souder des États entiers et conduire des peuples à des triomphes : l'esprit allemand requiert un lien plus intime. Nul peuple autant que le peuple allemand n'a mené de guerre sainte avec un tel sens et une telle ténacité. Cette grande transformation religieuse occupait et partageait les esprits et les cœurs des princes et des puissants. Comment tout cela a-t-il pu maintenant à ce point changer ? La réponse se trouve assurément et pour une grande part aussi dans l'histoire de la science. On pourrait dire de l'homme en général qu'il est déterminé par sa propre personnalité à devenir la proie de la nature tout entière. Toute autre créature mène, à l'intérieur de limites déterminées, une vie tracée par avance ; son caractère limité lui tient lieu de vertu et de droit, et, quelle qu'elle soit, elle est en elle-même pure et sans défaut. L'homme est ouvert à toutes les contradictions et parcourt en lui-même presque toute l'échelle des êtres, pour autant qu'il est capable de ce qu'il y a de plus haut et de plus bas (3). On l'a souvent remarqué : en vertu de leur caractère, toutes les autres nations d'Europe sont bien plus déterminées que le peuple allemand, qui, pour cette raison, pourrait être considéré, du fait de sa disposition générale, comme la racine des autres nations et, du fait de la force qui réside en lui et lui permet d'unifier les opposés, comme leur puissance (4). Le destin de l'Allemand ne serait-il pas le destin universel de l'homme, en ce sens qu'il est seul à parcourir les différents moments que les autres peuples représentent isolément, pour présenter à la fin l'unité la plus haute et la plus riche dont la nature humaine soit capable ?

Quand le peuple (5) dont la culture a impérieusement déterminé celle d'un autre peuple, quand le peuple qui lui a depuis plus d'un siècle fait partager ses *mœurs* et sa langue et qui a fait sentir son influence tant par ses mérites que par ses vices, tant par ses esprits supérieurs que par ses rebuts,
14 | quand ce peuple en vient finalement à dominer l'autre, et là aussi extérieurement, est-ce une si grande chose qu'il faudrait s'en émerveiller puisque c'est bien plutôt du contraire qu'il eût fallu s'étonner? Mais quand ce peuple a trouvé le moyen d'inculquer à la plus grande part ou au moins à la partie dominante de l'autre peuple des principes dont il a maîtrisé le poison grâce à sa propre nature tournée davantage vers l'extérieur et au prix d'une crise aussi rapide que terrible, tandis que ce poison mine lentement la vie intérieure de l'autre peuple, quelles conséquences y aurait-il à attendre de cette relation ?

Pour ce qui est du rapport de la nation allemande aux autres peuples, nous devons, si nous voulons atteindre la vraie nature de son esprit et son orientation originaire (1), éliminer tout ce qui résulte de la cour empressée que nos pères (2) et nos grands-pères ont fait aux peuples étrangers, tous les emprunts qui ont altéré la nature intime du pur métal allemand. La philosophie allemande n'est pas ce qui a longtemps valu pour tel : ces théories abstraites et ces principes superficiels, qui, peu à peu, ont pénétré et continuent à agir dans toutes les branches de la vie et de l'existence commune, ne sont pas d'origine nationale, d'autant que l'expérience les a depuis longtemps contredits et qu'elle manifeste chaque jour leur inanité.

Toutefois, s'il est apparu une décadence, une contradiction, une impuissance à l'intérieur de la nation allemande, nous ne pouvons pas l'attribuer purement et simplement à l'influence d'éléments étrangers. Dans l'essence et la destination de l'esprit allemand, dans toutes les façons qu'il a de se mettre à l'épreuve, se trouve la raison d'une scission infiniment multiple. Toute vie exige la totalité mais celle-ci se défait sans l'unité. Ainsi, les parties individuelles de notre corps constituent ensemble sa forme, et c'est seulement là où cette forme demeure unie qu'apparaît l'essence, l'authentique éclair de vie (3). Que l'on décompose la forme et il ne reste plus rien qui puisse frapper et enflammer. En une même époque et sur un même sol, nous avons vu des hommes de toutes sortes : beaucoup qui avaient entièrement sombré dans la fange de la sensibilité et dont les forces spirituelles limitées ne paraissaient précisément rien voir ou rien penser de plus haut que ce qui est sensible ; de purs hommes d'entendement – bien peu
15 en vérité, | un grand nombre pourtant à en croire leur discours ! – qui ramenaient l'entendement à l'activité d'ôter et de découper, mais se montraient parfaitement incapables de créer quoi que ce soit de positif (1) ; des

hommes de raison, qui pensaient pouvoir se retirer de toute réalité, de toute effectivité grâce à la raison pure ; et même des hommes suprarationnels (2) ! Mais des hommes en qui régnerait l'harmonie, des hommes capables de donner à toutes choses en partie de la noblesse, en partie la force de l'efficacité et de l'actualité, en un mot des hommes authentiquement divins, il ne s'en est vu nulle part. Tous ces hommes se montraient incapables d'œuvrer pour le salut de la communauté ou même de découvrir un quelconque bien qui vaudrait pour le tout et l'universel. Il a même manqué à l'époque cet éclair de vie intérieur et spirituel et nulle part, tout au moins en Allemagne, où cette séparation des forces dans *toutes* les directions fut poussée à l'extrême, celui-ci ne s'est donné à voir de façon active ou efficace pour la vie. Là où il serait apparu comme un éclat de lumière et un messager du ciel, il aurait rempli chaque peuple d'adoration et aurait brusquement, miraculeusement et divinement uni ceux qui étaient séparés. Ainsi ces derniers se tiennent maintenant coupés l'un de l'autre, séparés, chacun placé à un extrême ; mais la force, l'étincelle qui pouvaient les fondre tous en un unique vouloir, en un unique agir, ne s'est montrée nulle part.

Vous avez honni la nature sous prétexte qu'elle a créé les sens et n'a pas conçu l'homme sur le modèle de vos abstractions ; vous avez profané et mutilé la nature de l'homme de façon à ce qu'elle vous corresponde et vous vous êtes déchaînés contre elle avec tant de folie insolente alors que vous l'aviez auparavant éviscérée par amour de la félicité. Vous n'avez pas songé que, dans les choses de la science, de la religion et de l'art aussi bien que dans celles des affaires mondaines, on n'a jamais accompli quoi que ce soit de grand sans que prédomine la force de la nature et que sans une sensibilité puissante les plus sublimes expressions de l'âme sont mortes et sans effet pour le monde (3). Vous n'avez pas songé qu'en lui enlevant les passions, vous priviez en même temps la vertu du matériau nécessaire à sa mise en pratique, de la matière sans laquelle elle ne peut s'exprimer (4). Car en soi toute force de la nature est bonne, et, pour autant qu'elle est positive,
divine ; elle devient négative et mauvaise | seulement quand, en renonçant à 16
la modération originaire des forces et en œuvrant pour soi, elle tend à se prendre elle-même pour centre. Mais, si la vertu même n'est rien d'autre précisément que cette modération divine des forces originaires, celles-ci sont nécessaires à son expression tout comme, dans la sérénité de l'air, le soleil apparaît comme l'image de l'unité parce qu'il est lui-même cette atmosphère dans laquelle reposent les forces de la tempête et de l'orage, la puissance de l'éclair et du tonnerre (1). Qui pourrait méconnaître l'origine divine de la colère, de la haine, de l'ambition et des autres qualités ? Mais l'action d'une morale qui vide l'homme de sa substance doit se faire sentir

nécessairement, encore que de façon notoirement préjudiciable, sur des peuples qui, du fait déjà de leurs conditions climatiques, sont plus démunis de forces naturelles et moins dotés de sensibilité.

Vous avez de même déclaré la guerre à l'entendement car vous le connaissez seulement sous son côté négatif et non sous son aspect positif. Si même nous voulions le considérer, selon l'opinion commune, comme l'instrument de la raison et de la sensibilité, il apparaîtrait déjà comme ce qui rend possible l'accomplissement, comme l'unique force d'effectuation en l'homme et on pourrait dès lors se demander s'il ne faut pas, pour employer une expression bien humaine, en tant qu'il est le lien commun de ces opposés et par là de l'homme lui-même, le poser au-dessus de chacun d'eux. De la même façon, si tant est qu'il est vide, stérile et inopérant, il peut s'éloigner de la raison et des Idées, dont il est l'instrument, ou de l'intuition sensible et de la force dont il est le matériau et dans lesquelles il doit s'exprimer, cela est par trop évident tant par soi-même que par l'expérience, mais c'est précisément cette expérience qui lui assigne son rapport organique déterminé à la totalité de la nature humaine. Le cœur ne bat-il pas dans le corps de manière libre et vivante parce qu'il est un lien entre deux systèmes, parce qu'il se subordonne à l'unité, qui n'en est plus une partie? C'est l'entendement seul qui donne aux produits de l'esprit force intérieure et stabilité; c'est lui seul qui imprime aux actions du courage, de la vertu et de l'enthousiasme, le sceau de la divinité. Mais comme il est devenu d'usage dans les sciences de se borner à s'enthousiasmer, à sentir ou
17 ressentir (2) | et, chez les imbéciles qui prennent cela pour du génie, de mépriser la science, de même on fait parmi nous davantage confiance pour les choses de la vie à l'enthousiasme insensé qu'à l'entendement clair et à une opinion illusoire qu'à la connaissance de ce qui est nécessaire.

On a plusieurs fois reproché aux philosophes allemands leur indifférence à l'égard de la communauté, leur refus de se mêler à la complainte générale sur l'effondrement de l'ancien monde et de l'état hérité de la tradition; on leur en veut même en général de s'occuper des choses suprasensibles, qui dépassent la capacité moyenne de comprendre tandis que les événements du monde semblent rappeler vers la terre toutes les forces humaines (1). Si la direction de la philosophie moderne était encore si surnaturelle, paraîtrait-il à ce point blâmable de se tourner de la terre, qui ne donne rien à voir sinon un horrible spectacle de dissolution organique, vers le ciel? Mais comment pourrait-elle se lamenter sur l'effondrement de ces mêmes états dont elle a ressenti si profondément et proclamé depuis longtemps la nullité? Ne pourrait-elle pas plutôt se réjouir que le destin dévastateur mette à bas à force de coups brutaux cet édifice de mensonges

et d'erreurs qui ne veut pas se laisser fléchir par une voix douce ? Devrait-elle encore garder espoir en une époque ou une génération à propos de laquelle elle a la ferme conviction que le vrai lui-même, le juste et le bien qui seraient déposés en elle, ne peuvent produire que de l'ivraie et de mauvais fruits ? En vérité elle pourrait être si certaine du sommeil spirituel et de la mort intérieure de toute une génération qu'elle pourrait prédire que même si, comme l'on dit, l'expérience est l'éducatrice des fous (2), elle ne changera ni n'améliorera rien. Mais vers qui devrait-elle diriger ses discours ? Vers ceux qui, tantôt pleins des concepts superficiels des théories abstraites, tantôt pleins d'une expérience impure et, pour tout dire, sale, s'attribuent la vraie intelligence du monde, mais méprisent la vraie philosophie qui n'est rien d'autre en effet que la plus haute connaissance de l'Étant (3) ? Devrait-elle partager la superstition insensée qui veut que le nouveau puisse être vaincu par l'ancien alors qu'elle est pleinement convaincue que seul | le renouvellement complet que les moribonds et les **18**
insensés de toute l'époque récente ont eu pour tâche principale d'empêcher, peut ramener honneur et salut et que toute cette génération de libertins efféminés et d'esprits superficiels et mous, aussi incapables du sérieux de la vie que du sérieux de la science et de l'art, doit disparaître avant que l'on puisse agir à nouveau avec efficacité et force… (1).

APPENDICE

SCHELLING À JACOBI LE 16 JUIN 1807

434 | En lisant jusqu'au bout la dernière partie de votre exposé (1), il m'est venu un sentiment qui n'est pas sans rappeler celui dont parle la phrase sur *Domitien* (2). Je me suis dit :

> ce beau discours aurait toutefois pu finir sans cette dissonance criante qu'est la récrimination contre l'époque, de sorte que ce qu'il y a de positif et de pertinent en soi ressorte davantage et que l'on se souvienne moins de ce qui est négatif et condamnable ! Ce qui m'a particulièrement fait souffrir, c'est de voir choisie pour objet de ce discours l'absurde philosophie française comme si elle était chez nous la pensée dominante, comme si nous n'étions que les singes de cette pensée médiocre : chez nous, elle
> 435 n'existe véritablement en tant que *théorie* | que comme objet de polémique, mais, *en pratique*, elle est seulement une chose *dénuée d'esprit*, en tant que simples gestes [?] déposés dans une race que nul allemand véritable ne reconnaît comme sienne et qu'il reconnaît encore moins comme critère ou contenu de l'époque. – Si l'on répondait que tout ce qui pourrait paraître meilleur en dehors d'elle n'est jamais au fond que ce même entendement et cette même pernicieuse doctrine du plaisir mal dissimulée, j'aurais encore, en y réfléchissant, simplement l'impression d'une affirmation arbitraire qui ne serait, c'est le moins que l'on puisse dire, ni démontrée ni démontrable. Cette affirmation brise la belle unité d'ensemble d'un discours où l'on peine autant à trouver quelque chose de véritablement scientifique qu'à juger avant tout examen préalable de ce qui relève de l'époque actuelle. Ce qui me fait souffrir, c'est que l'on donne l'impression de pouvoir mesurer toute l'époque à l'aune du critère qui vaut pour cette absurde pensée française (1) – et cela me fait *doublement* souffrir dans un discours qui devrait lui-même embrasser l'époque tout entière avec une

> noble impassibilité *étant donné qu'il inaugure une institution vouée à la paix et à la conciliation des obstacles grâce à la science* (2).

Voilà ce que je pensais et reconnaissez tout de même, très estimé confrère, que c'était bien là ma façon de penser et que c'est pour une part la tournure d'ensemble, pour une part des passages isolés qui faisaient naître en moi cette manière de voir. Citons par exemple ce passage de la p. 82 :

> une génération grandit entre cette opposition, il faut bien le dire, *rebutante* d'un cléricalisme ressuscité et d'une doctrine du plaisir qui ignore tout de Dieu, etc. … (voir aussi tout ce qui précède immédiatement) (3).

| Dans ce passage, vous tirez aussi les conséquences de ce que *vous* avez **436**
affirmé, à savoir qu'« à notre époque, il n'y a rien en-dehors des deux partis (celui du nouveau cléricalisme et celui de la vieille doctrine du plaisir) » (1), exceptés *ceux-là mêmes* qui disent *qu*'il n'y a rien d'autre. – Dieu merci, ils sont nombreux ceux qui n'appartiennent à aucune de ces trois classes et vous-même, excellent ami, n'appartenez à aucune d'entre elles. Vous ne pouvez avoir en tête de vous dresser avec ces mots contre l'époque tout entière et de les défendre contre elle.

À la page 83, il est particulièrement question de *philosophes* que l'on peut déjà se représenter occupés à restaurer l'autel du serpent et le culte du veau d'or. Vous ne pouvez ignorer, cher ami, qu'un certain nombre de personnes, tel notamment le penseur noble et perspicace dont vous citez le *Musée*, ont prouvé avec autant de perspicacité que de noblesse, dans ce même *Musée*, que la *philosophie de la nature* nous ramène au culte des fétiches et prépare véritablement le rétablissement des anciens cultes d'Apis et du serpent. Or il n'y a justement pas, à notre connaissance, de *philosophes* dont on pourrait dire, serait-ce au prix de la plus grossière mésinterprétation, qu'ils préparent de telles choses et ont *déjà entrepris* de diviniser la nature, sinon précisément les philosophes qui lui empruntent jusqu'à son nom, ces malheureux philosophes de la nature. Ceux qui savent déjà tout cela sur leur compte ne manqueront pas alors d'alléguer haut et fort ce passage comme une preuve et une confirmation. Dans leur for intérieur mais aussi publiquement, ils *vous* croiront capable d'avoir eu *cette opinion*. À cela s'ajoute que ce passage fait encore vraisemblablement partie de la citation tirée de ce *Musée* dont on fait tant l'éloge (cela n'est pas bien clair dans le manuscrit). Mais s'il est vraiment extrait de ce journal, il ne peut y avoir de doute quant à l'opinion qu'il exprime et, sans l'avoir voulu, ni même y avoir songé, vous lui avez apposé en une occasion solennelle le sceau de votre autorité. Car je suis à peu près certain que votre cœur était à mille lieues de songer à une telle relation et à une telle intention.

– Gardez en tête, je vous prie, que ma remarque ne porte pas *en soi* sur le contenu du passage. Si telle était vraiment l'opinion que *vous* vous faites de ce à quoi nous aspirons, la voir apparaître dans chacune de vos autres œuvres me remplirait certes d'affliction, mais aussi à chaque fois d'intérêt et pourrait m'inciter à prendre au sérieux cette mésinterprétation. Mais, puisque je ne sais pas si cette opinion est la vôtre, je puis me demander ici
437 | si je dois attirer votre attention, avec sincérité mais non sans maladresse, sur les mésinterprétations malveillantes dont ce passage peut faire l'objet. Il m'a semblé que je n'avais pas le choix; c'est pourquoi je me permets d'attirer votre attention sur ce point : à contre-cœur à bien des égards, mais je préfère le faire que de risquer d'encourir par la suite suspicion et reproches pour prix de mon silence.

Entendez ces remarques comme elles méritent qu'on les entende étant données les raisons dont elles procèdent. Les dernières d'entre elles, comme celles aussi qui précèdent, ont moins leur contenu en soi que dans les circonstances particulières du discours, encore que *vous* écriviez dans votre dernière lettre (1) : « exprimez-vous aussi sur le contenu » et que vous sembliez présupposer par là que j'ai en effet quelque chose à *dire* à ce sujet. Vous pensiez déjà il y a peu que l'on touchait là du doigt le point sur lequel nous sommes en désaccord. Je profite de la permission que vous me donnez en partie parce que je tiens à savoir *en quoi* consiste à vos yeux ce qui rend mon opinion incompatible avec le point de vue que vous avez finalement exprimé, en partie parce que j'entends répondre avec confiance à votre encouragement amical, que je souhaite parvenir à clarifier moi-même mes premières remarques et découvrir ainsi un tant soit peu la source de mon désaccord quant à cette matière et à la façon dont elle est traitée, sans la moindre référence cependant au discours en tant que tel.

En effet je ne puis nullement croire que quelque chose de véritablement compréhensible puisse être de quelque façon que ce soit une chose irrationnelle et inversement qu'une chose irrationnelle puisse être de quelque façon que ce soit quelque chose de compréhensible. Pas plus que je ne crois que *nous* soyons devenus chaque jour plus compréhensifs, plus intelligents et *par là même* plus déraisonnables. En ce qui concerne la nation que vous décrivez à la p. 70, je ne tiens que la dernière possibilité pour vraie, à savoir que cette nation affiche extérieurement les mœurs les plus délicates, mais qu'elle est intérieurement pervertie (2). Je ne saurais dire d'un peuple qui n'a jamais compris la vraie essence de la poésie, de la philosophie ou
438 de l'art véritable, qu'il est un peuple admirablement artistique | ou même cultivé : il est cultivé *à beaucoup d'égards*, mais pas au sens absolu. À mon sens, non seulement l'entendement droit et la vraie raison ne sont pas

incompatibles, mais ils sont positivement un, comme peuvent l'être un corps sain et une âme saine (1). On peut dire des *Voltaire*, *Helvétius* et autre *Diderot* (2) qu'ils sont – au moins pour tout ce qui est scientifique – des héros de l'entendement, mais d'un entendement *débridé*. L'entendement, à vrai dire, se trouve chez eux à l'arrière-plan, mais comme c'est le cas aussi chez l'insensé, puisque la folie serait impossible en tant que telle non seulement si l'entendement n'existait pas, mais s'il n'existait pas aussi *dans la folie elle-même* (3). – De même que cette présence de l'entendement jusque dans la folie ne peut prouver à l'humanité qu'elle doive le mépriser et le désavouer, de même la philosophie et la vertu elle-même ne peuvent naître, pour le dire dans vos termes, de l'usage très pernicieux et par là parfaitement stérile qu'en font certains individus, apparitions passagères d'une période elle-même fort courte au regard du tout, malgré la dignité et l'importance toute particulière qu'a l'entendement pour la science (4). Vous-même, puissant penseur, reculeriez d'effroi à l'idée de dire qu'il y a *vraiment* eu trace d'*entendement* dans la philosophie ou les théories de la nature, de l'État et de la vie humaine que ces hommes ont produites. L'*expérience* a prouvé le contraire de leurs théories politiques (5). Il en est allé de même | pour leurs théories physiques. Ritter (1) nous a fait voir en **439**
quelques jours des phénomènes qui ont largement prouvé la fausseté de ces doctrines, si tant est qu'il eût fallu encore des preuves. Les fables qu'inspire le délire à un malade de la fièvre ne pourraient guère être plus insipides que les explications que ces auteurs auraient à donner de leurs théories conformément à leur système ou que celles qu'ils avaient auparavant produites des phénomènes déjà connus à leur époque.

Ce n'était donc nullement de l'entendement, mais du *non-entendement*, que sont nées ces théories. « L'entendement a cependant, dites-vous, une aptitude naturelle et innée, ou un penchant, à devenir non-entendement, c'est-à-dire à se laisser subjuguer et obscurcir par la sensibilité » (p. 85). Je dis quant à moi : toute chose est ce qu'elle est et aucune ne peut vouloir *ne pas être elle-même*. Tout s'efforce plutôt, pour le dire avec Spinoza, de persévérer autant que possible dans son être (2). L'entendement est donc ainsi pour toujours *l'entendement* et ne peut jamais vouloir devenir non-entendement, et, là où il *n'existe pas* ou bien là où il y a comme vous dites un mauvais usage de l'entendement (p. 85), il y a bien plutôt *absence* ou non existence de l'entendement en tant que faculté surabondante, qui domine ou réprime quelque chose *existant déjà*.

Au risque d'être trop long, j'aimerais encore mettre ici à la place de l'entendement la *volonté libre*, laquelle, selon une expérience bien plus universelle, *paraît* subjuguée par la sensibilité, et obtenir ainsi pour la volonté un résultat analogue à celui obtenu en suivant cette voie pour l'entendement – ce à quoi, bien cher ami, *vous* ne souscririez point.

De même que je ne crois pas que, dans la *vraie nature allemande*, dans le *monde nouveau* qui s'avance incontestablement (3), ce (faux) être d'entendement joue encore un rôle qui le rendrait digne serait-ce des plus lointains égards polémiques, de même je ne crois pas qu'une trop grande culture de l'entendement soit le vrai malheur de l'époque. C'est le *non-entendement* qui a conduit l'Allemagne là où elle en est. Le *non-entendement* (le manque d'entente, de *volonté pure* et d'*aptitude* à s'entendre) a produit une confusion sans limite, dont on ne peut espérer se sauver,
440 oserais-je dire, sans un nouveau Mahomet. | Pas plus la séparation des forces que l'oppression des facultés individuelles ne peuvent à mon sens aider l'humanité, seul peut le faire leur accord suprême, leur accord parfait – la paix *divine*.

Permettez, excellent ami, qu'en guise d'explication supplémentaire, j'extraie un fragment d'un traité intitulé *Sur l'essence de la science allemande*, que j'ai écrit ce printemps et qui paraîtra dans mes *Mélanges choisis*.

> Toutes les parties individuelles de notre corps ne constituent ensemble que sa *forme* et c'est seulement là où cette forme demeure dans l'unité qu'apparaît l'essence, l'authentique éclair de vie. Si je décompose la forme, il ne se trouve aucun point dans lequel l'éclair puisse frapper et *enflammer*. – En une même époque et sur un même sol, nous avons vu des hommes de toutes sortes : *certains* qui ont entièrement sombré dans la fange de la sensibilité et pour lesquels tout le reste paraît nié ; de purs *hommes d'entendement* – et combien peu d'*hommes de raison*, autrement dit ceux qui pensaient pouvoir se retirer de toute réalité, de toute *effectivité* grâce à la raison pure ; et même des hommes *suprarationnels* ! Mais des hommes en qui régnerait l'harmonie, des hommes capables de donner à toutes ces choses en partie de la *noblesse*, en partie la *force de l'efficacité* et de l'*actualité*, en un mot des *hommes divins*, il ne s'en est vu nulle part. Tous ces hommes, sans exception, se montraient incapables d'œuvrer pour le salut de la communauté, pour la préservation de ce qu'il y a de plus sacré. Il a justement manqué à l'époque cet *éclair de vie* intérieur et spirituel et nulle part, même en Allemagne, où cette séparation des forces dans *toutes* les directions fut poussée à l'extrême, cet éclair ne s'est donné à voir de façon active ou efficace pour la vie. Là où il serait apparu, il aurait rempli chaque peuple d'étonnement comme un éclat de lumière et un messager du ciel et il aurait brusquement, miraculeusement et divinement uni ceux qui sont séparés. Aussi ces derniers se trouvent-ils maintenant coupés l'un de l'autre, séparés, chacun placé à un extrême ; mais nulle part ne se trouvent le lien,

> l'acte, l'étincelle qui pourraient les fondre tous en un unique vouloir, en un unique agir.
>
> | Cet éclair est tout; il est la raison active (*substantive*), la croyance (au sens **441** où l'entendaient nos pères), la confiance, l'héroïsme, la puissance et la force. Il ne s'agit pas d'un pouvoir; tout ce qui n'est que simple pouvoir relève de la forme et doit *se mettre au service* de cet éclair de vie, – mais cela afin de devenir soi-même vivant, réceptif et sensible au rayon de vie (*en* entrant dans l'harmonie de toutes les parties) et ainsi *libre* ...
>
> Car aussi vrai que le cœur ne bat pas librement dans le corps bien qu'il ait rapport à toutes les parties et soit précisément pour cette raison, si l'on veut, assujetti à l'unité, laquelle n'est plus à son tour une partie, l'effet organique de l'entendement est sa véritable mise en œuvre et inversement la véritable mise en œuvre de l'entendement est la preuve de la plus grande santé de la vie spirituelle dans son ensemble.

Je dois m'interrompre car je n'ai déjà que trop abusé de votre bienveillance. – Je ne sais si j'aurais à faire usage de mes premières remarques et quel usage j'en ferais; je laisse cela entièrement à *votre* appréciation. Je ne saurais ajouter quoi que ce soit aux deux derniers paragraphes du discours, ni les améliorer. – *Vous* serez très certainement à même de reconnaître, ici comme ailleurs, celui qui vous manifeste sa plus haute considération en ne vous cachant justement jamais ses convictions et en parlant et en agissant avec une confiance sans limite dans la noblesse de votre esprit.

Pardonnez ma réponse tardive à votre discours : avant-hier des visites, auxquelles s'est ajouté hier un effroyable mal de tête, m'ont interdit de penser et d'écrire. Une fois encore mes plus sincères remerciements pour toute votre confiance et votre bienveillance.

Votre très dévoué
Schelling

RECENSION DE LA
QUERELLE DU PHILANTHROPINISME ET DE L'HUMANISME DANS LA THÉORIE DE LA PÉDAGOGIE SCOLAIRE DE NOTRE TEMPS
DE FRIEDRICH IMMANUEL NIETHAMMER (IÉNA, 1808)

| Le présent écrit[a] se trouve sûrement déjà entre les mains de tous ceux **SW VII**
qui considèrent l'éducation et l'enseignement comme des sujets impor- **511**
tants. Ce compte-rendu n'a pas été rédigé pour le faire connaître ou pour seulement en diffuser les idées, d'autres journaux nous ayant devancé pour ce qui est d'en faire l'éloge général (1). Mais la profondeur de l'exposé et la nature dialectique de la recherche elle-même incitent, plutôt que de se limiter à un simple compte-rendu, à tenir à son sujet un propos scientifique et à aborder l'ouvrage précisément par le côté qui le distingue des ouvrages pédagogiques ordinaires.

Quelques mots tout d'abord sur son rapport à l'histoire et son intérêt pour l'époque. Comme, depuis près de trente ans, un esprit avide de changement et un dégoût indéfini pour l'ordre existant commençaient à se faire jour (2) et comme, la force manquant en vue d'une amélioration, toutes les possibilités avaient été épuisées l'une après l'autre, on crut que le salut du monde devait venir tout à coup d'un changement radical dans la manière d'enseigner et d'instruire en vigueur. Bien entendu, il n'était pas aussi facile et aussi rapide d'extirper l'esprit régnant dans les institutions publiques que ne le souhaitaient les réformateurs : ceux-ci durent donc se limiter à des entreprises privées. Aussi édifièrent-ils de leur propre initia-
tive des établissements qui, | conformément aux tendances sentimentales **512**
de l'époque, reçurent chacun le nom de *philanthropinum* (1), nom qui

a. Extrait de la *Jenaischen Allgemeinen Literaturzeitung*, 1809.

aurait tout aussi bien convenu aux hospices pour les indigents, aux maisons de correction ou aux asiles pour les invalides et les simples d'esprit (2). Entre-temps, avec ces institutions, la nouvelle pédagogie était née, et l'ancienne, à qui le présent ouvrage donne le nom d'humanisme, était entrée en guerre ouverte contre elle, autrement dit contre le philanthropinisme (3). Par cent biais différents, celui-ci s'immisça d'abord dans l'éducation domestique (4); dans l'éducation publique, il provoqua rien moins qu'un état d'inquiétude et une certaine déstabilisation. Ce n'est que plus tard, alors que plus personne n'y prêtait attention, qu'il fit son apparition dans un État dont les puissants progrès vers l'amélioration avaient suscité l'intérêt général, et qu'il se développa sous une forme nouvelle en un système public d'éducation, phénomène que beaucoup semblèrent ne pas comprendre. Compte tenu du progrès inégal de la culture dans les différentes régions de l'Allemagne, il n'y avait effectivement rien de bien étrange à voir ce qui avait depuis longtemps été abandonné chez les uns commencer seulement chez les autres à développer profondément ses racines et à porter ses fruits. Mais, du fait précisément de cette renaissance tardive, l'essor du philanthropinisme coïncida avec le mouvement philosophique général, qui, là où le règne des moines et des prêtres avait certes, quant à la matière, été écarté sans peine, mais restait d'autant plus inextirpable du point de vue de la forme et de l'empreinte spirituelle d'ensemble que ces derniers avaient apposée, devait engendrer une scolastique d'un nouveau genre, une scolastique d'autant plus barbare (5) que l'étude de l'Antiquité classique avait été négligée depuis des temps immémoriaux et n'avait jamais véritablement atteint son but. Puisqu'il réunissait en lui ces deux circonstances, le philanthropinisme était appelé à prendre une forme bien plus dangereuse pour l'éducation publique, la liberté d'esprit et le véritable progrès de la culture. Nous nous sommes senti tenu de multiplier les remarques concernant un phénomène qui, dans les circonstances actuelles, devait presque inévitablement se faire jour et qu'il valait bien mieux comprendre comme un phénomène nécessaire que d'imaginer des intentions qui n'avaient pas lieu d'être.

Mais, abstraction faite de tout contexte particulier, cette querelle des
513 deux systèmes d'enseignement a un intérêt général et une | signification purement scientifique. Loin de nous l'idée qu'en ce sens, cette querelle serait déjà aplanie, nous préférerions dire qu'elle n'a guère même commencé. Un grand nombre de principes relevant directement ou indirectement du philanthropinisme s'étaient introduits au sein des deux systèmes opposés. Combien d'hommes qui avaient autrefois résisté à ces prétendues Lumières – à cette véritable *déspiritualisation* (1) *de la nation*,

selon l'expression de l'auteur (p. 18) – n'ont pas eux-mêmes échappé à leur influence et paraissent maintenant seulement les approuver du plus profond du cœur ! Là où tout est si impur et mélangé, la véritable querelle ne peut pas encore avoir commencé. Le grand processus de séparation du bien et du mal débute à peine; aussi est-ce seulement, pour ce qui est du problème important que pose la théorie de la pédagogie scolaire, grâce au présent ouvrage que ce processus est réellement initié.

Ou bien s'agirait-il uniquement de restaurer sans condition ce qui est ancien, moyen auquel le manque de force créatrice et le découragement consécutif à tant d'échecs ont aujourd'hui universellement recours? Celui-là seul qui, relégué entièrement dans les limites de son école, n'a jamais porté un regard libre sur la situation actuelle du monde, pourrait se figurer, alors que toutes les conditions de vie ont si profondément changé, que les exigences que le monde nous impose se sont si complètement transformées et que toutes les relations sont renouvelées ou en voie de renouvellement, qu'il n'y a que l'enseignement et l'éducation qui ne nécessitent pas de transformation. Le besoin d'un système éducatif plus simple, et par conséquent plus efficace, établi sur de plus grands principes, se fait sentir de façon pressante. Les tentatives d'innovation ne peuvent pourtant pas à elles seules porter la responsabilité de ce qui arrive, de la faiblesse de la génération à l'œuvre à présent et de ses égarements, si l'on entend remonter à l'éducation comme à leur source : où donc l'ancienne École avait-elle formé les grands hommes d'action dont l'époque avait besoin ? Tandis que les uns aspiraient à une utilité commune superficielle, l'ancienne école ne s'est-elle pas à l'inverse toujours plus éloignée de la vie et écartée frileusement du monde et de l'action universellement humaine ? Mais rien n'est plus insupportable que de voir que ce qui ne parvient pas même à contrarier ces faibles tentatives | et s'est montré incapable de sauver quoi que ce soit, 514
doit être à nouveau proposé, voire imposé à notre époque, comme une médication. La plus vague aspiration au changement repose d'ordinaire également sur un bon instinct, quand bien même celui-ci ne serait pas encore compris. Ainsi, le désir indéfini de nouveauté dont nous avons parlé était un signe avant-coureur des événements à venir, signe qui, s'il avait été mieux compris, aurait pu leur donner une autre tournure. Un même sentiment obscur avait aussi orienté les efforts des dits philanthropinistes pour transformer la pédagogie scolaire (1). C'est désormais notre tâche que de le rendre plus clair et de l'élever à la conscience. Ce sentiment se présentait en effet comme un effort vers l'utilité commune sans compréhension de ce qui est véritablement utile à tous. Voilà qui doit maintenant nous apparaître clairement. L'ancien système s'appuyait plutôt au début sur la claire

compréhension, voire sur la connaissance scientifique ; le sens originel ne s'est-il pourtant pas perdu en lui comme dans tant d'autres systèmes ? L'idée de conduire la querelle des deux systèmes éducatifs de telle sorte que ce qui est relativement vrai en chacun d'eux, en se corrigeant mutuellement, produise une vérité achevée, – cette idée est donc parfaitement digne de l'époque et mérite une mise en application scientifique.

Lorsqu'on examine une querelle, en vue notamment d'une conciliation, ce qui importe avant tout, c'est de mettre au jour l'opposition fondamentale. Celle qu'on a trouvée pour la présente querelle devrait aussi bien valoir pour le conflit qui agite l'époque tout entière. L'auteur s'occupe de mener à bien cette tâche dans la deuxième section de l'ouvrage, qui pour cette raison s'intitule *Fondation scientifique de la recherche*. Il pense certes au début avoir découvert le fin mot de l'affaire avec les concepts d'animalité et de rationalité, censés coexister en l'homme (2) ; et cette opposition est en vérité suffisamment large pour pouvoir à bon droit faire entrer beaucoup de choses en elle. La dernière remarque (p. 67), selon laquelle on ne trouve aucun point en l'homme où une pure animalité commence, celle-ci ayant non seulement cessé (négativement) d'être en l'homme une
515 animalité du fait de sa liaison avec la raison (p. 68), | mais étant devenue positivement autre chose, et s'étant même sanctifiée (p. 40) (1), – cette remarque parait néanmoins prouver que, pour ce qui concerne l'homme en général, l'opposition que l'on a établie est trop large. Si en l'homme la spiritualité pénètre déjà l'animalité, si le corps est, comme le dit l'auteur, le temple de l'esprit saint (2), l'essence humaine en tant que telle suffit déjà à résoudre l'opposition et il faut qu'une autre opposition, une opposition supérieure apparaisse. Aussi croyons-nous que de telles expressions ne sont pas strictement scientifiques, mais qu'il faut les entendre approximativement, comme celle de terre et de ciel pour désigner le réal et l'idéal. Peut-être faut-il attribuer leur existence à une faiblesse pour ce qui est plus pratique, laquelle ne mérite aucun reproche étant donné le désir d'être compris par tous. Comme chacun sait, l'antithèse de l'animalité et de la spiritualité a acquis dans notre littérature une certaine popularité, pour une part en tant que moyen polémique (bien que l'époque des Encyclopédistes soit depuis longtemps révolue), pour une part en tant qu'elle est indispensable pour pallier l'absence, en plusieurs systèmes, d'un fondement explicatif du mal et de la corruption de la nature humaine, fondement qu'on ne peut ou ne veut pas voir là où il est véritablement (3). Or, c'est précisément ainsi que nous l'expliquons lorsque nous faisons des deux expressions de raison et d'entendement pratique (4) des expressions parallèles à celles-ci. Car l'opinion ésotérique de l'auteur, qui brille par la précision de ses

définitions et l'exactitude de ses distinctions, ne peut être que nous ayons en commun le sens esthétique (5) avec les animaux, car ce serait totalement confondre les concepts d'animalité et d'humanité. L'art que pratiquent les animaux est, étant donnée leur nature, un art entièrement aveugle, qui ne se trouve lié à aucune conscience d'un but recherché; en eux agit un autre qu'eux-mêmes. L'entendement présuppose la personnalité; et à une époque, hélas, où si peu d'hommes font preuve de trop d'entendement, il n'est guère besoin de l'accorder libéralement aux animaux. Nous croyons donc, pour ne pas manquer le vrai sens que l'auteur leur donne, devoir nous en tenir aux expressions plus libres de l'opposition que l'on trouve dans les tournures suivantes : « pour l'un des systèmes, l'homme est un pur esprit
et la vie dans l'idéal est sa seule vraie | destination. Pour l'autre, la vie 516
spirituelle n'a pas la moindre autonomie et l'homme n'a d'autre destination certaine que de créer et d'agir au sein du monde sensible. Le premier dédaigne toute culture tournée vers des buts extérieurs et tout souci des moyens nécessaires à la réalisation des idées dans le monde extérieur; le second ne se donne jamais pour fin dernière la culture de l'esprit en soi, mais la culture tournée vers des buts purement extérieurs, vers le métier et la prospérité futurs en ce monde » (1). Nous aurions néanmoins souhaité que l'auteur s'explique précisément sur la nature de ce moyen, ou, pour le dire avec une plus grande rigueur, de ce principe – pourtant bien lui aussi positif – dont la force permet à l'homme de réaliser les idées dans le monde extérieur. Car si par exemple nous n'entendons à nouveau par là que des *connaissances*, telle que la prétendue connaissance du monde, de l'homme ou des institutions positives, etc. (p. 42), nous perdons encore une fois inopinément l'opposition; ici aussi, nous restons uniquement dans la sphère du spirituel.

La seule véritable opposition que nous ayons à chercher ici ne devrait-elle pas être la suivante : la *raison*, qui, en tant qu'elle est l'élément réceptif et l'universel, possède plutôt au regard de l'homme, le caractère du calme et de l'abandon (2), se voit opposer uniquement ce qui est actif, ce qui produit des effets par soi-même, en un mot : la *personnalité* (3) ? La raison ne détermine partout en l'homme que son concept générique, son caractère essentiel universel; la personnalité est ce au regard de quoi nous apprécions son habileté et son excellence particulières, de sorte que se voir par exemple qualifier de raisonnable (c'est ce que l'on peut dire de plus universel d'un homme) est un éloge presque aussi ambigu que d'être appelé un homme bon, tandis qu'à l'inverse, le terme de personnalité renferme en et pour soi un éloge, sans qu'il soit besoin d'ajouter quoi que ce soit (4). Nous regroupons en vérité sous ce nom toutes les vertus et les qualités dont

l'homme fait preuve dans la réalisation énergique des idées. En outre, on ne peut nier que tout l'effort de l'humanisme moderne tende vers la culture (5) et l'exaltation extrême de ces caractéristiques impersonnelles, mais laisse de côté les caractéristiques personnelles comme quelque chose de mauvais
517 et de moindre valeur. | Tout se passe comme si un seul et même destin avait déterminé les événements extérieurs et les orientations spirituelles internes, comme s'il avait fallu, longtemps après que la nation eut perdu sa personnalité, que toute identité ou égoïté fussent aussi extirpées radicalement de l'individu. D'où viendrait sinon au sein de notre nation ce déchaînement délibéré et conscient contre l'individualité supérieure en tant que telle? D'où viendrait cette oppression de toute particularité par l'uniformisation de l'enseignement, oppression contre laquelle l'auteur (p. 198) s'exprime si justement (1) et à cause de quoi la dissolution dans l'universel est finalement parvenue chez nous à la transparence la plus vide de substance, transparence, qui n'est pas celle du diamant, laquelle subsiste avec la plus grande déterminité et la plus grande dureté de l'individualité, mais celle de l'air dépourvu de consistance? Comment comprendre, si l'on récuse l'idée d'un tel destin, qu'une philosophie qui a exalté la personnalité plus que toute autre auparavant et qui a même fait d'elle le centre de toutes choses, soit devenue subrepticement aux yeux de son auteur une doctrine tout à fait différente, qui n'a pas de mot assez dur pour condamner toute opération autonome ou toute activité personnelle de l'homme? D'où viendrait, sans cet abandon complet de toute personnalité, la pusillanimité qui ouvre la voie à une pieuse déraison, à une nouvelle sentimentalité d'autant plus répugnante qu'elle est philosophique, d'autant plus destructrice qu'elle est pratique et qui conduit à abdiquer toute pensée personnelle (comme depuis longtemps déjà toute volonté propre) et à chercher la source de toute sagesse dans l'inaction ou – chez les pères de l'Église? D'où viendrait en fin de compte le mépris universel des savants à l'égard du monde et de la vie sinon de cette impersonnalité délibérée qu'engendrent une prétendue culture supérieure, la représentation d'une humanité englobant tout et le fait même de se recommander d'une Antiquité dont les modèles éveillent notre admiration précisément parce qu'ils allient à la culture la plus haute et la plus universelle la personnalité la plus déterminée? Se peut-il qu'aucun des philanthropinistes ne se soit représenté l'opposition de cette manière (ils ont en tout cas choisi le pire moyen qui soit pour guérir le mal)? Le fin mot de l'opposition ne peut pourtant être que celui-ci, car nous ne pensons pas que quiconque puisse objecter que l'éveil et la culture de la person-
518 nalité relèvent de l'éducation morale, et | ne sont donc pas à prendre en considération quand on s'interroge sur le but ultime de l'enseignement.

Nous sommes également d'avis que, sans liberté de la volonté au sens littéral du terme, la personnalité est une chose absurde, mais que si l'autonomie et la force créatrice (ce qui ne veut pas dire *productrice*) constituent le caractère universel de la personnalité, si la résolution, la certitude, la présence d'esprit sont en chaque cas particulier ses caractéristiques les plus déterminantes, il va sans dire que seuls des concepts que l'on a créés soi-même et des principes qui possèdent cette certitude qu'offre une vision du monde pleinement élaborée à laquelle chacun peut parvenir ou être conduit d'où qu'il parte, peuvent, en plus de l'absence de préjugés (par quoi il faut comprendre l'ensemble des opinions restrictives), donner la véritable personnalité et déterminer la forme aussi bien que la matière de leur expression. C'est pourquoi il n'est pas dit que l'on puisse jamais parler de l'enseignement pour soi, puisque celui-ci constitue une part essentielle de l'éducation et que c'est seulement ensemble que ces deux activités forment l'art véritable de la culture humaine (1).

Après la reconnaissance et la détermination de l'opposition, la chose qui importe le plus est de découvrir le principe qui rend possibles le choix ou la conciliation. Nous pensons trouver chez l'auteur le principe qui convient le mieux au cas qui nous occupe. Il le dit ainsi déjà dans la première section (historique) de son livre (p. 33) : « un autre esprit, devant lequel celui des Lumières a cédé la place comme un simple précurseur, est apparu parmi nous avec la renaissance de l'authentique pensée philosophique. – Cette admirable réforme, qui a rendu à l'idéal l'honneur d'être une réalité, montre ses effets dans toute l'étendue de notre culture, dans la science et dans l'art, dans la philosophie et la religion, dans toutes les branches de l'agir et de la vie. – L'idéalité de la vérité et la vérité de l'idéal sont chaque fois plus universellement et plus fortement reconnues, la voix de ceux qui dénigrent cette conviction, est toujours plus étouffée et plus faible ». Nous trompons-nous ou bien aurions-nous gagné en clarté si l'auteur avait conservé ce point de vue également au début de la deuxième
section ? Car si l'on | situe l'erreur fondamentale des deux systèmes dans 519
leur *unilatéralité*, étant donné que l'humanisme ne voit que le côté spirituel de la nature humaine et le philanthropinisme que le côté animal (1), le point de vue correct devrait alors apparaître du seul fait que l'on considère ensemble et simultanément les deux côtés de l'opposition, ce que l'auteur récuse expressément (p. 67) et qui contrevient aussi à l'esprit qui commande toute sa perspective. Mais si l'on ne peut résoudre la querelle en reliant les opposés, cela signifie que le fondement du mal ne se trouve pas dans l'unilatéralité de la réflexion ou dans la prise en compte d'un côté indépendamment de l'autre, mais bien plutôt dans *le fait que* l'on voyait

deux côtés, que l'on cherchait une opposition là où il n'y en avait pas, autrement dit que l'on admettait *qu*'il existe une activité spirituelle qui n'est pas en même temps réale, et une activité réale qui n'est pas en même temps spirituelle. Cette erreur fondamentale, les deux systèmes l'ont en *commun* et l'unilatéralité dont l'auteur fait état n'en est qu'une conséquence. L'auteur, qui procède partout avec rigueur et logique, ne nous présentera pas cette remarque importante pour la clarté de la décision comme un pur et simple pinaillage. S'il s'est exprimé de la sorte, c'est sans doute uniquement à cause de la manière qu'il a choisie de caractériser l'opposition. Car, entre la rationalité et l'animalité prises en elles-mêmes, il existe en effet une opposition totale. Là où règne l'animalité, la rationalité ne peut exister et, à l'inverse, là où se trouve la rationalité – entendue comme une rationalité personnelle et non comme cette rationalité universelle qui, à vrai dire, se trouve en chaque pierre et chaque animal –, l'animalité doit avoir cessé d'exister et doit s'être transfigurée en une réalité supérieure. Que l'humanisme, l'humanisme dégénéré s'entend, tel que l'auteur le décrit à maintes reprises, ait ainsi transformé l'opposition, c'est certes indéniable; mais, lorsqu'il entendait rabaisser et discréditer ce qui est animal comme le principe prétendument mauvais et qu'il cherchait au contraire à exalter la rationalité (2), l'erreur ne consistait pas dans cette unilatéralité, laquelle est plutôt appréciable étant donné le présupposé sur lequel elle s'appuie, mais dans la supposition selon laquelle, en l'homme, en qui commence manifestement un combat plus noble, la spiritualité s'oppose à l'animalité. L'ancien humanisme, l'humanisme authentique, ignorait tout de cette polémique moderne contre l'animalisme (3) et savait généralement l'aborder avec une
520 | plus grande liberté d'esprit, comme le prouvent les institutions charitables vouées à l'alimentation et aux besoins des étudiants – tandis que le philanthropinisme, qui, malgré son nom, servait seulement à enrichir ses administrateurs (1), ne pouvait se vanter de posséder beaucoup des grands monuments de l'ancienne pédagogie –, et comme le prouve aussi le souci de cultiver l'agilité et la force physiques dans nos universités, où l'on emploie, depuis les temps les plus anciens, des maîtres en toutes sortes d'activités corporelles, que seule une nouvelle forme plus affligeante encore de pédantisme a eu tendance à chasser. Nous appliquons aussitôt la précédente remarque à la résolution des points litigieux les plus généraux concernant le *but* de la pédagogie scolaire, problème dont l'auteur traite au début de la troisième section. La première chose est de savoir si ce but consiste dans la culture de l'esprit en soi ou dans la culture et la préparation à un futur métier (2). Ici aussi, l'erreur des deux systèmes ne réside pas dans le caractère unilatéral de la réflexion sur les activités correspondant à l'un ou

l'autre de ces deux buts, mais dans le caractère unilatéral du *concept* que l'on se fait de chacune d'elles, autrement dit dans la supposition que l'activité spirituelle et l'activité professionnelle sont absolument discernables réellement. Que la plus haute culture intellectuelle est inutile pour la vraie vie et que l'authentique activité pratique est entièrement indépendante de l'activité idéelle, voilà le genre de sagesse que l'on proclamait triomphalement. Cette opinion également, les deux parties l'avaient *en commun*. Puisqu'elle était aussi un produit des fausses Lumières modernes (3), la grande masse des humanistes s'accordaient volontiers avec elle. Qui affirmait plus fortement qu'eux le manque de fécondité des idées pour la vie et l'inutilité de toute spéculation ? Cette affirmation, eux-mêmes la rendaient aussitôt tangible. Car, dans la mesure précisément où ils ramenaient de plus en plus la science aux besoins de la vie courante ou la transformaient en une érudition parfaitement stérile, les idées se tarissaient en eux et avec elles toute force pratique, si bien qu'en peu de temps, la vie les submergeait (4). Les rares hommes qui éprouvaient encore en eux un amour pur et inconditionné, l'amour de la science pour la science, cet amour des idées pour les idées qui avait ennobli les époques antérieures, | se retiraient de gré ou 521
de force du monde et de la vie. Les vrais disciples de ces maîtres étaient cependant ou bien tout à fait corrompus pour la vie pratique, ou bien en effet assez superficiellement cultivés en vue de l'utilité commune, mais leur absence d'idées les empêchait d'intervenir librement dans une époque qui était trop grande pour eux. Pour que la confusion soit complète, on imputait au véritable humanisme ce manque de force pratique que tous avaient fini par ressentir et l'on cherchait à remédier au mal par une mise en application encore plus complète et poussée du philanthropinisme. L'humanisme authentique, à vrai dire déjà fort ancien, considérait que la science et la culture spirituelle sont le sel de la terre (1). Un peuple court à sa perte, soit quand le sel perd sa saveur, autrement dit quand les sages ne sont plus à même de gouverner, soit, à l'inverse, quand on veut que ce soient les ignorants qui deviennent le sel de la terre, et que les insensés gouvernent.

Le présent écrit aspire non sans noblesse ni sérieux à ramener notre époque à cette conviction qui faisait la force des siècles passés. Il plaide résolument en faveur de l'humanisme (correctement entendu), mais uniquement, semble-t-il, dans les limites du présupposé indiqué (2). L'identité dont il est question ne doit pas en effet être comprise comme *égalité* – des concepts que tout usage rigoureux de la langue, que toute logique apprennent à distinguer (3) ; cela veut dire que ce qu'il y a de positif dans ces deux activités est une seule et même chose et que le nerf de l'activité pratique est l'activité spirituelle. Toute opposition où il se trouve

qu'un terme (correctement entendu) comprend l'autre et où ce dernier terme est donc ce qui est compris par le premier, doit être tranchée conformément au principe de subordination. C'est justement une chose que l'auteur accepte entièrement (4). Rien d'étonnant alors à ce que l'humanisme l'emporte absolument sur tous les points et qu'il n'ait besoin pour cela d'aucune garantie d'impartialité (p. 74). – L'auteur l'affirme p. 101 : « seul celui qui est cultivé en vue de l'inconditionné l'est à proprement parler et lui seul aussi procure la culture pour le conditionné. Pour celui qui connaît une autre réalité que la réalité terrestre et qui croit que sa vie a une destination supérieure, pour lui, la vie a un *tout autre sérieux* que pour celui qui croit à la nécessité. Ce dernier seul agit de manière mesquine et étroite,
522 l'autre élève l'humanité ». – « Celui | qui s'est familiarisé avec les objets du monde intérieur percera également à jour les choses du monde extérieur bien plus vite que celui qui s'est occupé d'une foule d'autres choses, à savoir des choses extérieures ». – C'est précisément pourquoi on ne peut inverser cet ordre car la force qui met l'extérieur en mouvement réside à l'intérieur. « Ce qu'il y a de remarquable à voir dans la réalité terrestre – et, devons-nous ajouter, dans les événements du monde –, c'est précisément l'invisible » (1). Or celui qui voudrait opposer à cela la forme actuelle du monde, la corruption et les complications de l'appareil d'État etc., oublierait que cette forme résulte elle-même de la séparation de la vie de l'unique principe vivant. Quand on s'interroge sur ce qui doit être, il va évidemment de soi que l'on compte sur l'État vivant et non pas sur celui qui est mort. Comment se pouvait-il par exemple que, dans la cité romaine, un même homme aille à la guerre dans sa jeunesse, reçoive la charge de juge au moment d'entrer dans l'âge adulte, administre les recettes publiques à un âge plus avancé et finisse par tenir le gouvernail de l'État aussi bien dans la guerre que dans la paix ? Comment un même homme pouvait-il être le chef de sa communauté domestique et un général qui conduit son armée à la victoire et en même temps, avec l'âge, vivre encore pour les Muses et la philosophie ? Comme on le voit p. 95, l'idée que l'activité professionnelle (par quoi il faut entendre la véritable *activité* et non le travail servile ou purement mécanique) est une pratique continue de l'humanité, une culture et une intensification ininterrompue de la force spirituelle au contact du matériau réfractaire de la réalité, est une idée nécessaire, qui, même pour peu de temps, dans quelques États favorisés par le sort, s'est vue plus souvent réalisée dans la vie publique des grands hommes qui dominent leur époque. Ceux qui ne voient jamais dans l'État qu'un mécanisme et qui n'ont jamais compris son concept positif, qui est d'être la manifestation la plus englobante des idées dans la réalité, peuvent regarder avec dédain

toute activité professionnelle. Mais si, dans les affaires humaines aussi, les idées seules constituent le principe directeur, organisateur et véritablement créateur, la culture spirituelle, sans préjudice de son universalité, doit être immédiatement une culture pour la vie | et ne doit pas se détacher 523
d'elle, mais éveiller sa force suprême et le principe efficace de son ennoblissement.

Une autre des oppositions mentionnées par l'auteur est qu'à l'un, l'acquisition de connaissances particulières apparaît comme un exercice de l'esprit en soi et, à l'autre, comme le but principal. Or, en aucun cas, il ne saurait être question ici d'une véritable opposition puisque l'esprit et les connaissances se rapportent les uns aux autres comme le font l'âme et le corps; il ne peut s'agir que de ce qui est supérieur et de ce qui est subordonné, de ce qui est un moyen et de ce qui est une fin. Même le philanthropinisme ne saurait être tenu pour si aveugle qu'il aurait attaché moins d'importance à la force par laquelle tout est mû qu'à la masse à mettre en mouvement. En affirmant qu'en réalité, sans un cœur solide et un esprit autonome, la connaissance des langues ne pouvait prémunir des pires préjugés et des incompréhensions les plus grossières la connaissance la plus exacte des événements du monde tirée de tous les livres d'histoire, l'humanisme moderne a plutôt discrédité l'érudition et le savoir étendu en raison de la valeur excessive accordée aux connaissances prises pour elles-mêmes. On précise néanmoins habituellement cette opposition en mettant en regard les unes des autres des idées et des connaissances utilisables pratiquement ou utiles à tous et en opposant l'exercice de la force contemplative qui engendre les idées portant sur les objets spirituels et l'exercice de l'activité matérielle portant sur les choses purement matérielles. N'accusons pas trop durement l'exigence d'utilité! Celui qui peut être utile à l'homme accomplit assurément le but de la nature, pour autant que nous nous accordions sur cette question bien humaine : à quoi bon tant de systèmes planétaires, de voies lactées et de nébuleuses si, au bout du compte, ne se trouve quelque être rationnel pour se réjouir de l'existence (1)? Mais, puisque le genre humain a été créé en vue de l'unité et que l'individu ne peut trouver son véritable intérêt vital que comme membre d'un tout plus ou moins grand, quand il s'agit de ce qui est utile, il faut finalement tout considérer du point de vue de la totalité et n'appeler véritablement utile à tous que ce qui sert non aux individus, aussi nombreux soient-ils, mais à l'État ou au peuple en tant que tel. Bien au contraire, l'époque précédente a appelé utile à tous tout ce qui ne profite qu'à l'individu. Ainsi, pour en | rester à un exemple 524
très voisin, si la découverte de la vaccination sauve en effet la vie d'un grand nombre d'individus et si tel ou tel père ou telle ou telle mère se

trouvent délivrés du chagrin et de la peine, quel en est le profit pour l'État en tant que tel (1) ? Que la population augmente ainsi n'est guère certain tant que l'on ne sait pas si la mort ne s'emparera pas de sa proie par un autre chemin, celui-ci lui étant coupé; qu'il soit absolument souhaitable pour chaque État que sa population s'accroisse, ce n'est encore qu'une platitude moderne : mais, quand bien même l'on accorderait ces deux points, l'État ne consiste pas dans sa population et ne subsiste pas grâce à elle, et, sans mœurs et sans religion, tout peuple vacciné court à sa perte lorsque le peuple non vacciné affirme par leur biais sa liberté et sa totalité. L'État est lui-même une idée spirituelle et seules les idées spirituelles peuvent être dites utiles à tous. Tout le reste n'est que moyen et n'a de valeur que lorsqu'il sert d'instrument aux idées. C'est pourquoi l'on ne peut absolument pas opposer les idées à l'utilité commune et ceux qui le font (comme c'est toujours le cas de la majorité) ne connaissent ni ne comprennent ce que signifie être utile à tous. Mais si, dans cette querelle, il n'était question depuis le début que de l'utilité privée, la question de savoir ce qu'il faut placer plus haut, de l'utilité privée ou des idées, ne mérite pas même qu'on y réponde. Qui s'interroge de la sorte pourrait aussi douter que par exemple un grand législateur, un Solon, un Lycurgue et même un Moïse, pour le dire de façon humaine, aurait été plus salutaire au peuple allemand que tous les inventeurs de four à bois, de métiers à tisser et de betterave à sucre (2). – Dans l'autre opposition, qui met en regard l'usage de la force contemplative sur les objets purement spirituels et l'usage de la force matérielle sur les objets purement matériels, on peut entendre par cette dernière la force matérielle de la *connaissance*, et cette opposition reconduit alors à la première. Il ne fait dès lors aucun doute que la force la plus importante, voire celle qui importe par-dessus tout, est celle qui est à même d'appréhender un tout en tant que tout, autrement dit la force des idées et de la totalité. Mais s'il faut comprendre par force matérielle celle qui *agit* et s'il est vrai que, suivant l'expression de l'auteur, l'homme ne doit pas être simplement éveillé à la raison, mais aussi rendu capable de l'exposer au
525 dehors, dans la réalité effective (3), | nous retrouvons à nouveau, puisque toute aptitude ne peut être que personnelle, l'opposition fondamentale entre culture en vue de la raison et culture en vue de la personnalité. Mais tout ce qui forme l'esprit, tout ce qui véritablement le libère et l'élève, forme et élève aussi la personnalité. Rien ne l'accable plus sûrement que des concepts obscurs et confus ou qu'un excès de connaissances désordonnées ; aussi n'est-il pas rare de voir l'homme peu habitué aux concepts montrer dans l'action davantage de présence d'esprit et de détermination que celui qui, avec toutes ses connaissances, n'est arrivé ni à la clarté ni à l'unité

d'ensemble. C'est pourquoi ceux qui devront un jour donner de la réalité aux idées paraissent n'avoir d'autre choix que de les conduire au plus haut sommet de la culture et à une puissante vue d'ensemble du tout, alliée à une connaissance précise de ce qui est individuel, ou bien de les doter, à la manière des philanthropinistes, d'un petit nombre de concepts aisés à comprendre et parfaitement plats. Car ce qui tient le milieu entre les deux : la culture non encore pleinement développée, la clarté pas encore totalement acquise sur des points qu'ils auraient mieux valu laisser de côté, et qui est précisément ce que dispensent habituellement notre éducation et nos doctrines modernes – cela est entièrement inadapté et néfaste. Seuls les principes et les concepts qui ont atteint une clarté irrésistible pour l'entendement, s'emparent de notre personnalité, cessent d'être des concepts et des principes universels et deviennent nos concepts personnels et individuels : en revanche, sans ce devenir personnel, les principes suprêmes de la raison, les idées les plus sublimes de l'entendement ne sont que de l'airain qui sonne et des cymbales qui tintent (1). Il s'ensuit donc qu'une culture théorique solide et pleinement accomplie – entendue non comme la seule qui existe, mais comme la première et la plus éminente qui soit et comme la base de toutes les autres – est le seul remède qui convienne à notre nation. La foi religieuse, qui depuis lors s'est effondrée, constituait autrefois son lien intérieur; nous ne saurions y faire retour maintenant qu'est ouverte la voie de la libre connaissance; ce n'est qu'une fois pleinement accomplie que l'action entreprise peut donner à nouveau unité, fermeté, certitude et foi (2). C'est pourquoi l'auteur mérite notre estime et notre gratitude, | lui **526**
qui prend si courageusement parti pour la culture purement spirituelle, qui défend l'enseignement religieux pour le peuple (1), lequel n'a d'autre temps pour la culture que celui qu'il passe à l'école, et qui entreprend de détourner l'enfant de cette étude des choses prétendument utiles censée lui permettre d'éprouver par avance le poids et l'ardeur de la vie future, mais qui cherche à conserver à ceux qui se vouent intérieurement à être les futurs représentants et dirigeants de l'humanité, l'autonomie d'une libre culture purement spirituelle.

Nous pensons, avec ce qui précède, avoir mis en évidence l'idée dominante et la tendance fondamentale de cette œuvre, ce qui est la tâche essentielle d'un compte-rendu. Nous pouvons maintenant nous arrêter plus brièvement sur des points litigieux plus spécifiques et nous limiter à en donner pour ainsi dire un simple extrait. Le premier de ces points litigieux concerne les *objets* sur lesquels porte l'enseignement et précisément avant tout le *nombre* de ces objets (2). La nouvelle manière d'enseigner entendait en particulier étendre ce nombre, comme s'il fallait que tout soit autant que

possible connu de tous, alors que c'est précisément là la tâche de tout le genre humain, ou que ce vers quoi seuls quelques élus ont le droit de tendre la main, doive être atteint par chaque individu. « La culture (publique et universelle) peut être comparée au parfum d'un jardin qu'exhale la vie paisible des fleurs les plus différentes et qui revient à chacune d'elle comme un arome plus intense. D'où est donc censée venir la culture si chacun d'entre nous se détourne du calme de la vie qui lui est propre, si nous ne considérons pas dignes de nous l'être et l'agir individuels et si nous regardons la dispersion et la dissolution de notre force dans l'indéterminé et le général comme notre vraie destination ? » (3). Si elle est autre chose qu'un dressage ayant le métier pour fin, si la culture de l'homme est en soi un but immédiat, alors assurément aucune extension importante du nombre des objets d'enseignement n'est en général requise; seule la connaissance des idées, et en particulier des idées religieuses et morales, est absolument nécessaire à tous, et cela également d'un point de vue matériel; pour ceux qui peuvent consacrer davantage de temps à la libre culture, cette extension est bien sûr plus importante; or c'est précisément elle qu'il faut garder dans la plus haute estime; tout ce qui sert des buts purement arbitraires doit être exclu de la vraie pédagogie scolaire, qui, parce qu'elle est ce qu'elle est, s'oppose à tout enseignement spécifique et même à l'enseignement techni-
527 que (4). – Pour ce qui est de la *nature* de ces objets, le | philanthropinisme (mais l'humanisme moderne tout aussi bien) met d'abord en avant des concepts purement négatifs du spirituel. Pour lui, est spirituel ce qui s'oppose à ce qui est spatial et corporel; à l'en croire, l'esprit n'a rien qui lui appartienne, rien qui soit positif : ce qu'il a de meilleur, ce sont des concepts, autrement dit des abstractions de ce qui est corporel. Comment expliquer sinon l'appel à l'intuition (1), de même que, sous le nom de (prétendues) réalités (barbares) (2), on entend seulement des choses corporelles ? L'esprit n'est-il donc pas pour le moins quelque chose de réel et n'a-t-il pas, en dehors du monde des corps, soi-même pour objet ? Ne possède-t-il pas dès lors des concepts de nature purement spirituelle et, au-dessus des deux, encore ce en quoi la nature et l'esprit ont leur racine commune, à savoir l'absolu, dont le concept désigne le domaine suprême des objets spirituels ? Qu'oppose donc à cela le philanthropinisme ? Il veut poser à côté des formes vides d'abstractions internes des intuitions externes mortes et entend corriger une pensée unilatérale au moyen d'une autre. Loin s'en faut qu'il y réussisse ! Il s'agit bien plutôt que, dans chacun des deux domaines, celui des idées et celui des choses, les concepts et les intuitions s'interpénètrent (3); et comme, en ce qui concerne les idées, on peut seulement exposer cette unité avec des mots et des discours, pour autant

notamment que ceux-ci relèvent d'un art, la langue et le discours sont aussi en et pour soi un véritable objet d'enseignement spirituel. Les ennemis des langues ne connaissaient d'autre exposition des objets spirituels qu'une définition scolaire et ignorent tout du phénomène immédiat qui stimule la vie. « La langue est la forme phénoménale de l'esprit, son corps immédiat; en elle, il manifeste à soi-même et aux autres, non seulement soi-même, mais aussi ce qui lui est supérieur et inférieur. Dans le mot, l'idée incorporelle prend corps et se fixe; la chose dénuée d'esprit se spiritualise et s'anime » (4). C'est pourquoi l'enseignement s'attache nécessairement au mot même là où l'on ne peut faire voir la chose, mais aussi là où le mot lui-même et sa forme étant pris pour objets d'enseignement, il se trouve si peu de jargon que l'on peut bien plutôt affirmer que le plus médiocre enseignement des langues stimule toujours davantage l'esprit que ne le fait le simple enseignement pratique (5). Or l'on ne saurait nier que la nature elle-même, en répartissant diversement les talents | et en implantant différem- **528**
ment les goûts, etc., semble avoir établi une distinction entre les individus relativement à ce qui est spirituel et à ce qui est matériel, de sorte que l'un paraîtra plus fait pour les objets du domaine spirituel et l'autre pour les objets du monde matériel. Cette différence dans la vocation intérieure (1), – mais cette différence seule, non la vocation extérieure choisie arbitrairement – peut alors aussi autoriser, voire imposer, une différence dans l'enseignement qui aboutirait à ce que celui qui possède un talent plus spirituel ne soit pas tourmenté avec des objets matériels (comme le veut la complainte des établissements d'enseignement philanthropinistes selon laquelle les élèves les plus doués doivent passer leur temps à compter et palper des pierres, des plantes et autre matière grossière) et que, de même, celui qui possède un talent plus matériel ne soit pas tourmenté avec des choses purement spirituelles (comme c'est peut-être le cas dans les écoles humanistes). Cette division formelle est bien préférable à la tentative plus récente de tout mélanger et de faire de chaque individu un microcosme de toutes les connaissances et de toutes les perfections, ce qui conduirait nécessairement à supprimer toutes les déterminations de l'individualité (les excellentes remarques dont nous avons déjà fait état plus haut concernant l'oppression de toute particularité individuelle se trouvent ici intégrées (2). – L'individualité n'est certes pas la personnalité elle-même, mais plutôt sa base et pour ainsi dire son organe. La possibilité de réaliser l'idéal de la culture en un individu est accomplie lorsqu'on unit à une vision du monde audacieuse (telle qu'on vient à présent de l'obtenir) et à une raison purifiée et plus assurée d'elle-même la formation décidée de ce talent particulier, de cette disposition spirituelle ou matérielle particulière qui

résident dans son individualité. Tout le reste est inutile ou même néfaste). – Mais alors qu'on n'exerce pas l'activité matérielle de manière atomistique et mécanique, comme c'était le cas jusqu'à présent, et qu'on ne croie pas pouvoir *commencer* avec elle comme avec l'étude la plus facile, même dans le cas de ceux qui sont réellement faits pour elle ! Car, ou bien l'étude se voit réellement facilitée, à force donc de superficialité, et n'est plus qu'un simple divertissement (3) ; ou bien elle n'est pas qu'une simple agitation en surface, mais un effort pour pénétrer les profondeurs de la nature (4), et il est alors véritablement plus facile de saisir par l'esprit ce qui appartient à l'esprit et est en soi vivant que ce qui est manifestement mort. Car, « lorsqu'il s'occupe des choses, l'enseignement n'a proprement d'autre
529 objet que les | idées qui s'expriment *en* elles ». Ce n'est qu'une fois l'œil spirituel fortifié par des exercices purement spirituels et une fois que le talent a eu le temps de se manifester que la division peut être établie de telle sorte cependant que l'on ne perde jamais de vue la cohésion des deux domaines et l'unité organique de toute culture. Une telle division est inutile pour ceux qui ne peuvent recevoir que la nécessaire culture de l'humanité (1); cependant, que l'on n'oppose pas cette dernière comme culture populaire à la culture libre en tant que culture savante ! La différence entre les deux est seulement que la première se borne à éveiller les forces essentielles et distinctives de l'homme et que la seconde a en vue l'idéal de l'humanité, c'est-à-dire la formation harmonieuse et totale de toutes les dispositions (2). Il ne doit pas y avoir d'éducation savante. Toute culture professionnelle est dénuée de liberté (3); en cela, l'humanisme, infidèle à ses principes, a fauté : il a substitué à la culture spirituelle illimitée et libre de toute fin la culture, limitée et soumise à une fin, qui a pour but de former des savants. Dans un appendice particulier ajouté à cette section de l'ouvrage, l'auteur dit plus expressément encore quelle valeur élevée il attribue à l'étude des langues et de la philologie classique (4). Les thèses des penseurs modernes sont réfutées avec la profondeur que l'on est en droit d'attendre de la manière de penser décrite et les remarques pertinentes (comme celle de la page 228 sur l'étude des langues anciennes comme succédané des mathématiques) alternent avec des exposés exaltants tel le discours de grande valeur qui se trouve aux pages 222 et suivantes et que nous ne pouvons détailler faute de place.

Si c'est en premier lieu par la forme de leur exposition que les idées deviennent objectives (5), l'éducation doit aussi la prendre en considération. Cette réflexion conduit l'auteur à discuter du caractère exemplaire de l'Antiquité classique pour toutes les branches de notre culture et toutes les sortes d'exposition (6). Nous souhaiterions simplement que disparaisse

l'une des principales preuves dont l'auteur se sert pour démontrer l'importance de l'Antiquité pour l'état actuel du goût et cette infamie qu'est la mauvaise littérature, une preuve qui ne peut cependant | pas valoir pour 530
toutes les époques et qui, par conséquent, n'a sûrement été évoquée par l'auteur que dans le but de se prononcer sur les différentes opinions concernant la littérature. Il y avait pourtant encore beaucoup à dire sur la relation que l'on présuppose entre la littérature classique et la nôtre. À l'évidence, il s'agissait plutôt jusqu'à maintenant d'un rapport négatif et limitant que d'une relation positive et exaltante. Une culture authentique devrait d'abord être plus généralement diffusée pour pouvoir présupposer la véritable perception de l'Antiquité. Est-il donc si répréhensible que la nation ne se satisfasse plus du classicisme vide d'un certain nombre de nos œuvres quand elle cherche à renouer avec sa propre essence originaire, telle que celle-ci s'adresse à elle à partir des œuvres d'une force originairement allemande que seule une ignorance crasse, qui ne connaît des temps antérieurs que ce qui provient du bavardage habituel de nos recueils de littérature, dédaigne avec dégoût et arrogance? – Nous ne pouvons pourtant pas devenir des Grecs (1), nous devons conserver notre couleur nationale, nous devons rester nous-mêmes. Qui ne voit pas que Shakespeare se tient infiniment au-dessus de tous les vulgaires imitateurs de tragédies grecques (2)? Ce que dit l'auteur réchauffe le cœur: il nous reste encore quelque chose d'autre à faire pour la culture du goût national (et certes pas uniquement pour lui), à savoir rendre nationales les œuvres de l'esprit locales (3). Ce qui est excellent doit passer de lèvres en lèvres et se perpétuer de génération en génération (4). – Mais que l'on choisisse à cette fin ce qui est véritablement national, ce qui vient du cœur et de l'esprit de la nation! Car jamais, il faut bien le dire, ce qui est aujourd'hui en butte à ce mépris presque universel dont parle l'auteur (p. 236) n'est passé à l'intérieur de la nation, n'est devenu son cœur et son âme, tandis que ce qui est vraiment national, comme Faust (5) et les œuvres qui lui ressemblent, n'a pas eu le sort d'une littérature *secondaire* (p. 236). Que par exemple le chant des Nibelungen (6), l'œuvre de notre Homère allemand, l'hymne national qu'on lit dans les écoles, se voie assimilé par la jeunesse et que, transformé en sève et en sang, il enthousiasme encore les plus âgés, sans quoi il confortera la postérité à se contenter d'une force factice ou du badinage des poètes de l'époque qu'on a tant glorifiée! Seule, de même, la force originale reconquise en reprenant contact avec l'ancienne souche nationale | nous donnera accès au sens 531
positif pour l'Antiquité (1). Lorsque nous connaîtrons la vraie divinité, nous ne *fraierons* plus (ce n'était en effet pas davantage) avec les dieux étrangers, mais, en devenant plus forts, nous les connaîtrons plus fortement

nous-mêmes, nous n'apprécierons plus les modèles anciens pour leur pure forme de façon à leur emprunter une élégance vide et glacée et former des petits Grecs (des *graeculos*) et non de véritables Grecs, nous ne poursuivrons pas leurs prétendues beautés, mais nous ressentirons la beauté éternelle et indivisible de leurs œuvres et nous nous imprégnerons à leur contact de l'esprit héroïque qui nous est apparenté.

Concernant la méthode d'éducation, il est mentionné les points suivants.

L'allégement recommandé et l'adoucissement de l'apprentissage. – On ne doit aucunement faire dépendre le travail du plaisir (2). L'aptitude au travail est une vertu de la volonté, une seconde nature qui s'acquiert à force d'exercices, etc. (3).

L'universalisation intempestive de l'enseignement, sous prétexte d'habituer aussitôt l'élève à acquérir une vue d'ensemble des objets dans leur liaison réciproque. – S'habituer à se concentrer sur un seul objet est plus difficile et c'est la principale tâche formelle de l'enseignement, car l'esprit n'est que trop diffus. L'accumulation rend timoré quand l'élève ne note aucun véritable progrès dans aucune partie déterminée du processus. Les preuves ordinaires ne valent qu'à l'encontre du mauvais usage qui est fait de la méthode consistant à isoler les objets.

Systématisation intempestive : ce trait semble appartenir presque uniquement au philanthropinisme le plus récent. – Le système est le produit d'une culture fortement intensifiée ; il est désolant de voir, comme c'est presque toujours la règle, que s'en saisissent le premier ceux qui n'ont pas encore franchi les niveaux les plus bas, mais voir cette erreur appliquée à l'enseignement public est plus désolant et erroné encore. L'auteur montre qu'un tel procédé accroît précisément le nombre de ces têtes vides qui masquent l'ignorance la plus crasse derrière des formules incomprises et mécaniquement répétées concernant l'absolu et ce qui s'y rapporte, et qui, par leur nature aberrante, font injure à la science elle-même. – L'universel ne peut être donné ; on ne peut l'enseigner, il se laisse seulement découvrir ; l'enseignant ne peut que pousser à la découverte personnelle et diriger vers elle.

532 Développement | erroné des forces spirituelles, querelle, ce qu'il faut exercer d'abord et, en tout premier lieu, mémoire ou faculté de juger. – Chacune des deux méthodes, choisie exclusivement pour tout le domaine de l'enseignement, serait erronée. Mais éveiller trop tôt les forces assoupies est plus néfaste encore que de retarder celles qui s'éveillent. Ce que l'on appelle exercices de l'entendement consiste en une simple analyse préparatoire tout au long de laquelle l'élève demeure inactif, tandis

qu'il doit lui-même s'aider d'exercices mnémotechniques et découvrir jusqu'aux méthodes. La meilleure façon d'exercer ses forces est de les mettre à l'œuvre sans mener de plus amples réflexions; des exercices particuliers du jugement présupposent que, par ailleurs, l'on ne pratique pas les exercices. Dans la hiérarchie naturelle des activités spirituelles (1), l'analyse ne vient jamais d'abord : ce qui est premier, c'est la conception de l'individu. Une fois que l'on a donné un nom à cette intuition, il s'agit de partir d'elle, autrement dit l'enfant doit apprendre avant de raisonner. Mais, commençons par ce qui est nécessaire, autrement dit par les objets spirituels. L'exercice de l'intuition des objets spirituels consiste justement dans les tout premiers temps à exercer la mémoire (2). Cet exercice du jugement doit lui aussi commencer par les objets spirituels; une profondeur comparable à l'égard des objets de la nature dépasserait la faculté d'appréhension de l'enfant. L'intuition du monde extérieur en tant que considération esthétique doit être liée aux exercices artistiques dont le système moderne revendique à bon droit le retour comme une partie de la libre culture.

La quatrième section de l'ouvrage applique les principes universels aux différentes formes de la pédagogie scolaire. – L'auteur traite ici en quelques mots à peine d'une question importante, appelée par ce qui précède. Si le futur métier extérieur ne fait aucune différence, faut-il que la future relation de l'élève au monde ne soit nulle part prise en considération (3)? En effet, la double nature de l'individu demeure puisqu'il est un tout autonome et indépendant, mais également une partie complétant un tout plus grand, l'univers, l'humanité ou son peuple. « Mais qui donc mesure, demande l'auteur, la relation qui unit l'individu à l'immensité du tout? Qui peut dire : voilà à quoi il est destiné, à l'exclusion de toute autre
chose? Mais si un point aussi précis ne se laisse pas découvrir, | l'on ne **533**
saurait donner ensuite une direction précise à la pédagogie scolaire » (1). On peut néanmoins indiquer un point particulier, celui qui fait que l'individu doit être membre de ce peuple-ci et d'aucun autre. On pourrait s'interroger ici sur le problème d'une éducation nationale; nous aurions volontiers entendu ce que pense l'auteur quant à la recevabilité ou à la concevabilité de la chose. Faut-il par exemple tout faire reposer, comme beaucoup le pensent aujourd'hui en Allemagne, sur l'attachement à la littérature nationale exigé plus haut? – Les principales façons d'enseigner dépendent en premier lieu de la différence des sexes (voir à ce propos l'exposé détaillé consacré à la pédagogie scolaire des femmes (2)) et en second lieu de la multiplicité, déjà définie plus haut, des manières d'être des différents individus d'un même sexe (à cette occasion, les restrictions déjà mentionnées ainsi que des définitions plus précises sont répétées). Mais

parmi ceux qui sont appelés à cette libre culture, ceux qu'il s'agit d'éduquer pour les idées spirituelles incarnent le véritable statut d'*homme de science* (3) au sens le plus élevé et le plus large du terme, puisque même l'ensemble des fonctionnaires d'État en font partie. Avoir appréhendé telle ou telle connaissance ne suffit pas pour acquérir ce statut, mais ce qu'il faut, c'est une vue d'ensemble cohérente du système du savoir (4) et une connaissance universelle de ce qui, en tout temps, est le plus digne de science. L'État qui n'exige pas du statut d'homme de science cette universalité ou bien même qui tourne cette culture exclusivement vers les sciences alimentaires (5) ou purement lucratives, perd tôt ou tard sa place au rang des nations cultivées (6), et cesse d'être un membre actif du royaume des esprits sur cette terre, ce qu'entraîne nécessairement la perte de son indépendance extérieure.

Terminons par une remarque générale. – L'auteur n'entendait pas proposer un idéal appliqué de pédagogie scolaire publique. Cette mise en application se limite à la période uniquement consacrée au développement de l'humanité en tant que telle, à la période de l'enseignement scolaire, dite aussi du lycée. Ce n'est pas non plus un idéal inconditionné ; pour cela il aurait fallu que beaucoup d'autres choses fussent déterminées au préalable. C'est pourquoi beaucoup de remarques peuvent valoir seulement de
534 manière conditionnée. L'auteur ne s'est | penché que sur une époque et une culture bien particulières, mais, pour ce qui les concerne, ce qu'il expose est aussi le vrai, la seule chose qui soit correcte. Nous pensons cependant avoir mieux montré notre considération pour cet ouvrage fort méritoire en en donnant un compte-rendu compréhensif et détaillé que nous n'aurions pu le faire en multipliant les éloges, dont il n'avait d'ailleurs pas besoin. Puisse-t-il avoir partout les conséquences les plus fructueuses ! Puisse-t-il en particulier agir pour le plus grand bien de ce peuple puissant et singulier à la culture duquel, au dire de l'auteur, l'influence sur l'éducation publique contribue significativement ! Puisse ce peuple, qui a heureusement laissé derrière lui toute cette fausse sagesse que le temps a cependant anéanti, maintenant qu'il a depuis longtemps pris la place que lui destinait la nature parmi les peuples allemands (1), jouir des bienfaits d'un système public d'éducation qui lui évite d'avoir à faire à son tour les expériences des autres peuples, système qui n'est pas conçu d'après quelque point de vue limité, ancien ou nouveau, mais selon le canon éternel et universellement valable d'une humanité plus libre et plus belle, s'éloignant tout autant des ténèbres des siècles passés que de la présomption dont ont fait preuve des Lumières à moitié éclairées et d'une nature entièrement barbare, et qui, pour cette raison, nous ramènent en arrière (2).

NOTES ET COMMENTAIRES

Du rapport des arts plastiques avec la nature

p. [291]

(1) Maximilien Joseph Ier (1756-1825), ancien électeur de Bavière, prit officiellement le titre de roi le 1er janvier 1806. Il se rangea dès 1799 aux côtés de la France et maria une de ses filles au beau-fils de Napoléon. Il donna à l'Académie des sciences de Munich une aura comparable à celle de l'Académie de Berlin et de la Société royale de Göttingen.

p. [292]

(1) Il s'agit peut-être d'une allusion aux esthétiques issues de Baumgarten (dont Winckelmann avait suivi les cours à l'université de Halle) et de Kant. Mais Schelling songe probablement aussi à l'un des auditeurs du discours, Jacobi, qui, par son refus de la science de la nature et son spiritualisme, déclenchera bientôt une polémique célèbre. Ses deux romans, l'*Allwill* et le *Woldemar*, relèvent entièrement d'une esthétique de l'âme ou comme dira Hegel de la belle âme. Plus directement enfin, il nous semble que la cible immédiate de Schelling est Fichte, qui écrit dans l'*Initiation à la vie bienheureuse* : « peut-être la pensée de l'artiste aurait-elle pu être exprimée dans la pierre insensible ou dans toute autre matière ; la pierre serait-elle donc devenue belle ? La pierre reste éternellement pierre, et en conséquence n'est pas susceptible du prédicat de la beauté. Mais l'âme de l'artiste était belle, lorsqu'il a conçu son œuvre, et l'âme de tout spectateur intelligent devient belle au moment où il la conçoit après l'artiste. Quant à la pierre, elle demeure toujours ce qui limite l'œil extérieur pendant ce développement intérieur de l'esprit » (trad. fr. M. Bouiller, Arles, Sulliver, 2000, p. 177-178). Selon Fichte, la beauté dépend moins de l'objet que du point de vue de l'observateur. Elle existe non dans le monde mais dans la *belle âme*. La beauté ne consiste en rien d'extérieur mais dans la présence d'une belle âme en l'artiste. *Cf.* par exemple *Sur l'esprit et la lettre dans la philosophie*, dans *Essais philosophiques choisis (1794-1795)*, trad. fr. A. Renaut et L. Ferry, Paris, Vrin, 1984, p. 104.

(2) Dans ses *Moralia* (346f : cf. *Œuvres morales*, t. V, Partie 1, trad. fr. F. Frazier, Paris, Les Belles Lettres, 1990, p. 189), Plutarque attribue à Simonide de Céos (556-467) l'expression « *Poema/ Est pictura loquens, mutum pictura poema* ». On sait que Léonard de Vinci la reprit à son compte et la fit connaître sous une tournure différente : « la peinture est poésie muette, la poésie peinture aveugle » (*Carnets*, trad. fr. L. Servicen, Paris, Gallimard, 1942, chap. XXVIII, p. 226). On la retrouve plus près de nous dans le poème *De arte graphica* du

peintre français Charles-Alphonse Du Fresnoy (1611-1665): « *muta poesis/Dicitur haec, pictura loquens solet illa vocari* » (*De arte graphica*, Paris, C. Barbin, 1667, v. 1-8). Elle figure enfin dans l'avant-propos du *Laocoon* de Lessing : « la brillante antithèse du Voltaire grec, selon laquelle la peinture serait une poésie muette et la poésie une peinture loquace, ne figurait dans aucun manuel. C'était une intuition comme Simonide en eut beaucoup dont la part véridique était si éclairante que l'on crut devoir en oublier celle, imprécise et fausse, qui y était associée ». Schelling la mentionnait déjà dans la *Philosophie de l'art*, SW V, 549 et 564.

p. [293]

(1) M. de Launay et R.-M. Le Goff renvoient aux *Aphorismes pour introduire à une philosophie de la nature*, SW VI, 140 *sq.* : « où que se soit produite, même passagèrement, cette révélation (celle de la divinité du Tout) elle eut pour fruits l'enthousiasme, le rejet des formes finies, la cessation de tout conflit, l'être-uni et un merveilleux accord (souvent interrompu par de longues périodes) joint à la plus grande singularité des esprits, l'alliance universelle des arts et des sciences [...] Sous quelle forme, par ailleurs cet enthousiasme se révèle-t-il : dans l'épanchement lyrique d'une individualité harmonique qui laisse résonner en elle l'unisson de l'univers ; dans l'expansion et la plénitude épique d'une histoire poétique de l'univers : ou enfin dans une limitation strictement plastique ; dans le style encore âpre qui engendre, en science comme en art, le système ; dans celui, tempéré par la grâce, de l'art devenu libre ; ou dans l'accomplissement ultime d'une vitalité dramatique, dans cette sublime certitude de la chose où le sérieux le plus profond et le jeu le plus libre se transfigurent et s'élèvent tour à tour mutuellement ? Voilà qui, par rapport à l'infinité du matériau (pourvu que celui-ci soit pris dans la totalité) et à la philosophie elle-même, est indifférent et ne désigne que des étapes diverses de la formation et de la maturation de l'art ».

(2) *Cf.* SW VIII, 28.

(3) Schelling renvoie au *Kleeblatt hellenistischer Briefe* de Johann Georg Hamann (*Le trèfle de Lettres hellénistiques*, K. Löhrer (hrsg), Frankfurt, Lang Verlag, 1994, II, p. 189), mais le passage se trouve en réalité dans l'*Aesthetica in nuce* (*Werke*, J. Nadler (hrsg), Wuppertal, Brockhaus, 1950, Bd. II, p. 206). Il est dirigé contre la philosophie kantienne. Schelling fera maintes fois l'éloge du mage du Nord (*cf.* ici *Sur l'essence de la science allemande*, SW VIII, 8).

(4) Schelling suggérera plusieurs fois que l'un des rares mérites de Jacobi est d'avoir été le découvreur de Hamann (*cf.* par exemple la *Contribution à l'histoire de la philosophie moderne*, SW X, 171). Il fit en tout cas l'acquisition de la totalité de l'édition Roth de 1821 (*Johann Georg Hamann's Schriften*, Berlin, Reimer. *Cf.* SB 177, p. 43-44). Dans les dernières années de sa vie, Schelling confiera à Jacob Bernays avoir toujours eu l'intention d'écrire quelque chose sur Hamann et l'avoir constamment défendu contre Jacobi, qui ne l'avait jamais vraiment compris. Il aurait eu l'habitude de s'élever contre le jugement selon lequel le Mage du Nord aurait été un chaos de sens et de non-sens et il affirmait dans ses leçons que celui qui parvient à concilier les contradictions de Hamann en une seule pensée, peut se flatter de savoir quelque chose. Il le comparait enfin à un volcan qui par intermittences déverse un peu de lave et ajoutait que c'est dans une lettre à Jacobi que l'on trouve la première occurrence de l'expression Identité de l'objectif et du subjectif (*Schelling im Spiegel seiner Zeitgenossen. Ergänzungsband. Melchior Meyr über Schelling*, *Philosophica varia inedita vel rariora*, Turin, Bottega d'Erasmo, 1981, p. 267 [août 1848]).

p. [294]

(1) Le propos est ici assez général, mais il semble que, lorsque Schelling critique l'imitation en peinture, il ait principalement en ligne de mire la peinture hollandaise et

flamande (*cf.* par exemple ce que dit la *Philosophie de l'art* de certains maîtres hollandais, SW V, 527 : « leur souci a été d'imiter étroitement les détails les plus infimes : ils craignent de déplacer le plus petit cheveu, et cela afin de représenter aux yeux les plus perçants et même à la loupe, si cela avait été possible, ce qui est le plus imperceptible dans la nature, tous les pores de la peau, tous les poils de la barbe »).

p. [295]

(1) Johann Joachim Winckelmann (1717-1768) est considéré comme le fondateur de l'histoire de l'art et de l'archéologie moderne. Cf. *Philosophie de l'art*, SW V, 477. X. Tilliette a remarqué que, dans la *Philosophie de l'art*, Schelling renvoie à l'édition de Fernow de 1808, ce qui suggère que l'influence de Winckelmann a été profonde et se faisait sentir encore après cette date, au moment des ultimes révisions du cours (*Textes esthétiques*, p. XXVII).

p. [296]

(1) Cf. *Winckelmanns sämtliche Werke*, J. Eiselein (hrsg), Donauöschingen, Deutscher Classiker Verlag, 1825, V, 212.

(2) *Steigerung*. Ce mot est sans doute l'un des mots schellingiens par excellence et aussi un de ceux qui reçut le plus grand nombre de traductions (accroissement, renforcement, élévation, élévation à la puissance, progression). Pour notre compte, nous préférons suivre celle de J.-F. Marquet (*Contribution à l'histoire de la philosophie moderne*) et du groupe de traducteurs de la *Philosophie de la révélation*, car c'est la plus commode pour harmoniser les trois occurrences de ce terme dans les textes que nous traduisons (*cf.* plus loin p. 306 et SW VII, 522 et 531).

(3) *Bei aller Bildung von Seiten der letzten*. C. Bénard traduit par « malgré toute la perfection de cette dernière », A. Pernet par « dans toute création du côté de cette dernière », M. de Launay et R.M. Le Goff par « quelle que soit l'élaboration de cette dernière ».

p. [297]

(1) Winckelmann disait effectivement regretter qu'aucun des historiens de l'art de son époque ne cherche à réellement pénétrer l'essence de l'art et à découvrir ce qu'il est intérieurement. L'histoire de l'art devait être pour lui non la simple narration d'événements, mais une recherche de ce que l'art est essentiellement (*cf.* p. IX de la préface de la *Geschichte der Kunst des Altertums*, dans J.J. Winckelmann, *Kleine Schriften. Vorreden. Entwürfe*, W. Rehm (hrsg), Berlin, Walter de Gruyter, 1968, p. 235).

(2) Schelling n'aura de cesse d'exalter la « figure sublime de Lessing » et consacrera d'importantes analyses à l'*Éducation du genre humain* dans les *Recherches philosophiques sur l'essence de la liberté humaine* (SW VII, 412-413). Cf. *L'Éducation du genre humain*, trad. fr. M. De Launay, Paris, Findakly, 1999 et notre article « La Religion de l'esprit. Schelling face à la "figure sublime" de Lessing », dans *Les Lumières et l'idéalisme allemand*, J.C. Bourdin (dir.), Paris, L'Harmattan, 2006, p. 149-167. Sur la question du spinozisme de Lessing, cf. *Lettres à Moses Mendelssohn*, dans P.H. Tavoillot, *Le crépuscule des Lumières. Les documents de la querelle du panthéisme 1780-1789*, Paris, Le Cerf, 1995.

(3) *Cf.* F. Schlegel, *Friedrich Lessings Gedanken und Meinungen*, Leipzig, Junius, 1804 (Schelling possédait un exemplaire de cet ouvrage, *cf.* SB 694, p. 175). Schlegel parle de l'*Éducation du genre humain* comme d'une « œuvre immortelle ». Les présentes citations se trouvent dans le premier tome de l'ouvrage de Schlegel (p. 292 sq; cf. *Kritische Friedrich-Schlegel-Ausgabe*, E. Behler (hrsg), Paderborn, Schöningh Verlag, 1958-1980, Bd. 3, p. 85-94).

(4) À l'opposé, Goethe vit dans ces *Monumenti antichi inediti, spiegati ed illustrati* « une œuvre qui deviendra un legs pour les temps futurs » (*Goethes Werke*, Bd. XII, p. 122). Dans ce livre, Winckelmann aurait eu l'intention « de corriger, de rectifier discrètement les erreurs commises dans l'*Histoire de l'art* ». L'ouvrage parut en 1767 et eut une influence considérable sur toute l'élite intellectuelle européenne.

p. [298]

(1) *Wissenschaft des Altertums*. Le renouveau des études classiques dans les années 1780, sous l'impulsion notamment de Christian Gottlob Heyne à Göttingen, avait abouti à la création par Friedrich August Wolf d'une *Altertumswissenschaft*, à laquelle Schelling se réfère probablement ici.

(2) Cf. *Winckelmanns sämtliche Werke* IV, 60 : « la beauté suprême est en Dieu » et VII, 103.

(3) Le *Laocoon* est paru en 1766. Dans ses *Gedanken über die Nachahmung der griechischen Werke in der Malerei und Bildhauerkunst* (Dresden, Waltherische Hofbuchhandlung, 1756 [Schelling possédait cet ouvrage, *cf.* SB 705, p. 177]), Winckelmann avait fait du Laocoon l'œuvre la plus conforme à l'idéal grec de « la noble simplicité et de la grandeur tranquille » : si le corps manifeste la plus haute intensité de la douleur, sur le visage se lit l'expression d'une parfaite indifférence sereine. Lessing reprend cette interprétation tout en la corrigeant sur un point décisif : si Laocoon ne crie pas, c'est parce que l'art grec s'interdisait toute expression trop violente. La « loi de la beauté » et la matérialité des signes qu'il utilise imposait d'atténuer l'expression des passions.

(4) Cf. *Winckelmanns Briefe an seine Freunde*, K.W. Daßdorf (hrsg), Dresden, Walther, 1780, Bd. II, p. 235. La lettre à Weiße du 28 décembre 1763 corrobore l'idée d'une évolution de Winckelmann. Winckelmann consacra toutefois certaines de ses premières études (1748-1754) à la nature, ainsi qu'en attestent les documents de son *Pariser Nachlaß*.

p. [299]

(1) C'est la seule fois, à notre connaissance, que Schelling emploie cette expression.

(2) *Vorwurf*. Selon X. Tilliette et A. Pernet, il s'agit d'un des mots winckelmanniens par excellence.

(3) Cf. *Kritische Fragmente*, SW VII, 246 : « la nature ne connaît pas par science, mais par son essence, autrement dit de manière magique ».

p. [300]

(1) C'est effectivement ce que Schelling a montré à la fin du *Système de l'idéalisme transcendantal* (SW III, 617-618 : « ce ne peut être que la contradiction entre le conscient et l'inconscient dans l'agir libre qui met en mouvement l'impulsion artistique [...]. Si nous devons chercher dans l'une de ces deux activités – à savoir l'activité consciente – ce que l'on appelle généralement *art*, mais qui n'en est qu'une partie, à savoir ce qui dans l'art est exercé avec conscience, délibération et réflexion, ce qui peut également être enseigné et appris, ce qui peut être obtenu par la tradition et l'exercice personnel, c'est au contraire dans l'inconscient qui entre dans l'art que nous devons chercher ce qui en lui ne peut être appris, ce qui ne peut être acquis par l'exercice ni de quelque autre façon, mais qui ne peut être qu'un don inné dû à une faveur gratuite de la nature et qui constitue ce que nous pouvons, d'un mot, appeler la *poésie* dans l'art »).

p. [301]

(1) « *Dem Wirklichen* ». On trouvait dans la première édition du texte publiée en 1807 chez Ph. Krüll : *der Natur*.

p. [302]

(1) Pour cette expression, cf. *Sur l'essence de la science allemande*, SW VIII, 17.

p. [303]

(1) A. Pernet et X. Tilliette renvoient à ce passage de Goethe dans ses écrits sur Winckelmann (1805) : « Velleius Paterculus remarque avec grand intérêt une ascension et un déclin semblables dans tous les arts. Ce qui l'a particulièrement retenu, en tant que citoyen du monde, c'est l'idée que ces arts ne savent se maintenir qu'un bref moment au sommet qu'ils peuvent atteindre. De son poste d'observation, il ne lui était pas possible de regarder l'art tout entier comme un être vivant (ζῶον) qui, comme tout autre organisme, mais à travers plusieurs individus, doit nécessairement connaître une origine imperceptible, une croissance lente, un brillant moment de perfection et une décroissance progressive » (*Goethes Werke*, Bd. XII, p. 110-111. Schelling possédait un exemplaire du *Winckelmann* de Goethe [SB 650 p. 165]). Quant à nous, nous renverrions plutôt à cet autre passage, quelques pages plus haut : « en dépit de sa toute-puissance, il est impossible à la nature de se maintenir dans la perfection et de garantir au beau qu'elle a créé une durée. À vrai dire, les êtres humains ne sont beaux que pendant un court moment » (*Goethes Werke*, Bd. XII, p. 103).

p. [304]

(1) La distinction du caractéristique et du pathétique avait trouvé sa plus parfaite expression en 1798 quand, dans les *Propylées*, Goethe avait fait paraître son *Laocoon* (cf. *Goethes Werke*, Bd. XII, p. 56-66). Aloys Hirt, Wilhelm Heinse étaient à la fin du XVIIIe siècle les tenants d'un art caractéristique opposé au néo-classicisme dominant : au lieu de mettre en avant la dignité et la sérénité de l'art grec, ils insistaient sur son expressivité et soutenaient que toute forme est par nature individuelle. Hirt plaçait plus haut le Laocoon que l'Apollon du Belvédère pour autant que la vérité importe davantage qu'une image de la beauté idéale. Avec le terme « caractéristique », il entendait signifier que toutes les grandes figures de l'art de l'Antiquité portent la marque de l'individualité, du sexe, de la condition et de l'âge. Goethe corrige Hirt en insistant sur l'importance du travail artistique, à la fois sensible et intellectuel : il faut voir par-delà la vérité de la nature celle de l'œuvre d'art (sur tout cela *cf.* R. Krebs, « Beau idéal et art caractéristique. Le dialogue critique entre Goethe et Aloys Hirt à propos du Laocoon », dans *Médiation et conviction. Mélanges Michel Grunewald*, Paris, L'Harmattan, 2007, p. 313-327).

p. [305]

(1) Cf. *Philosophie de l'art*, SW V, 525 : « l'artiste qui veut la vérité proprement dite doit la chercher à une plus grande profondeur que celle que la nature a indiquée et que la simple surface des choses exhibe. Il doit dévoiler l'intérieur de la nature et ne peut se contenter, surtout en considération de son objet le plus digne, la forme humaine, du phénomène habituel, mais amener à la surface la vérité dissimulée plus au fond. Il lui faut donc pénétrer le rapport le plus profond, le jeu et l'élan des lignes et des muscles qu'il exhibe dans la forme humaine, non pas telle qu'elle apparaît, mais telle qu'elle est selon le projet et l'Idée de la nature, celle-ci n'exprimant aucune forme effective ». *Cf.* Goethe, *Einleitung in die Propyläen* (1798), dans *Goethes Werke*, Bd. XII, p. 43 : « l'homme est l'objet suprême, il est l'objet propre des arts plastiques ».

(2) *Cf.* SW VI, 490 : « Winckelmann compare les vibrations, les élévations et les dépressions des muscles d'un corps humain à ceux d'un paysage magnifique, comme la terre qui regroupe à sa surface toutes les beautés et les offre au regard. La forme humaine est par excellence une image réduite de la terre et du ciel pour autant que la vie et le mouvement, ces

produits des mobiles intérieurs, se concentrent à sa surface et que toute sa superficie constitue un organe sensible ». Cf. *Winckelmanns Werke*, Berlin, Aufbau, 1969, Bd. I, p. 49 : « la grâce dans les figures artistiques ne concerne que la figure humaine ».

(3) On sait que cette idée d'une beauté sublime va directement à l'encontre des distinctions que Kant avait établies dans la *Critique de la faculté de juger*. Ainsi, Schelling avait noté en marge de son exemplaire du *Système de l'idéalisme transcendantal* : « bien qu'il y ait des œuvres d'art sublimes et qu'on oppose habituellement le sublime au beau, il n'y a pas d'opposition véritable, objective, entre le beau et le sublime ; ce qui est vraiment et absolument beau est toujours aussi sublime, et le sublime (s'il l'est véritablement) est également beau » (SW III, 621). Cf. *Philosophie de l'art*, SW V, 468-469 : « l'objet n'est sublime que dans l'art, la nature ne l'étant pas en elle-même [...]. Le sublime, dans son absoluité, comprend le beau, comme le beau, dans son absoluité, comprend le sublime ».

p. [306]

(1) *Cf.* Winckelmann, *Geschichte der Kunst des Altertums*, Cologne, Phaidon, 1934, p. 150 : « de cette unité naît un autre attribut de la beauté supérieure, son indétermination, c'est-à-dire celle dont les formes ne sont décrites ni à l'aide de points ni à l'aide de tracés, exceptés ceux qui, seuls, constituent la beauté ; par conséquent, une figure qui ne serait ni telle ou telle personne en particulier, ni n'exprimerait aucun état du sentiment ou une sensation de la passion, comme ceux qui mènent à la beauté des traits extérieurs et brisent l'unité. Selon cette notion, la beauté doit être semblable à l'eau la plus pure puisée au cœur d'une source, et qui a d'autant moins de goût qu'elle est plus saine, car elle est vierge de tout élément étranger » (cité et traduit par M. de Launay et R.-M. Le Goff).

(2) *Steigerung*. *Cf.* plus haut p. [296]. Schelling reprend ici la périodisation établie par Winckelmann dans sa *Geschichte der Kunst des Altertums*.

p. [307]

(1) Il s'agit encore une fois de Goethe. Schelling se réfère probablement à ces vers du *Faust* (Première partie, « *Wald und Höhle* ») : « Sublime esprit, tu m'as donné tout ce que je demandais. Tu m'as donné pour royaume la magnifique nature ». Dans son édition du *Discours*, L. Sziborsky renvoie à ce passage des *Schriften zur Kunst* : « le caractère entretient avec le beau la même relation que le squelette avec l'homme vivant. Personne ne contestera que la charpente osseuse constitue le fondement de tout être hautement organisé, elle fonde et détermine cet être, mais elle n'est pas la personne même, elle n'en produit pas non plus la manifestation ultime, que nous nommons beauté, c'est-à-dire la substance et la forme d'un tout organisé » (« *Der Sammler und die Seinigen* », dans *Goethes Werke*, Bd. XII, p. 75). Goethe dira à Jacobi tout le plaisir que lui a procuré la lecture du discours (cf. *Schelling im Spiegel seiner Zeitgenossen*, p. 190).

p. [308]

(1) Probable allusion à l'une des œuvres les plus admirées de l'époque, le *Faune* de la collection Barberini, dont le prince héritier projetait l'acquisition. L'œuvre, datant de la période hellénistique, entra quelques mois plus tard dans les collections de la Glyptothèque de Munich. Dans sa *Geschichte der Kunst des Altertums*, Winckelmann écrivait que « les plus belles statues de faunes sont une image d'une belle jeunesse parvenue à sa pleine maturité, dans des proportions parfaites » (p. 157).

(2) Silène est un satyre, père adoptif et précepteur de Dionysos. Il apparaît dans l'art grec autour du Ve siècle comme un vieillard jovial, mais d'une grande laideur. Il est en outre le dieu personnifiant l'Ivresse et est assez proche des divinités mineures faisant partie du cortège de Dionysos, qu'Hérodote fait naître d'Hybris, la Démesure.

(3) Thersite est un personnage de l'*Iliade*, qu'Homère décrit comme le plus laid, le plus menteur et le plus insolent de toute l'armée grecque (II, v. 210sq; *cf.* trad. fr. R. Flacelière, Paris, Gallimard, 1955, p. 115). Schelling se référait déjà à lui dans l'*Allgemeine Übersicht der neuesten philosophischen Literatur* (*cf.* Schelling, *Historisch-Kritische Ausgabe*, I, 4, p. 68). L'exemple de Thersite apparaît dans le *Laocoon* de Lessing au moment où il est question de la laideur en peinture et en poésie (Lessing, *Werke*, H.E. Göpfert (hrsg), München, C. Hanser, 1974, Bd. 6, p. 148-155).

p. [309]

(1) Cf. *Winckelmanns sämtliche Werke*, V, 216 : Winckelmann développe cette analyse à propos de Niobé.

(2) Cet éloge de Raphaël, pour sincère qu'il soit, se comprend mieux quand on sait que le roi de Bavière venait de faire transférer en 1805, de Düsseldorf à Munich, la collection de l'Électeur palatin Johann Wilhelm von der Pfalz, dans laquelle figurait la *Sainte Famille Canigiani*. Sur la galerie de Düsseldorf et son transfert, *cf.* l'article de Schelling de 1805 recueilli dans les *Schellingiana rariora*, p. 280-283.

p. [310]

(1) M. de Launay et R.-M. Le Goff traduisent ainsi : « mais il est impossible que cette unité vivante se manifeste dans l'action et l'activité si les forces, soulevées par une cause quelconque, quittent leur uniformité ».

(2) *Verstümmeln*. Le terme fait écho à un passage important de la fin des *Recherches philosophiques sur l'essence de la liberté humaine* où la réhabilitation des passions s'accompagne d'une évocation d'Origène, ce « chambellan allégorique de l'Église d'Alexandrie qui se châtra pour le royaume des cieux » (SW VII, 400; *cf.* plus loin *Sur l'essence de la science allemande*, SW VIII, 15).

p. [312]

(1) Dans les *Conférences de Stuttgart*, Schelling définira l'âme comme « le divin en l'homme, [...] l'impersonnel, le proprement étant auquel doit être soumis le personnel en tant que non-étant » (SW VII, 471). Le principe « Laisse en toi agir l'âme » est la source de toute vertu, de toute excellence du vouloir. En lui s'accorde les différents systèmes moraux. Quand l'âme se rapporte au réal des puissances subordonnées de l'esprit, donc à la *Sehnsucht* et à la volonté propre, elle donne naissance à l'art.

(2) Cette idée que l'âme ne sait pas, mais est la science même est appelée à être maintes fois reprise, par exemple dans la *Contribution à l'histoire de la philosophie moderne*, SW X, 114.

(3) Cf. *Leçons sur la méthode des études académiques*, SW V, 349 : « les vrais artistes sont calmes, simples, grands et nécessaires à leur manière, comme la nature ».

(4) *Erhebung*. Il s'agit d'un des mots schellingiens par excellence. Il signifie à la fois *élévation* et *soulèvement, insurrection*. Sur la centaine d'occurences de ce terme dans les *Sämmtliche Werke*, *cf.* notamment SW I, 197-198; V, 117; VII, 363 et ici même VIII, 8 (pour le sens d'« élévation ») et SW VII, 365; XII, 193 (pour le sens de « soulèvement », d'« insurrection »).

p. [313]

(1) *Cf.* la célèbre dixième *Lettre sur le dogmatisme et le criticisme* : « on s'est souvent interrogé pour savoir comment la raison grecque avait pu soutenir les contradictions de sa tragédie. Un mortel – destiné par la fatalité à devenir un criminel, luttant même *contre* un tel *fatum*, et pourtant effroyablement puni pour un crime qui était l'œuvre du destin ! Le *fond* de

cette contradiction, ce qui la rendait tolérable, reposait plus loin que là où on le cherchait, dans le conflit de la liberté humaine avec la puissance du monde objectif, dans ce conflit au cours duquel le mortel, si cette puissance est une surpuissance – un *fatum* – doit nécessairement succomber, et cependant parce qu'il ne succombait pas sans combat, être *puni* pour sa perte même. Le fait que le criminel, qui pourtant ne succombait qu'à la surpuissance du destin, fût *puni*, était encore une reconnaissance de la liberté humaine, un *hommage* auquel la liberté avait droit. La tragédie grecque honorait la liberté humaine en faisant *combattre* son héros contre la surpuissance du destin; pour ne pas outrepasser les limites de son art, il lui fallait le laisser *périr*; mais pour réparer cet abaissement que l'art imposait de force à la liberté humaine, elle devait également le faire *expier* – même pour un crime perpétré par le *destin* » (SW I, 336).

p. [314]

(1) Cf. *Philosophie de l'art*, SW V, 619 : « les arts plastiques représentent le suprême contact de la vie avec la mort. Car l'infini est le principe de toute vie et il vit par lui-même ; mais le fini ou la forme est inerte. Mais comme ils forment dans les œuvres plastiques une très grande unité, la vie et la mort se rencontrent en quelque sorte ici au sommet de leur union ».

(2) On sait qu'autour de 1806, dans son écrit contre Fichte puis dans les *Aphorismes pour introduire à la philosophie de la nature*, Schelling avait mis en avant ce thème du lien, d'inspiration manifestement platonicienne.

(3) Schelling se réfère très probablement à la Niobé découverte à Rome en 1583 et qui se trouve aujourd'hui à Florence. Winckelmann, qui la reproduit dans ses *Monumenti antichi inediti*, attribuait cette œuvre à Praxitèle ou à Scopas (cf. *Winckelmanns sämtliche Werke*, V, 211 et *Histoire de l'art chez les Anciens*, trad. fr. M. Huber et H. Jansen, Paris, Masson, 1802, t. II, p. 235-236). Cf. *Philosophie de l'art*, SW V, 625 : « à propos de Niobé, je veux noter qu'elle fait partie, selon l'objet, des œuvres les plus hautes. La sculpture s'y représente en quelque sorte elle-même, et elle est l'archétype de la sculpture, aussi bien peut-être que Prométhée est celui de la tragédie. Toute vie repose sur la liaison d'un infini en soi et d'un fini, et la vie comme telle n'apparaît que dans l'opposition de ces deux. Là où se trouve leur unité suprême ou absolue, la mort se rencontre également, considérée comme relative, mais par là même de nouveau la vie suprême. Comme il n'y a d'œuvres d'art plastiques que pour représenter cette unité suprême, la vie absolue dont elles montrent les copies apparaît déjà en soi, et en comparaison avec le phénomène, comme mort. Mais l'art a énoncé ce mystère même en Niobé, du fait qu'il représente la beauté suprême dans la mort et qu'il permet d'obtenir dans la mort le repos qui n'est propre qu'à la nature divine, mais que la nature *mortelle* ne peut atteindre, comme pour signifier que le passage à la vie suprême de la beauté doit apparaître par rapport à ce qui est mortel comme mort. L'art est donc symbolique ici d'une double manière; il redevient en effet son propre interprète, en sorte que tout ce que l'art veut est ici présent à la vue, énoncé en Niobé ». La Niobé florentine est en quelque sorte une intuition intellectuelle figée.

p. [315]

(1) On sait l'importance de ces références à la tragédie à chaque étape de l'œuvre de Schelling. Dans son testament littéraire, le philosophe dira d'ailleurs lui-même que tout ce qu'il faut garder de la philosophie de l'art, c'est précisément le chapitre sur la tragique (cf. « *Übersicht meines künftigen handschriftlichen Nachlasses* », dans H. Fuhrmans, « *Schellings Verfügung über seinen literarischen Nachlaß* (*Dokumente zur Schellingforschung* IV) », *Kant-Studien*, 1959, n° 51, p. 14-20).

(2) Nous suivons la note de X. Tilliette et A. Pernet : *cf.* SW V, 470 à propos d'Eschyle. L'expression provient d'A. Schlegel. Cf. *La doctrine de l'art. Conférences sur les belles lettres et l'art*, trad. fr. M. Géraud et M. Jimenez, Paris, Klincksieck, 2009, p. 58 : « et même dans les formations paisibles de l'art, par exemple dans la forme colossale d'un Jupiter, d'une Junon, nous voyons le beau intimement mêlé au sublime, de telle façon que l'impression globale produite en devient contemplative, raison pour laquelle Winckelmann admet une grâce élevée et pour laquelle les Anciens louaient même les grâces redoutables d'Eschyle » (en 1802, Schlegel avait fait parvenir à Schelling le manuscrit de ces conférences ; ce dernier possédait en outre les traductions d'Eschyle que Schlegel et Stolberg firent paraître en 1802 [SB 617-618 p. 158]).

p. [318]

(1) *Cf.* Goethe, *Einleitung in die Propyläen*, dans *Goethes Werke*, Bd. XII, 49 : « le mélange des différents arts entre eux est un des signes les plus frappants de la corruption de l'art [...]. Le sculpteur doit penser et sentir différemment du peintre, il doit agir autrement ».

(2) À partir de 1827, une même méthode sera employée à plus grande échelle pour l'histoire de la philosophie et pour l'histoire religieuse.

(3) Raphaël mourut effectivement en 1520 tandis que Michel-Ange travailla à la fresque du *Jugement dernier* de 1535 à 1541. Schelling fait donc se succéder, au mépris de toute chronologie et contrairement à ce qu'il faisait dans la *Philosophie de l'art*, Michel-Ange, Corrège et Raphaël. Sur ce point *cf.* J.-F. Marquet, « Schelling et le destin de l'art », dans *Restitutions*, Paris, Vrin, 2001, p. 80 : « ce changement apparemment insignifiant suffit à révéler l'étrangeté de ce discours par rapport à la philosophie de l'art proprement dite, celle de la période d'Iéna. En effet, malgré l'imposture chronologique, le *Discours* annonce déjà le point de vue qui sera celui des *Weltalter*, celui d'une succession proprement historique, où, pour reprendre l'énigme de Samson chère à Baader, la douceur naît peu à peu du sein même de la force : ici la violence physique de Michel-Ange sert de berceau à Raphaël, peintre de l'âme, par l'intermédiaire du Corrège, peintre de la grâce, c'est-à-dire de ce moment indécis où l'âme s'annonce sans être encore vraiment là. Dans la *Philosophie de l'art*, au contraire, il n'y a pas succession continue, mais, conformément au schéma général de la philosophie de l'identité, coïncidence de l'origine et de la perfection, de la première et de la troisième puissance – la seconde puissance, qui est la puissance de l'opposition, du conflit, donc de l'apparence, ne se développant qu'ensuite en un système propre ».

p. [319]

(1) *Cf.* J.D. Fiorillo, *Geschichte der zeichnenden Künste. Geschichte der Malerey*, Göttingen, J.G. Rosenbusch, 1798, Bd. I, p. 356. Johann Dominico Fiorillo (1748-1821) fit paraître les cinq volumes de sa *Geschichte der zeichnenden Künste* entre 1798 et 1808. Schelling en possédait les trois premiers tomes (SB 651, p. 165 ; cf. *Schelling und Cotta. Briefwechsel*, H. Fuhrmans (hrsg), Stuttgart, Klett-Cotta, 1965, p. 10). C'est la seule fois que notre philosophe se réfère à cette œuvre, mais toute la présente note en provient, hormis les références dédaigneuses à Poussin et à Mengs. En plus de son activité de peintre, Fiorillo enseigna à Göttingen à partir de 1813.

(2) Un tableau de Léonard de Vinci se trouve dans les collections de la Pinacothèque de Munich (la *Madone à l'œillet*). Schelling avait pu admirer à Dresde le *Portrait de François Sforza*.

(3) Les saturnales étaient des fêtes romaines célébrées à la fin du mois de décembre en l'honneur du dieu Saturne. Durant ces fêtes de la liberté, on inversait l'ordre des choses et les esclaves commandaient aux maîtres.

(4) Schelling avait pu étudier six tableaux du Corrège dans la fameuse Galerie de Dresde qu'il avait coutume de visiter avec les Schlegel (la *Madone de saint François*, la *Madone de saint Georges*, *Sainte Madeleine*, *Saint Sébastien*, un *Portrait de médecin* et l'*Adoration des bergers*). C'est sur ce dernier tableau, aussi appelé la *Nuit du Corrège*, que la *Philosophie de l'art* s'appuie pour illustrer l'idée que le clair-obscur est « la partie proprement magique de la peinture » (SW V, 533). Winckelmann appelait le Corrège « le peintre des grâces » (*Winckelmanns sämtliche Werke*, V, 224; cité par X. Tilliette et A. Pernet, dans *Textes esthétiques*, p. 86n) et Schelling le considérait comme « le peintre κατ' ἐξοχήν » (SW V, 538).

p. [320]

(1) Dans le récit d'Apulée, Psyché est victime de la colère d'Aphrodite, mais éveille l'amour d'Eros (*Les métamorphoses*, trad. fr. P. Vallette, Paris, Les Belles Lettres, 1976, t. II, l. IV, 28-l. VI, 24). Raphaël représenta certaines de ses aventures sur les murs de la villa Farnésine de Rome (Goethe en possédait des copies).

(2) Guido Reni (1575-1642) est un peintre de l'école de Bologne, proche de Carrache et de Raphaël. Schelling en fait d'autant plus volontiers l'éloge que son *Assomption* a été acquise en 1806 par la Pinacothèque de Munich.

(3) Schlegel était beaucoup plus sévère à l'égard de ce tableau, auquel il reprochait son manque de vigueur et sa complaisance dans la représentation d'un idéal vide et froid. Il voyait là la marque d'un talent égaré et d'une aspiration artistique mal comprise (*Description de tableaux*, trad. fr. B. Savoy, Paris, École nationale supérieure des Beaux-arts, 2001, p. 218).

p. [321]

(1) A. Pernet et X. Tilliette renvoient à l'opuscule de Winckelmann *Dresdner Galerie* (*Fragment einer Beschreibung der vorzüglichsten Gemälde der Dresdner Galerie*, 1753), où l'on trouve la formule employée ici : « *was die Welschen Morbidezza nennen* ».

(2) Il s'agit, selon toute vraisemblance de la *Madone Sixtine* dont s'enorgueillit la *Gemäldegalerie* de Dresde (avec cette nuance que Saint Sixte était archevêque et ne devint jamais pape).

(3) Guido Reni disait lui-même volontiers que ses deux modèles de prédilection étaient la Venus du jardin Médicis et la Niobé. On trouve d'ailleurs dans la plupart de ses tableaux une Niobé ou l'un de ses enfants. Cf. *Philosophie de l'art*, SW V, 484, 558, 625, 631 et cf. *Kunstgeschichtliche Anmerkungen zu Johann Martin Wagners Berichte über die Aeginetischen Bildwerke*, SW IX, 149. Mais surtout *cf.* SW V, 611 pour la référence à Winckelmann et à sa théorie de l'Idée que Schelling reprend et élargit dans le présent texte : « la majesté et la grandeur des formes doit apparaître comme dureté par rapport aux contours ondulants du style gracieux, tout comme, dans la peinture, Raphaël lui-même peut apparaître dur en face du Corrège et de Guido Reni. Selon Winckelmann, un monument de haut style est surtout le groupe de Niobé, non pas tant à cause d'une apparence de dureté qu'en vertu du concept en quelque sorte incréé de beauté et de haute simplicité qui s'y trouve dominer. Je cite les termes de Winckelmann pour prouver à quel degré ce plus savant de tous les connaisseurs a reconnu ce qu'il y a de plus haut dans l'art. Cette beauté, dit-il, est comme une Idée accueillie sans l'aide des sens, qui serait engendrée dans une haute intelligence et dans une imagination heureuse, si elle pouvait s'élever par la contemplation jusqu'auprès de la beauté divine, dans une si grande unité de formes et de contours qu'elle semblerait formée sans peine, mais éveillée comme une pensée et créée d'un seul souffle » (*Winckelmanns sämtliche Werke*, V, 212 ; cf. *Histoire de l'art de l'Antiquité*, t. II, p. 241-242).

p. [322]

(1) X. Tilliette et A. Pernet ont montré que la cible de cette attaque est Heinrich Luden (1780-1847) et la recension de l'*Esthétique* de Bouterwek qu'il fit paraître dans la *Jenaische allgemeine Literatur-Zeitung* de Cotta (16-17 janvier 1807). Cf. *Schelling und Cotta*, p. 26-27 et H. Luden, *Grundzüge ästhetischer Vorlesungen*, Göttingen, J.F. Dankwarts, 1808).

p. [323]

(1) En français dans le texte.

(2) Luden avait écrit : « or dans la nature n'apparaît rien que de l'individuel ; l'individu ne peut être beau parce que le divin, qui pourtant devrait apparaître dans la permanence et la durée, doit apparaître immédiatement dans le terrestre où nous trouvons la beauté. Par là il est clair que dans la nature rien ne peut être beau ».

(3) *Cf.* l'épître de Jacques 1, 23 : « car si quelqu'un écoute la Parole sans la mettre en pratique, celui-là ressemble à un homme qui regarde dans un miroir le visage que lui a donné la nature ; il se regarde et s'en va, et aussitôt il oublie comme il était ».

p. [324]

(1) En 1805, le prince Louis avait fait don d'une *Cène* de Giotto à la Pinacothèque de Munich (deux pendants lui seront ajoutés en 1813). Sur Giotto et son rapport aux antiques, cf. *Kunstgeschichtliche Anmerkungen zu Johann Martin Wagners Berichte über die Äginetischen Bildwerke*, SW IX, 149.

p. [325]

(1) Annibal (1560-1609), Agostino (1557-1602) et Ludivico (1555-1619) Carracci furent des peintres bolognais antimaniéristes. Leur goût pour le naturalisme et leur référence constante à Michel-Ange, Raphaël et Titien en firent les fondateurs du classicisme.

(2) Raphaël Mengs (1728-1779) fut le peintre et le critique d'art le plus représentatif du néo-classicisme. On considère que Winckelmann fut son seul disciple. Sur leurs rapports, *Cf.* Goethe, *Winckelmann*, dans *Goethes Werke*, Bd. XII, p. 109-113. La leçon de la philosophie de l'art sur Corrège s'appuie essentiellement sur les analyses de Mengs. Sur Poussin, *cf.* SW V, 551.

p. [326]

(1) *Begeisterung*. Cf. *Système de l'idéalisme transcendantal*, SW III, 617 : « l'artiste est poussé à la production involontairement et même avec une résistance intérieure (d'où, chez les anciens, les expressions : *pati Deum*, etc. ; de là, généralement la représentation de l'enthousiasme sous la forme d'une inspiration venant du dehors) ». Cf. *Philosophie de l'art*, SW V, 637 sur le cas particulier de la poésie.

(2) L'*Oraison funèbr*e, le plus connu des deux discours de Périclès que nous a rapportés Thucydide, contient un éloge de la démocratie et un hommage patriotique d'Athènes intitulé *L'école de la Grèce* (cf. *Histoire de la guerre du Péloponnèse*, trad. fr. R. Weil, Paris, Les Belles Lettres, 1967, t. II, XXXIV).

p. [328]

(1) Cf. *Philosophie de l'art*, SW V, 360. Schlegel, qui appelait Dürer « le Shakespeare, ou si l'on préfère, le Jakob Boehme de la peinture », remarquait que, « de même que l'on reconnaît immédiatement, dans la plupart des personnages de Raphaël ou de Léonard de Vinci, qu'il s'agit d'Italiens, on voit que Dürer n'a peint que des Allemands [et] qu'il va de soi que la peinture, dont le caractère est nécessairement individuel, ne peut être que nationale » (*cf.* respectivement *Descriptions de tableaux*, p. 117 et 124). Schlegel ajoutait : « si nos

peintres pouvaient seulement se souvenir du judicieux principe qui guidait le vieux Dürer, s'ils pouvaient le méditer et se l'approprier : "je ne veux peindre ni à l'antique ni à l'italienne, je veux peindre à l'allemande" » (p. 206).

(2) Dans leur traduction, M. de Launay et R.-M. Le Goff renvoient à ce passage de Winckelmann : « car Holbein et Dürer, les pères de l'art allemand, ont témoigné d'un talent surprenant en ce domaine (la faculté artistique), et si, tout comme Raphaël, le Corrège et le Titien, ils avaient pu apprendre à partir des œuvres des Anciens, ils seraient devenus aussi grand qu'eux et les auraient peut être même surpassés » (*Geschichte der Kunst des Altertums*, p. 44). La Pinacothèque de Munich compte dans ses collections deux œuvres de Dürer (*Les Quatre Apôtres* et l'*Autoportrait à l'hermine*). Celui-ci était un authentique bavarois, né à Nuremberg.

(3) Il s'agit d'une référence à Kepler, que Schelling présente maintes fois comme une des incarnations du génie allemand (*cf.* plus loin *Sur l'essence de la science allemande*, SW VIII, 7). Sur le sens de cet éloge, *cf.* Hegel, *Les orbites des planètes*, trad. fr. F. de Gandt, Paris, Vrin, 1979, p. 130 (« le génie heureux de notre grand compatriote Kepler ») et Schelling, *Fernere Darstellungen*, SW IV, 333-510 ; SW VIII, 57 ; SW X, 495. Comme Schelling, Kepler (1571-1630) est né près de Leonberg. Schelling possédait dans sa bibliothèque des exemplaires du *Mysterium Cosmographicum* (SB 215, p. 52), de l'*Harmonices Mundi* (§ 219) et de l'*Epitome Astronomiae Copernicanae* (§ 541).

p. [329]

(1) Après que Napoléon eut prononcé la dissolution du Saint Empire germanique, la Bavière vit sa surface presque doubler. Elle acquit en 1802-1803 des villes comme Bamberg et Nuremberg et, en 1806, elle annexa le Tyrol, Salzbourg et les provinces autrichiennes de Vorarlberg et d'Innviertel.

(2) Il s'agit du futur Louis Ier de Bavière (1786-1868), l'un des bienfaiteurs de Schelling, à qui il confiera la formation philosophique du futur Maximilien II (1811-1864). Grand amateur d'art et admirateur de Goethe, il acquit les collections du palais Bevilacqua de Vérone et les sculptures du temple d'Aphaïa à Égine. Pour abriter ces œuvres, il fit construire à Munich la Glyptothèque et la *Neue Pinakothek*. En 1825, l'année même de son accession au trône, il dota Munich d'une université (Schelling y fut aussitôt appelé).

Sur l'essence de la science allemande

p. [3]

(1) Le dernier Schelling dira encore que « l'histoire de la philosophie allemande est depuis toujours inextricablement liée à celle du peuple allemand [...]. Le salut des Allemands est dans la science » (*Erste Vorlesung in Berlin*, SW XIV, 366).

p. [4]

(1) Bien plus tard, en 1849, Schelling dira que c'est le caractère encore incomplet de son organisation politique qui a permis à l'Allemagne de demeurer une force plastique et de ne pas devenir un peuple « au sens strict et exclusif des Français » (lettre à Waitz du 12 février 1849, dans *Aus Schellings Leben. In Briefen*, Bd. III, p. 215).

(2) On sait qu'il s'agit aussi d'un des thèmes récurrrents des *Discours à la nation allemande* de Fichte. *Cf.* par exemple le troisième discours : le peuple allemand a pour vocation de donner le jour à une science qui supprime les sentiments obscurs et confus et d'instaurer le règne de la clarté et de la connaissance (FW VII, 306. *Cf.* trad. fr. S. Jankélévitch, Paris,

Aubier, 1981, p. 102). Le sérieux allemand doit se parachever dans une « philosophie de la clarté » (FW VII, 375. *Cf.* p. 164).

(3) Cette analyse sera reprise mot à mot dans l'essai des *Contributions à l'histoire de la philosophie moderne* intitulé *sur l'opposition des nations en matière de philosophie* : « si les Allemands témoignent à l'égard de la philosophie d'un intérêt constant et toujours en éveil, ce serait à cause de la division des croyances et de la coexistence, en Allemagne, de confessions religieuses également reconnues. Jetons d'ailleurs un coup d'œil sur l'évolution de la philosophie en Allemagne : ce sérieux véritablement religieux, cet enthousiasme même qu'on a parfois appliqué, en Allemagne, à l'exercice de la philosophie, comment ne pas y reconnaître un besoin de compenser, pour ainsi dire, cet acte d'émancipation auquel, comme on sait, tous les peuples allemands ont plus ou moins pris part – et cela en rétablissant intérieurement, dans le domaine de la science, l'unité extérieure perdue ? » (SW X, 193). *Cf.* encore la leçon inaugurale de Berlin (SW XIV, 366). Pour le dernier Schelling, le but de la Réforme n'a pas été de détruire l'unité du monde chrétien, mais seulement de « ménager la transition de l'unité aveugle et simplement réale à l'unité conçue, comprise et donc libre » (SW XIV, 322).

(4) Il s'agit d'un motif récurrent dans la pensée schellingienne (*cf.* par exemple *Die Weltalter. Fragmente, In den Urfassungen von 1811 und 1813*, M. Schröter (hrsg), München, C.H. Beck, 1946, p. 11 : « l'homme qui n'est pas capable de s'opposer à son passé n'en a pas, ou bien plutôt il n'en sort jamais mais vit constamment en lui »). Ici, la pointe est probablement dirigée contre ces hérauts du retour au passé (et en particulier au catholicisme) que furent Friedrich Schlegel et Adam Müller. On retrouve par ailleurs l'adage « qui ne veut pas avancer, retombe » en SW IX, 36. Il vient selon toute vraisemblance de Luther : « *qui enim non proficit in via Dei, deficit* » (*Epistola ad Romanos*, dans *Werke. Kritische Gesamtausgabe*, Weimar, 1883 (Graz, Böhlau, 1964), Bd. LVI, p. 239), mais apparaissait déjà en ouverture de l'essai *Über den Affekt der Bewunderung und der Ehrfurcht* que Baader consacrait en 1804 au théisme de Jacobi : « on pourrait substituer au proverbe *non progedi est regredi*, ne pas progresser, c'est régresser, un second, qui dirait la même chose mais seulement en termes plus précis : *ne pas s'élever, c'est sombrer* » (BSW I, p. 27). *Cf.* aussi Goethe, *Winckelmann*, dans *Goethes Werke*, Bd. XII, p. 110 et Fichte, *Discours à la nation allemande*, septième discours, FW VII, 375 (*cf.* trad., p. 164) : « tous ceux qui croient à la liberté et à la spiritualité, ceux qui veulent faire progresser cette spiritualité par la liberté, tous ceux-là, quels que soient leur pays d'origine et leur langue, sont avec nous et pour nous. Et tous ceux qui croient à l'immobilité, à la régression, à la danse en cercle ou qui placent une nature morte au gouvernail du monde, tous ceux-là, quels que soient leur pays d'origine et leur langue, n'ont rien d'allemand, ils nous sont étrangers, et il est à souhaiter qu'ils se séparent de nous totalement ».

(5) *Weltgeist*. *Cf.* SW XII, 526.

p. [5]

(1) Nous comprenons : celui qui fut l'auteur de cette transformation religieuse, à savoir Luther. Schelling parle relativement peu du père de la Réforme si ce n'est pour louer son esprit « âpre et sauvage mais puissant » (*Aus Schellings Leben*, Bd. I, p. 114). La dernière période de l'Identité se caractérisait néanmoins par une certaine proximité avec les thèmes luthériens. En témoigne cette reprise dans le *System der gesamten Philosophie* du motif de la *sola fides* : « il y a une nature divine dans l'âme mais non une moralité que l'individu comme individu peut se donner et dont il puisse être fier [...]. Ce ne sont pas les œuvres bonnes qui rendent bienheureux, mais la foi » (SW VI, 559). Enfin, en 1812, dans l'allégorie qui clôt son fameux pamphlet, Schelling mettra ses mots les plus durs contre Jacobi dans la bouche de Luther (SW VIII, 95 *sq.*).

(2) *Zwischenerscheinung*. Pour l'idée d'un monde nouveau qui s'avance, *cf.* la lettre à Jacobi que nous traduisons ici (p. 439) et *Aus Schellings Leben*, Bd. II, p. 110. *Cf.* aussi Hegel, *Werke*, Berlin, Duncker und Humblot, 1848, Bd. IX, p. 353 (*Leçons sur la philosophie de l'histoire*, trad. fr. J. Gibelin, Paris, Vrin, 1963, p. 265) : « l'esprit germanique est l'esprit du monde nouveau [*der Geist der neuen Welt*] ». *Cf.* de même toute la fin de la *Staatslehre* de Fichte.

p. [6]

(1) Schelling reprendra cette critique de Fichte quelques années plus tard dans son dialogue *Clara* : « l'ancienne métaphysique se déclarait par son nom comme une science qui suivait et donc aussi dans une certaine mesure dépassait la connaissance de la nature, qui en était la connaissance accrue ; elle prenait donc la connaissance par-delà la physique, dont elle se faisait gloire, en un sens vigoureux et ample, seul sens en lequel on puisse satisfaire au désir de connaître. La philosophie moderne a supprimé sa relation immédiate à la nature, ou alors n'a pas su la maintenir, et s'est mise à dédaigner fièrement tout lien avec la physique ; en maintenant ses prétentions à atteindre un monde supérieur, elle n'était plus métaphysique mais hyperphysique. C'est maintenant seulement que s'est montrée sa totale impuissance à réaliser le but proposé. Comme elle voulait se spiritualiser tout entière, elle a premièrement jeté par-dessus bord la matière inévitablement indispensable au processus et n'a conservé dès le début que l'élément spirituel. Mais si l'on spiritualise derechef le spirituel, que peut-il donc en sortir ? Ou bien si nous voulons que tout dans la nature soit spirituel, que nous reste-t-il pour le monde des esprits ? ». Il revient à la *Naturphilosophie* d'avoir fait redescendre la philosophie du ciel sur la terre ou plus exactement de l'avoir arrachée à l'intermonde, à « cet espace vide où elle flottait entre ciel et terre » et où la spéculation l'avait égarée (*Clara ou du lien de la nature au monde des esprits*, SW IX, 3-4, trad. fr. É. Kessler, Paris, L'Herne, 1984, p. 31-32. Pour l'origine de la formule « faire redescendre du ciel sur la terre », *cf.* Cicéron, *Tusculanae Disputationes*, V, 10).

(2) Schelling fait ici directement allusion à Jacobi et énumère les principaux thèmes (le non-savoir, le pressentiment, la foi, la philosophie du sentiment) que celui-ci avait opposés à Fichte au moment de la Querelle de l'athéisme. En 1811, à l'époque des *Âges du monde*, Schelling condamnera à nouveau, dans une lettre à Windischmann, le recours au non-savoir : « on recommence à prêcher au monde la funeste doctrine du non-savoir, avec de pieuses malédictions contre l'impiété de notre panthéisme et athéisme » (cf. *Aus Schellings Leben*, Bd. II, 270). Schelling aura d'ailleurs tendance à assimiler Kant et Jacobi sur ce point : « la prédication d'une croyance opposée à tout savoir [...] existait [...] dans le monde avant les événements de ces dernières dizaines d'années ; et ses annonciateurs avaient assurément la meilleure volonté, ainsi Jacobi, mais aussi Kant qui s'orientait dans ce sens » (SW VIII, 187).

(3) Dans un article de 1803 consacré au traducteur de Kant, Charles de Villers, Schelling donne à la philosophie contemporaine la tâche de dégager le positif du négatif dans la doctrine kantienne (SW V, 190). L'année suivante, notre philosophe rédige un article commémorant la mort de Kant, où il assure que le maître de Königsberg aurait conçu sa Critique comme une « transition nécessaire » de la spéculation « aux champs fructueux de l'expérience » et qu'il fut donc philosophe malgré lui. La philosophie moderne lui est redevable de tout ce qu'elle a de meilleur mais, étant donné « la naïveté qui transparaît dans toutes ses œuvres », il n'en est qu'indirectement responsable. Son œuvre est pour la modernité une « préparation négative » : elle ne peut être davantage puisqu'elle s'est voulue « simplement critique » (*Immanuel Kant*, SW VI, 3 et 6, *cf.* trad. fr. P. David, *Philosophie*, 1989, n° 22).

p. [7]

(1) Le texte original donne : « eine aus dem Subjekt auf sie übertragene Form und Außenseite ».

(2) *Selbstigkeit*. C'est la seule occurrence de ce terme dans toutes les *Sämmtliche Werke*.

(3) *Vorbildlichkeit*. C'est là aussi la seule occurrence de ce terme dans les œuvres de Schelling.

p. [8]

(1) Jacobi rendait déjà hommage à Kepler dans son discours académique (cf. *Werke* VI, 17) et Schelling dans le sien (*cf.* SW VII, 328). L'image finale est bien sûr de Leibniz (*Monadologie*, § 67). Elle apparaissait déjà dans le *System der gesammten Philosophie* (SW VI, 396).

(2) Jakob Boehme, théosophe allemand (1575-1624). Il semble que l'influence de Boehme sur Schelling ne soit devenue déterminante qu'à partir du *System* de Würzburg et de la *Darlegung des wahren Verhältnisses der Naturphilosophie zur der verbesserte Fichteschen Lehre* (1806). L'influence de Baader à Munich ne doit pas non plus être sous-estimée. Schelling, à ce moment de son parcours, s'accorderait sans doute avec Jacobi pour dire que la *Schwärmerei* est « un ferment sans lequel rien de grand ne peut advenir » (*Kladde*, I, 44, dans *Die « Denkbücher » F.H. Jacobis*, P.P. Schneider (hrsg), Stuttgart, Frommann-Holzboog, 1986, p. 177) car les *Kritische Fragmente* appellent les enthousiastes les « vrais voyants » et les « authentiques empiristes » (cf. *Kritische Fragmente*, SW VII, 246 : « les philosophes, dans leur vision, sont devenus Nature »).

(3) Schelling place donc le *Discours sur les arts plastiques* (SW VII, 299-303) sous le patronage de Hamann. Il répétera plusieurs fois que les thèses du Mage du Nord ne s'opposent pas aux siennes, mais que Jacobi, qui ne les a pas comprises, ne peut se réclamer de lui. Sur Hamann, *cf.* l'Anti-Jacobi (SW VIII, 71) et *Contribution à l'histoire de la philosophie moderne* (SW X, 170-172).

(4) Cette référence inattendue à Lucrèce (et peut-être indirectement à Goethe) apparaissait déjà dans la *Philosophie de l'art* : l'héroïsme moral du philosophe épicurien était placé plus haut que la raison pratique kantienne (SW V, 665-666). Cette référence fait également signe vers la *Profession de foi épicurienne de Heinz Widerpost* (1799). Elle renvoie enfin aussi à la *Critique de la raison pure* et à la distinction établie par Kant entre l'épicurisme et le théisme. La *Dialectique transcendantale* semblait reconnaître une plus grande cohérence à l'antithèse naturaliste qu'à la thèse théiste, car le naturalisme va dans le sens de l'intérêt de la science, à distinguer de l'« intérêt de la raison » : « chacun des deux, en devenant dogmatique, prétend savoir plus qu'il ne sait, mais de telle manière que le premier (l'épicurisme ou naturalisme) encourage et fait avancer le savoir, aux dépens cependant de la pratique, tandis que le second (le platonisme ou théisme) fournit sans doute d'excellents principes pour la pratique mais, par là justement, permet à la raison, en ce qui concerne tous les domaines où nous est accordé seulement un savoir spéculatif (vrai, positif), de s'adonner aux explications idéalistes des phénomènes de la nature et de négliger ainsi la recherche physique » (A465, A472, B500). Jacobi commentera à son tour ce passage dans les *Choses divines* (JWA 3, p. 90).

(5) Il s'agit très probablement d'une allusion à Jacobi, qui confessait à la fin de sa vie être « encore et toujours le même, absolument païen par l'intellect, mais chrétien de tout son cœur » (lettre à Reinhold du 8 octobre 1817, dans *Auserlesener Briefwechsel*, Bd. II, p. 478) et qui confiait : « *moi qui suis absolument païen par l'entendement et chrétien de tout mon cœur, je nage entre deux eaux*, qui ne veulent pas se réunir en moi, de sorte qu'elles me trompent de concert; mais, alors que l'une ne cesse de me soulever, l'autre ne cesse aussi de me faire couler » (lettre à Reinhold du 10 juin 1817, dans *Auserlesener Briefwechsel*, Bd. II, p. 378).

p. [9]

(1) *Cf.* F. Bacon, *Essais de morale et de politique*, trad. fr. A. de La Salle, Paris, L'Arche, 1999, § XVI, *De l'athéisme*, p. 71.

(2) Baader répétera en 1826 que « le problème de notre temps [...] est le problème de la réunion, de la restauration et de la consécration de la science par la religion, et ensemble celui du renforcement de la doctrine religieuse par la science». Il ajoutera qu'il s'agit ainsi de «barrer la route aussi bien au *nihilisme* qu'à l'obscurantisme de notre temps, c'est-à-dire aussi bien au mauvais usage de la science, destructeur de la religion, qu'à la restriction de son emploi, soit par peur, soit par mépris du savoir» (*Über der Freiheit der Intelligenz*, BSW I, 149).

(3) *Nichtigkeit*. Le mot apparaît une nouvelle fois en SW VIII, 17. Le traduire par *négativité* ne nous a paru ni élégant, ni adapté. L'idée que la philosophie a à séjourner auprès de ce qui est corrompu pour en manifester le néant s'accorde assez bien avec la métaphysique du mal que développeront les *Recherches sur la liberté humaine* de 1809: le but de la révélation, auquel l'homme doit prêter son concours actif, est de manifester progressivement la « totale irréalité » du mal (SW VII, 405).

(4) Cf. *Philosophie de la révélation*, SW XIII, 27 : « si l'on pouvait retirer de l'État et de la vie publique tout ce qui s'y trouve de métaphysique, ils s'écrouleraient de la même façon. La vraie métaphysique est l'honneur, est la vertu; la vraie métaphysique n'est pas seulement religion, mais aussi le respect de la loi et l'amour de la patrie ».

p. [10]

(1) *Von allem Dämonischen*. Le mot grec *daimonia* désignait les réalités qui relèvent du divin (*cf.* Xénophon, *Mémorables* I, I, 11-12 et 15, et Platon, *Banquet*, 202e-203a). Dans les *Conférences de Stuttgart*, Schelling donnera à ce terme un autre sens que celui du présent texte : il appellera démonique ce qui est immortel en l'homme et qui relève moins du spirituel que du physique *essencifié* (SW VII, 475-477 : « qu'est-ce qui accompagne l'homme dans le monde des esprits ? Réponse : tout ce que déjà il était ici *lui-même*, tandis que ne reste ici que ce qu'il n'était pas *lui-même*. Donc l'homme ne passe pas simplement dans le monde des esprits avec son esprit au sens étroit du terme, mais aussi avec ce qui, dans son corps de chair, était *lui-même*, ce qui était du spirituel, du démonique) ».

(2) Schelling a manifestement ici en ligne de mire la tradition du droit naturel objectif, telle qu'elle trouve sa formulation définitive chez Pufendorf. En 1796, dans sa *Nouvelle déduction du droit naturel*, le jeune Schelling avait montré que le droit naturel mène inévitablement à son autodestruction (§ 162) car, au regard du droit subjectif, toute contrainte, bien qu'elle soit la conséquence du droit de nature, est inexcusable moralement. Selon toute vraisemblance, Schelling a cette fois ici directement en vue l'État prussien tel que le célèbre Fichte et qu'il désigne lui-même à plusieurs reprises comme «l'État juridique prussien» (*cf.* par exemple *Aus Schellings Leben*, Bd. II, p. 125).

p. [11]

(1) Bien que Christian Wolff fut le principal promoteur des théories du contrat social en Allemagne, une telle idée n'est pas sans rappeler Hobbes. Même si la référence à l'auteur du *Léviathan* n'était guère présente dans la *Nouvelle déduction du droit naturel*, elle apparaissait en filigrane à la fin du chapitre du *Système de l'idéalisme transcendantal* consacré au droit (SW III, 584 *sq.*). Quant à l'idée que l'État n'est pas autre chose que le fruit de l'égoïsme, on la trouve encore sous la plume d'un des plus fameux élèves de Schelling, Kierkegaard : « l'État tient plutôt du mal que du bien; il est un mal nécessaire, en un certain sens un mal utile et convenable, plutôt qu'un bien. L'État est l'égoïsme humain dans ses grandes proportions et

dimensions; il s'en faut de beaucoup que Platon ait raison de demander que, pour devenir attentif aux vertus, on les étudie dans l'État» (*Papirer*, N. Thulstrup (ed.), Copenhague, Gyldendal, 1968-1976, XI 2 A 108).

(2) Sur la séparation funeste de la vie privée et de la vie publique, cf. les *Leçons sur la méthode des études académiques*, SW V, 313. Ce constat d'un resserrement de la vie publique sur les vertus et les intérêts privés est assez unanimement partagé à l'époque. Parmi d'innombrables autres témoignages, on trouve ce rapport secret que Turgot adressa à Louis XVI : « la nation est une société composée de différents ordres mal unis et d'un peuple dont les membres n'ont entre eux que très peu de liens, et où, par conséquent, personne n'est occupé que de son intérêt particulier. Nulle part il n'y a d'intérêt commun visible. Les villages, les villes n'ont pas plus de rapports mutuels que les arrondissements auxquels ils sont attribués. Ils ne peuvent même s'entendre entre eux pour mener les travaux publics qui leur sont nécessaires. Dans cette guerre perpétuelle de prétentions et d'entreprises, Votre Majesté est obligée de tout décider par elle-même ou par ses mandataires. On attend vos ordres spéciaux pour contribuer au bien public, pour respecter les droits d'autrui, quelquefois pour exercer les siens propres ».

(3) Cette analyse est un thème récurrent dans l'œuvre de Schelling depuis au moins le *Plus ancien programme* et apparaît de manière assez constante dans tout l'idéalisme allemand. Dans le *Traité théologico-politique*, Spinoza notait déjà que le but de l'État n'est pas « de transformer les hommes d'êtres rationnels en bêtes ou en automates » (*Traité théologico-politique*, trad. fr. J. Lagrée et P.-F. Moreau, Paris, PUF, 1999, chap. XX, p. 637 : « *homines ex rationalibus bestias, vel automata facere* »). On lit par ailleurs dans les notes de Georgii que M. Vetö a publiées : « rien ne montre davantage que l'homme en tant qu'esprit a chuté au rang d'être naturel que la construction de l'État » (*Stuttgarter Privatvorlesungen*, p. 173).

p. [12]

(1) Cette idée rend à n'en pas douter un son hamannien. On sait que dans ses conférences de 1806 sur les *Caractères de l'époque actuelle*, Fichte imaginait l'avènement d'un « État absolu » qui, en faisant régner l'amour du bien, rendrait toute grandeur individuelle superflue : « aussi faut-il toujours admettre, que, par l'achèvement de tous les rapports au sein de l'espèce humaine, par l'achèvement en particulier de l'État incluant tous les autres rapports, soit supprimé tout sacrifice volontaire, tout héroïsme, tout renoncement à soi, bref, tout ce que nous avons coutume d'admirer en l'homme; seul subsiste l'*amour* du bien, ce qui seul est impérissable » (trad. fr. I. Radrizzani, Paris, Vrin, 1990, p. 178). En politique, le caractère de l'époque actuelle est précisément l'aspiration de l'État à faire de l'individu son instrument.

(2) Cf. *Leçons sur la méthode des études académiques*, SW V, 260 : « lorsque les rois eux-mêmes sont honteux d'être rois, et ne veulent être que les premiers des citoyens, alors la philosophie ne peut elle aussi que commencer à se transformer en une morale bourgeoise et descendre de ses régions élevées vers la vie ordinaire ». Cette idée provient peut-être de Novalis, pour qui le monarque devait être le représentant du génie de l'humanité, l'âme de l'État et non le premier des bourgeois : « rien n'est plus faux que d'appeler le roi le premier des fonctionnaires » (*Amour et foi*, p. 333). C'est ainsi que Frédéric II se définissait lui-même.

(3) On trouve une idée assez semblable chez Baader : avec la centralisation napoléonienne, on assiste à l'émergence d'un véritable panthéisme d'État. Comme la substance spinoziste, mais aussi comme Saturne et Moloch, l'État devient tout, s'assimile tout et rend tout *fiskalisch* (BSW VI, 39).

(4) Dans l'idéalisme allemand, l'exaltation de la guerre est plutôt monnaie courante. On en trouve déjà trace dans le § 28 de la *Critique de la faculté de juger*, où Kant loue sa « sublimité » par rapport à la paix, qui entraîne le plus souvent « la domination de l'esprit mercantile, de l'égoïsme [...], de la lâcheté et de la mollesse » (*cf.* aussi les *Conjectures sur*

l'origine de l'histoire, dans I. Kant, *Werke. Akademie-Textausgabe*, Berlin, W. de Gruyter, 1902 (1968), Bd. VIII, p. 120 et D. Losurdo, « Hegel "belliciste" et Kant "pacifiste" », dans *Hegel et la catastrophe allemande*, trad. fr. C. Alunni, Paris, Albin Michel, 1994, p. 53 *sq.*). Elle réapparaît jusque chez des penseurs profondément libéraux, tels Jacobi, qui regarde l'État comme un simple mécanisme extérieur, une forme de « concaténation (*Verkettung*) nécessaire », et qui ajoute que « la guerre fait nécessairement partie de l'existence » (respectivement *Werke* II, 316 et VI, 231.), ou W. von Humboldt, qui illustre « les limites de l'action de l'État » en définissant la guerre comme « l'un des phénomènes les plus salutaires pour le développement du genre humain », en tant précisément qu'elle n'est pas une prérogative de l'État (*Essai sur les limites de l'action de l'État*, trad. fr. H. Chrétien, Paris, Les Belles Lettres, 2004, p. 63. D. Losurdo a montré à ce propos l'influence sur Jacobi de l'essai de Ferguson *Essai sur l'histoire de la société civile*, cf. *Hegel et la catastrophe allemande*, p. 68 et 197).

p. [13]

(1) Selon le *System der gesammten Philosophie*, l'État véritable enferme en lui quelque chose de sacré puisque « l'Église ne lui est pas extérieure, mais est en lui. Elle ne serait quelque chose d'extérieur que dans un État qui se réduirait à des buts et des institutions simplement mondains. Mais une telle chose n'est plus un État » (SW VI, 576). Dans l'État parfait, la religion deviendrait entièrement ésotérique et n'existerait plus que sous la forme des Mystères.

(2) Schelling disait déjà dans les *Leçons sur la méthode des études académiques* que « l'antique caractère national » ne peut se révéler qu'à travers une philosophie ou une religion dominantes (SW V, 260).

(3) Sur l'idée d'une échelle des êtres, *cf.* A.O. Lovejoy, *The great chain of being. A Study of the History of an Idea*, Harvard, Harvard University Press, 1950. Sur l'idée que l'homme est capable des extrêmes, cf. *Recherches sur l'essence de la liberté humaine*, SW VII, 363 : « en lui sont l'abîme le plus profond et le ciel le plus sublime, ou les deux centres ».

(4) L'idée que l'Allemagne est la racine de toutes les autres nations n'est guère fréquente à l'époque. On la trouve néanmoins déjà chez Jung-Stilling : « l'Allemagne, tant par la population que pour les connaissances solides, est la mère du reste de l'Europe, si j'en excepte la Russie, la Pologne, la Hongrie et la Bohème. Même l'Italie est une colonie allemande. Toute découverte d'universelle étendue, en religion, en philosophie et dans les autres arts et sciences, est d'origine allemande et le caractère national allemand est aussi, parmi tous les peuples européens, le mieux fait pour tout ce qui coopère à la destinée des hommes » (*Sämmtliche Werke*, J.N. Grollmann (hrsg), Stuttgart, J. Scheble's Buchhandlung, 1841, Bd. III, p. 836). Schleiermacher parle dans le même sens de l'Allemagne comme du centre (*Kern*) de l'Europe (*Aus Schleiermacher's Leben. In Briefen*, Bd. II, p. 77).

(5) Nous comprenons qu'il ne s'agit plus cette fois du peuple allemand mais, selon toute vraisemblance du peuple français. C'est, semble-t-il, ce que suggère les allusions à la « crise aussi rapide que terrible » qu'a été la Révolution de 1789 et à l'occupation de l'Allemagne par les troupes impériales.

p. [14]

(1) *Die ursprüngliche Richtung ihres Sinns.*

(2) Ces mots renvoient manifestement à la première phrase de l'appendice de J. von Müller : « pour autant que nos pères, depuis Moïse et Hérodote, ont lu ou écrit de l'histoire, celle-ci semblait leur remettre en mémoire les événements passés afin d'expliquer l'état actuel des choses et la totalité des institutions en partant de l'esprit de son origine. Elle leur fournissait ainsi des exemples instructifs pour tous les arts de la guerre et de la paix dont un

État a besoin pour s'affirmer ou s'améliorer» (*Briefe und Dokumente*, Bd. III, p. 356). À la fin de sa vie, Schelling oubliera ses désaccords actuels avec Müller et opposera son sens historique au manque d'esprit des érudits qui s'arrêtent aux détails. Cf. *Contribution à l'histoire de la philosophie moderne*, SW X, 122 : « Johannes von Müller fut une grande exception dans ce genre. À son époque, toutes les classes de la société travaillaient plus ou moins à leur ruine ; les savants, dans leur majorité, semblaient en particulier rivaliser d'efforts, surtout dans les matières positives, pour rendre leur science méprisable, en excluant de leurs explications tout esprit supérieur; mais, quant à lui, son respect inné pour l'histoire l'empêcha de faire chorus. On lui reconnut tout au plus de l'érudition, mais il était réservé à une époque plus tardive d'honorer son esprit ».

(3) Les *Aphorismes* appelaient *idée* « l'éclair illuminant l'être-rien de la chose pour soi, qui rend celle-ci visible et apparaissante » (SW VII, 165). Elle était conçue non comme un simple concept, mais comme une unité vivante et existante.

p. [15]

(1) Le brouillon de la lettre à Jacobi que nous traduisons en appendice nous apprend à qui Schelling songe dans ce passage. Il y désigne en effet Voltaire, Helvétius et Diderot comme de vrais « héros de l'entendement » (p. 438). Mais il peut être également ici question de Hegel.

(2) Il s'agit d'une allusion à Lavater (1741-1801), qui donnait le nom de suprarationalisme à sa doctrine. Schelling y fait encore allusion dans la *Contribution à l'histoire de la philosophie moderne*, SW X, 169. Lavater se voulait le promoteur d'un christianisme appuyé uniquement sur des fondements historiques et sur l'adhésion à une foi miraculeuse. Il est à noter qu'en 1827, après avoir réaménagé considérablement sa doctrine, Schelling dira, dans le *System der Weltalter*, avoir pour tâche d'édifier un « suprarationalisme philosophique » qui « a en soi la raison et ce qui se trouve au-dessus de la raison » (*System der Weltalter. Münchener Vorlesung 1827-28 in einer Nachschrift von E. von Lasaulx*, S. Peetz (hrsg), Francfort, V. Klostermann, 1990, p. 39 et 125).

(3) En rabaissant la nature, on mutile aussi la nature de l'homme : avec cette idée, Schelling s'inscrit dans la filiation de Hamann, dont il se réclamait un peu plus haut. Pour le Mage du Nord, les passions nous sont aussi indispensables que les membres de notre corps (Hamann, *Briefwechsel*, W. Ziesemer und A. Henkel (hrsg), Wiesbaden, Insel Verlag, 1955-1979, Bd. I, 442). En les mutilant, nous nous privons de la sensation, mais aussi de l'entendement (*Sämtliche Werke*, J. Nadler (hrsg), Vienne, Herder, 1949-1957, Bd. II, p. 206) : non seulement la raison, mais les passions elles-mêmes ont été sanctifiées par le baptême. L'énergie où puise la philosophie et qui est aussi la source de la spontanéité et du génie, est autant psychique que physique : « la passion à elle seule donne des mains, des pieds, des ailes aux abstractions et aux hypothèses; elle dote les images d'esprit, de vie et de langage. Où peut-on trouver des arguments plus vifs ? » (*Werke* II, 208).

(4) Ces lignes annoncent un passage fameux des *Recherches sur l'essence de la liberté humaine* (1809) : « on peut dire en toute rigueur, de manière dialectique, que le bien et le mal sont une seule et même chose, envisagée simplement sous différents aspects, ou encore que le mal est en soi, c'est-à-dire à la racine de son identité, le bien, de même que le bien est, envisagé en sa scission ou sa non identité, le mal. C'est pour cette même raison qu'est tout à fait exacte la formule selon laquelle celui qui n'a point en soi l'étoffe ni l'énergie du mal, est également incapable du bien, ce dont nous avons eu suffisamment d'exemples ces derniers temps. Les passions contre lesquelles part en guerre notre morale négative, sont des forces dont chacune a une racine commune avec la vertu qui lui correspond. L'âme de toute haine est amour, et ce qui se manifeste dans la plus violente colère, ce n'est guère que le calme qui a été troublé et excité en son centre le plus intime. Convenablement mesurées et organiquement équilibrées,

ces passions sont la force de la vertu même, et ses instruments immédiats. “Si les passions sont membres de scandale, demande l’excellent J.G. Hamann, cessent-elles pour autant d’être des armes de virilité ? Comprenez-vous mieux la lettre de la raison que ne comprenait la lettre de l’Écriture ce chambellan allégorique de l’Église d’Alexandrie qui se châtra pour le royaume des cieux ? Des pires bourreaux d’eux-mêmes, le prince de ce siècle fait ses favoris, et ses bouffons (j’entends ceux du diable) sont les plus redoutables ennemis de la belle nature qui, sans doute, a pour curés pansus des Corybantes et des Galles, mais pour véritables fidèles de solides esprits” » (SW VII, 400. Il est fait référence à Origène).

p. [16]

(1) *Cf.* la même image dans les *Recherches* de 1809 : « de même que l’orage est provoqué médiatement par le soleil, mais immédiatement par la terre qui met en œuvre une force contraire, de même l’esprit du mal (dont nous avons déjà expliqué plus haut la nature météorique), est ému par l’approche du bien, non point en vertu d’une communication, mais plutôt d’un partage des forces. C’est pourquoi le mal ne ressort décidément et comme tel qu’avec l’apparition décisive du bien » (SW VII, 379).

(2) Cette dernière précision indique clairement que tout le passage est dirigé contre Jacobi. Pour la dépréciation que celui-ci opère de l’entendement, cf. *Über das Unternehmen der Kriticismus, die Vernunft zu Verstand zu bringen* (1801, JWA 2, 1, p. 261-329). En 1809, Schelling mentionnera l’existence d’« une forme d’enthousiasme (*Begeisterung*) proprement scientifique » qui se manifeste à travers le génie artistique de la dialectique (SW VII, 414).

p. [17]

(1) Allusion à la polémique avec J. von Müller.

(2) En allemand, la formule de Tite Live *Eventus stultorum magister* (C 39, 10) est devenue un proverbe sous la forme *Erfolg ist der Lehrmeister der Dummen*.

(3) *Das Seyenden*. Cf. *Du rapport des arts plastiques avec la nature*, SW VII, 302.

p. [18]

(1) *Cf.* plus haut SW VII, 327. En 1798, Hegel exprimait la même conviction qu’il faut aider à mourir ce qui est révolu : « Général et profond est le sentiment que l’édifice de l’État, tel qu’il existe aujourd’hui est intenable. Générale est la crainte qu’il ne s’écroule et ne blesse tout un chacun dans sa chute. Faut-il, avec cette conviction dans le cœur, que cette peur devienne si puissante qu’on veuille s’en remettre à la chance pour décider de ce qui pourrait être renversé, être conservé, tenir debout ou tomber ? Ne doit-on pas se résoudre à laisser là l’intenable lui-même ? Examiner d’un regard tranquille tout ce qui ressortit à l’intenable ? La justice est dans cette appréciation l’unique étalon ; le courage de pratiquer la justice l’unique puissance qui ait le pouvoir d’éliminer pleinement, dans l’honneur et la gloire, ce qui vacille, et de faire naître un état de choses assuré. Comme ils sont aveugles ceux qui peuvent croire à la survivance des dispositions, des constitutions, des lois qui ne s’accordent plus avec les mœurs, les besoins, les opinions des hommes, et dont l’esprit s’est enfui ; à un reste de puissance, à même d’unir encore un peuple, des formes auxquelles l’entendement et la sensibilité ne prennent plus d’intérêt ! Toutes les tentatives pour redonner confiance, moyennant le côté fanfaron de quelques bousillages, dans les régimes, les parties d’une constitution d’où la foi s’est absentée, pour farder les fossoyeurs avec de belles paroles, ne se bornent plus à couvrir de honte les ingénieux inventeurs : elles préparent une explosion bien plus redoutable, où la vengeance s’allie au besoin d’amélioration et où la foule toujours abusée, toujours opprimée, inflige sa punition à la déloyauté. Quand on a le sentiment que les choses vacillent, ne rien faire d’autre qu’attendre, tranquille et aveugle, que le vieil édifice entamé de partout, attaqué à sa racine, s’écroule, et se laisser écraser par la charpente qui s’effondre, cela s’oppose à toute

prudence tout autant qu'à l'honneur [...]. Il ne convient pas qu'un peuple, il ne convient pas que des Allemands donnent le spectacle d'une telle faiblesse » (*Sur la situation intérieure la plus récente du Wurtemberg*, *cf.* K. Rosenkranz., *Vie de Hegel*, trad. fr. P. Osmo, Paris, Gallimard, 2004, p. 207).

Appendice. Lettre de Schelling à Jacobi du 16 juin 1807

p. [434]

(1) Jacobi fait parvenir à Schelling la première partie de sa conférence sur les sociétés savantes autour du 10 juin 1807. Nous ne disposons pas de la réponse de Schelling, alors que de toute évidence une lettre manque. Jacobi fait suivre la deuxième partie de son discours le 13 juin.

(2) Dans la première partie de son exposé, Jacobi assure que tous les grands hommes d'État depuis Auguste ont favorisé l'essor des sciences, mais que les tyrans l'ont toujours entravé. Il précise à propos de Domitien que « ce dernier souhaitait pouvoir extirper à la racine, avec les sciences et les arts, tout ce qui élève et ennoblit l'âme humaine » (*Über gelehrte Gesellschaften, ihren Geist und Zweck*, dans *Werke* VI, p. 31). Domitien (51-96) fut empereur de 81 à 96. Il persécuta les Chrétiens et fit exiler Epictète et Dion Chrysostome. À sa mort, le Sénat prononça, pour faire disparaître toute trace de lui, sa *damnatio memoriae*.

p. [435]

(1) Dans cette lettre, Schelling dit d'autant plus volontiers son aversion pour la pensée française (qu'il exagère d'ailleurs peut-être à dessein) que Jacobi était considéré comme l'un des principaux adversaires de l'alliance de la France et de la Bavière. Le maréchal Davout aurait dit à Maximilien Joseph : « vous avez un homme dangereux à Munich, le président de l'Académie, Jacobi » (*cf.* M. Dunan, *Napoléon et l'Allemagne*, p. 98).

(2) Jacobi avait repris ces mots de Schelling dans son discours académique (*Werke* VI, 61) avec cette mention en note : *treffliche Worte Schellings*. X. Tilliette parle à ce propos d'un « clin d'œil aimable » de la part de Jacobi (*Schelling. Biographie*, p. 160), mais il est probable que cette référence n'ait fait qu'aviver en Schelling la conviction que le discours était en partie dirigé contre lui.

(3) Cf. *Werke* VI, 57.

p. [436]

(1) Cf. *Werke* VI, 56.

p. [437]

(1) *Cf.* la lettre de Jacobi à Schelling du 13 juin 1807, dans *Briefe und Dokumente*, Bd. III, p. 433.

(2) La période de l'Identité est assurément la période la moins francophile de la carrière de Schelling. *Cf.* par exemple ces lignes très dures des *Leçons sur la méthode des études académiques* : « c'est justement cette nation qui, exceptés quelques rares individus dans le passé (à qui d'ailleurs l'on se gardera d'attribuer aucune influence sur le cours des événements politiques ultérieurs), n'a jamais eu de philosophes à aucune époque, et en particulier durant cette période qui précéda la révolution, c'est cette nation qui a donné l'exemple d'un bouleversement marqué d'atrocités barbares, avec la même fureur criminelle qui l'a fait plus tard revenir à de nouvelles formes d'esclavage. Je ne nie pas que des ratiocineurs de toute tendance, et cela dans toutes les sciences, n'aient usurpé en France le nom de philosophes ; mais il se pourrait bien qu'aucun de ceux à qui chez nous ce titre revient de façon incontestable ne

l'attribuât à un seul d'entre eux. Il n'y a donc pas lieu de s'étonner et, si l'on n'était pas éclairé par ailleurs sur la valeur et la portée de ces mesures, l'on trouverait même louable qu'un gouvernement fort proscrivît chez ce peuple cette abstraction vide en quoi consistait à vrai dire, en grande partie ou même exclusivement, tout ce que les Français ont produit en fait de concepts scientifiques. Avec de creux concepts d'entendement il est certes aussi difficile d'édifier un État qu'une philosophie, et une nation qui n'a pas accès aux idées fait bien d'en rechercher à tout le moins les vestiges parmi les ruines des formes passées » (SW V, 259).

p. [438]

(1) Dans sa conférence *Über gelehrte Gesellschaften, ihren Geist und Zweck* (*Werke* VI, p. 59), Jacobi soutenait qu'un entendement lucide ne saurait être inconciliable avec la raison. La réaction de Baader à la lecture de cette conférence est plus virulente encore que celle de Schelling et porte plus directement sur l'idée principale du texte selon laquelle il ne peut y avoir de mauvais usage de la raison. (cf. *Über die Behauptung, daß kein übler Gebrauch der Vernunft sein könne*, dans *Morgenblatt für gebildete Stände*, Tübingen, Cotta, 1807, n° 197 [*cf.* BSW I, p. 33-38]. Sur les rapports de Schelling et de Baader à cette époque, *cf.* M.E. Zovko, *Natur und Gott, Das wirkungsgeschichtliche Verhältnis Schellings und Baader*, Würzburg, Königshaussen und Neumann, 1996). Cette courte réplique et la réflexion sur le mal qu'elle développe sont des jalons importants sur la voie qui mène Schelling vers les *Recherches sur la liberté humaine*.

(2) Jacobi faisait l'éloge de ces auteurs dans sa dissertation académique (*Werke* VI, p. 57). Il avait déjà mentionné avec faveur les noms d'Helvétius et Diderot dans les *Lettres à Moses Mendelssohn* (JWA 1, 1, p. 132). Sur ses relations personnelles et intellectuelles avec Diderot, *cf.* le très bel article de M. Hobson, « Diderot, Jacobi et le *Spinozastreit* », *Revue d'histoire littéraire de la France*, 2006, vol. 106/2, p. 337-350. Quant à Schelling, il est constamment critique à l'égard des philosophes des Lumières, à la notable exception de Diderot. Un fragment de 1813 assure par exemple que le « procès général de putréfaction » qui affecte la philosophie française le laisse à peu près indemne étant donné son amour sincère de la vérité, qui lui permet de s'assimiler « intérieurement et spirituellement » au caractère allemand (*Schellingiana rariora*, p. 420). Hamann disait déjà de Diderot qu'il est le plus allemand des philosophes français malgré son rationalisme puisqu'il sait que les règles ne sont pas tout et que « quelque chose de plus *immédiat*, *intime*, obscur et certain » est ce qui importe (*cf.* Hamann, *Briefwechsel*, Bd. II, p. 84). Sur Voltaire et son « bon sens », cf. *Philosophie de l'art*, SW V, 440 et Hegel, *Foi et savoir*, trad. fr. A. Philonenko, Paris, Vrin, 1988, p. 195. Sur le matérialisme de Helvétius et Diderot, cf. *Initia philosophiae universae*, H. Fuhrmans (hrsg), Bonn, Bouvier, 1969, p. 9. Rappelons que Voltaire et Helvétius eurent tous deux Frédéric II pour protecteur.

(3) Schelling approfondira encore cette analyse en 1810 dans les *Conférences de Stuttgart*: « l'essence la plus profonde de l'esprit humain (lorsqu'il est considéré dans sa séparation d'avec l'âme et donc d'avec Dieu), c'est la *folie*. La folie, par suite, ne naît point, mais elle vient en avant lorsque s'actualise le proprement non-étant, c'est-à-dire le sans-entendement, lorsque ce non-étant veut être un être, un étant. La base de l'entendement même est donc folie. La folie est donc un élément nécessaire, mais qui ne doit pas venir en avant-plan, qui ne doit pas être actualisé. Ce que nous appelons entendement, s'il est entendement effectif, vivant, actif, n'est proprement rien d'autre que de la folie *réglée* » (SW VII, 470).

(4) Cf. *Sur l'essence de la science allemande*, SW VIII, 16 : « c'est l'entendement seul qui donne aux produits de l'esprit force intérieure et stabilité ; c'est lui seul qui imprime aux actions du courage, de la vertu et de l'enthousiasme, le sceau de la divinité ».

(5) *Cf.* la lettre de Schelling à A.W. Schlegel, du 7 novembre 1807 : « depuis les derniers évènements [la défaite de la Prusse], l'opinion publique en Allemagne a pris une orientation résolument nouvelle. L'expérience, cette éducatrice des fous, a montré la nullité interne de tout ce sur quoi se fondait jusqu'ici la prétention des Lumières (*Einbildung der Aufklärung*), de la grande culture et du mode de vie idéal. Ceux qui restent rivés à ces concepts déplorent le déclin d'une si grande sagesse; les autres commencent à respirer et à se dire que c'était bien peu de choses que cette haute culture du Nord qu'on se plaisait à admirer. Si, comme on ne peut plus guère en douter, nos gouvernements du Sud se détournent peu à peu des concepts empruntés à l'Allemagne du Nord, quelque chose de véritablement vivant pourra enfin apparaître, quelque chose que la plus grande force du peuple rendra durable. Vous voudrez peut-être alors à nouveau vous tourner vers cette patrie dont vous vous êtes tenu éloigné si longtemps. Je m'attends à un grand changement et, après avoir douté quelques temps que quoi que ce soit de bénéfique puisse arriver à l'Allemagne, je vis dans l'espérance que la science et l'art refleurissent enfin à nouveau » (*Briefe und Dokumente*, Bd. I, p. 392).

p. [439]

(1) J.W. Ritter (1776-1810) découvrit les ultra-violets et construisit le premier accumulateur. Il fut aussi célèbre pour ses expériences galvaniques (*Beweis daß ein beständiger Galvanismus den Lebensprozess in dem Tierreich begleitet*, Weimar, *Verlag des Industrie-Comptoirs*, 1798 [Hildesheim, Olms, 2009]) que pour son récit autobiographique, les *Fragmente aus dem Nachlass eines jungen Physikers* (Heidelberg, Mohr und Zimmer, 1810 [Heidelberg, L. Schneider, 1969]). C'est autour des années 1806-1807 que sa collaboration avec Schelling et Baader fut la plus étroite. Les trois hommes multiplièrent les recherches, dans le cadre de l'Académie, autour des questions du magnétisme animal et du magnétisme terrestre. Malgré l'importance de la contribution de Ritter, il semble que l'on puisse se fier au jugement de H. Steffens : « pour celui qui connaît dans son ensemble la manière par laquelle Schelling considère la nature et comment elle prend sa source de manière vivante dans ses vastes spéculations, il ne pourrait y avoir aucun doute sur l'originalité [*Ursprünglichkeit*] de ses idées. Même en admettant qu'elle ait été stimulée par les expérimentations de Ritter, c'est bien à lui qu'elles appartiennent. Cela Ritter ne voulait pas le laisser valoir » (*Was ich erlebte*, Breslau, Josef Max Verlag, 1840, Bd. IV, p. 90). Ici, Schelling doit probablement faire allusion aux célèbres expériences de Ritter sur le galvanisme et le magnétisme, d'autant que c'est en 1805, au moment de son installation à Munich, que ce dernier fit paraître son *Système électrique des corps* et en 1806 qu'il prononça son discours sur la physique considérée comme un art.

(2) *Éthique*, livre III, Prop. VI.

(3) Cf. *Sur l'essence de la science allemande*, SW VIII, 5.

Recension de la Querelle du philanthropinisme et de l'humanisme *de Friedrich Immanuel Niethammer (Iéna, 1808)*

p. [511]

(1) Cette recension est parue du 16 au 18 janvier 1809 dans la *Jenaische Allgemeine Literatur Zeitung* (n° 13-15). Il s'agit du dernier texte de Schelling avant les *Recherches sur l'essence de la liberté humaine*, et il en est presque exactement contemporain, puisque, si l'on en croit son *Tagebuch*, notre philosophe rédigea sa fameuse dissertation entre le mois de février et le 12 avril 1809 (cf. *Philosophische Entwürfe und Tagebücher 1809-1813*, L. Knatz, HJ. Sandkühler, M. Schraven (hrsg), Hamburg, Meiner, 1994, p. 9 et 16).

(2) À comparer avec la célèbre description de la Préface de la *Phénoménologie de l'esprit* : « l'ébranlement du monde antérieur est seulement indiqué par des symptômes sporadiques ; la frivolité et l'ennui de ce qui subsiste encore, le pressentiment vague d'un inconnu sont les signes annonciateurs de quelque chose d'autre qui est en marche ».

p. [512]

(1) Les deux principales institutions allemandes à se revendiquer du philanthropinisme se trouvaient à Dessau (le fameux *Philanthropinum, Schule der Menschenfreundschaft für Lernende und junge Lehrer*) et à Schnepfenthal. Mais il est vrai qu'au XVIIIe siècle, divers établissements d'enseignement virent le jour sous l'impulsion de l'esprit réformateur en pédagogie, le plus célèbre d'entre eux étant l'Université de Philadelphie (aujourd'hui Université de Pennsylvanie), fondée en 1751 par Benjamin Franklin (les analogies sont nombreuses avec l'école de Basedow : *cf.* J. Overhoff, « *Franklin's Philadelphia Academy and Basedow's Dessau Philanthropine. Two Models of Non-denominational Schooling in Eighteenth-century America and Germany* », *Paedagogica Historica*, 2007, vol. 43, p. 801-818). Kant lui-même recommanda le *philanthropinum* dans un article de la *Königsbergische gelehrte und politische Zeitung* et essaya d'y faire entrer un certain nombre de ses protégés (*cf.* A. Pinloche, *La réforme de l'éducation en Allemagne au dix-huitième siècle. Basedow et le philanthropinisme*, Paris, Armand Colin, 1889, p. 140-141).

(2) Possible allusion à l'un des grands précurseurs du philanthropinisme, le pédagogue et théologien piétiste August Hermann Francke (1663-1727), qui, tandis qu'il contribuait au rayonnement de la toute jeune Université de Halle, fonda, à partir de 1695, différentes « écoles des pauvres ». Une grande partie des orphelins qu'il recueillait se formaient à l'enseignement au sein d'un *Seminarium praeceptorum*.

(3) Ce terme fait référence au type d'enseignement dispensé de 1774 à 1793 au *Philanthropinum* de Dessau, école-modèle fondée par le publiciste Johann Bernhard Basedow (1723-1790). Ce dernier s'inspira de son maître Reimarus, de Locke, mais surtout de Rousseau (il alla jusqu'à prénommer sa fille Émilie !) pour proposer une réforme de la pédagogie, privilégiant le contact avec la réalité par rapport à l'apprentissage théorique. Les méthodes d'enseignement assez novatrices qui étaient mises en œuvre à l'intérieur de l'établissement s'accommodaient d'une conception assez conservatrice de l'ordre social. On distinguait en effet trois catégories d'élèves au sein de l'institution : les *académistes*, autrement dit les fils de famille, les *pédagogistes*, c'est-à-dire les candidats aux fonctions d'enseignement et les *famulants*, destinés à devenir domestiques. Les maîtres portaient le nom de *sénateurs*. L'établissement de Dessau n'attira finalement qu'assez peu d'élèves, mais fut le modèle de nombreux autres instituts et ses méthodes eurent une influence considérable, jusque sur Tolstoï.

(4) On sait que, depuis les *Pensées sur l'éducation* de John Locke, qui fut le grand inspirateur du philanthropinisme et des réformes scolaires d'inspiration libérale, tout manuel de pédagogie se devait de comporter un chapitre sur l'éducation domestique. Locke et Rousseau lui donnaient d'ailleurs la priorité sur l'éducation publique et appelaient même à ce que celle-ci disparaisse à son profit (Campe réclamait par exemple la suppression des universités). Rappelons aussi que le livre le plus célèbre de Basedow s'intitulait *Das Methodenbuch für Väter und Mütter der Familien und Völker* et qu'il fut réédité près de dix fois en dix ans (au XVIIe siècle, une méthode d'éducation illustrée destinée aux familles, l'*Orbis pictus* de Comenius, était devenue, après la Bible, l'ouvrage le plus répandu au monde). Schelling lui-même reçut le premier enseignement de sa mère.

(5) Niethammer appelle « barbare » une éducation qui oublie que son but est de hisser l'enfant « jusqu'à l'homme, c'est-à-dire de l'élever jusqu'à la raison » (*Streit*, p. 62).

p. [513]

(1) *Entgeistung*. Pour un autre usage de ce mot chez Baader, *cf.* BSW V, 6.

p. [514]

(1) *Erziehungsunterricht*. Il s'agit d'un mot forgé par Niethammer, qui signifie mot à mot « enseignement de l'éducation ». Nous le traduisons, faute de mieux, par « pédagogie scolaire », étant donné que Niethammer et Schelling emploient par ailleurs le mot « *Pädagogik* ». Niethammer s'explique dans son ouvrage sur le sens qu'il attribue à ce mot : « ce qu'il faut entendre par *Erziehungsunterricht* doit en vérité être clair grâce à la relation elle-même, mais il n'est peut-être pas superflu de dire deux mots de justification en faveur de cette expression qui n'est pas si courante. Premièrement, il n'est pas tout à fait impossible que l'expression soit échangée pour une doctrine éducative [*Erziehungslehre*] et qu'elle soit prise pour une directive d'éducation, comme le composé du mot d'enseignement de l'éducation même l'indique ; mais il ne faut pas s'en inquiéter pour autant, car le mot enseignement [*Unterricht*] représente seulement la pratique de l'instruction même, et jamais ne sera employé comme le mot doctrine [*Lehre*] dans le sens supérieur d'une théorie. Deuxièmement, le mot d'enseignement de l'éducation, au sens particulier qui lui est attribué ici, a en sa faveur l'analogie des termes *enseignement scolaire* [*Schulunterricht*], *enseignement enfantin* [*Kinderunterricht*] et *enseignement de la jeunesse* [*Jugendunterricht*], dans lesquels pareillement le premier mot du composé n'indique pas tellement un état particulier du concept général de l'enseignement, que la période de sa durée n'indique plutôt un mode particulier d'instruction » (*Der Streit des Philanthropinismus und Humanismus*, p. 3-4 n., cité et traduit par S. Toussaint dans *Humanismes antihumanismes*, Paris, Les Belles Lettres, 2008, p. 72).

(2) Pour cette coexistence en l'homme de l'animalité et de l'humanité, *cf.* F.I. Niethammer, *Der Streit des Philanthropinismus und Humanismus*, Jena, Frommann, 1808, p. 46. La façon systématique qu'a Niethammer d'établir des séries d'oppositions rappelle bien entendu la démarche kantienne à la fin de la *Critique de la raison pure*, ouvrage avec lequel l'auteur était plus que familiarisé.

p. [515]

(1) Niethammer entend concilier les deux côtés de la nature humaine en posant que « l'homme n'est ni seulement raison, ni seulement animal, ni non plus les deux termes mis bout à bout, mais qu'il est absolument les deux en un, et que, dans la mesure où il n'est ni l'un ni l'autre, mais un troisième terme issu des deux [*Drittes aus beide*], il est une animalité modifiée [*modifizierte*] par la raison et une raison modifiée par l'animalité » (*Streit*, p. 67). Ceux qui négligent l'un ou l'autre de ces deux aspects soutiennent des points de vue également chimériques (p. 41 : « *schwärmerischen Ansichten* »).

(2) *1Cor* 6, 19 : « ne savez-vous pas que votre corps est le temple de l'Esprit Saint, que vous avez reçu de Dieu, et que vous ne vous appartenez pas ». Cf. *Streit*, p. 40, 59 et 67.

(3) L'idée selon laquelle il ne faut pas confondre l'animalité avec le mal est promise à de larges développements dans les *Recherches philosophiques sur la liberté humaine*, que Schelling fait paraître immédiatement après cette recension (SW VII, 371). Ces analyses, inspirées de Baader, seront essentiellement dirigées contre Jacobi. Sur la conception du mal que se fait Niethammer, très fortement inspirée par Kant, cf. *Streit*, p. 337 et R. Thomas, *Schillers Einfluß auf die Bildungsphilosophie des Neuhumanismus*, Stuttgart, Dr. Phil., 1993, p. 78-88.

(4) *Zweckverstand*. C'est à notre connaissance l'unique occurrence de ce terme dans l'œuvre de Schelling. Il figure cependant dans l'écrit de Niethammer p. 56 : l'art libre relève de la raison et non du « *Kunst- und Zweck- Verstand* ».

(5) *Kunstverstand*. Cf. *Streit*, p. 63.

p. [516]

(1) Sur l'expression « culture de l'esprit », cf. *Streit*, p. 111.

(2) *Hingebung*. Les *Conférences de Stuttgart* diront qu'il y a dans la raison quelque chose de passif, quelque chose qui s'abandonne (*etwas sich Hingebendes* : SW VII, 471).

(3) On voit à quel point la problématique de Schelling (quels rapports établir entre raison et personnalité ?) s'éloigne de celle de Niethammer (comment équilibrer éducation de la raison et éducation de l'humanité ?). *Cf.* par exemple cet extrait du *Streit des Philanthropinismus und Humanismus* : « il existe deux approches principales du concept d'éducation de l'homme, d'après quoi l'on a sous les yeux soit le signe essentiel distinctif, soit l'idéal d'humanité dans l'individu. Tant que l'instruction est purement destinée à éveiller la conscience et la connaissance de la raison chez l'élève, il s'agit à vrai dire d'une éducation de l'homme, et cela mérite à bon droit ce nom vénérable, car la raison est le signe distinctif de l'humanité. Mais dans la mesure où la raison n'est pas l'homme dans son entier, on peut d'autant moins faire valoir l'éducation de la raison pour une éducation totale de l'homme. L'homme total est une raison pourvue de multiples conceptions et de multiples forces unifiées dans une admirable totalité : le développement éducatif complet et harmonieux de cette totalité unique est l'idéal de l'humanité, auquel à bon droit nous donnons le nom ancien, vénérable et souvent méconnu d'*humanitas* [*Humanität*]. Tant que l'enseignement va dans cette direction, cette exigence de réaliser l'idéal d'humanité chez l'élève, autant que possible, est la plus haute éducation de l'homme et ne peut être désignée de manière plus appropriée que par le mot d'éducation de l'humanité dans le sens le plus significatif de ce terme. L'éducation de l'homme se divise ainsi principalement en éducation de la raison et en éducation de l'humanité, ou encore, d'un autre point de vue, en éducation nécessaire de l'homme et en éducation libre de l'homme : une éducation de la raison comme nécessaire, dans la mesure où elle est une condition de l'humanité exigée sans exception, pas seulement chez tous les individus à visage humain, mais aussi dans la communauté des êtres rationnels, où elle est un objet de la contrainte que la raison adulte a le droit et la charge d'exercer envers ceux qui sont encore immatures ; une éducation de l'humanité comme libre, dans la mesure où l'exigence de l'idéal d'humanité ne peut être que l'objet du libre effort de l'individu » (*Streit*, p. 189-191).

(4) Schelling définit donc ici la raison comme un principe général et passif et la personnalité comme une notion impliquant liberté et autonomie. Il le dira encore au terme de son parcours intellectuel : « nous ne qualifions un être de personnel que s'il est libre de l'universel et s'il est *pour soi*, s'il lui appartient d'être, de par sa volonté propre, en dehors de la raison » (*Exposé de la philosophie rationnelle pure*, SW XI, 281).

(5) *Cultur*.

p. [517]

(1) *Streit*, p. 198 : « il n'y a pas contradiction plus contre-nature que celle qui est à l'œuvre de nos jours, à savoir que nous donnons à notre libre culture la direction qui conduit tous les individus à une complète uniformisation ». Niethammer donne explicitement pour tâche à l'éducation de conduire à la fois idéalement et pratiquement l'individualité à son plein accomplissement.

p. [518]

(1) *Menschenbildung*. Niethammer s'explique sur le choix de ce terme : « il dépendait seulement de l'objectif de cette étude, de trouver un mot qui indique clairement le concept d'enseignement dans la mesure où il englobe la culture [*Bildung*] dans son ensemble, pas seulement dans son étendue, mais aussi particulièrement dans son opposition singulière à la

culture spécifique (comme l'apprentissage professionnel [*Berufserlernung*], l'enseignement technique [*Fachstudium*]... » (*Streit*, p. 4).

p. [519]

(1) Niethammer considère que l'humanisme, si on ne le considère que d'un point de vue unilatéral, risque de dégénérer en *Schwärmerei* ou en pédantisme, mais que le philanthropinisme porte en lui plus sûrement encore les germes de sa corruption, puisqu'il ignore la nature spirituelle de l'homme. L'idée selon laquelle le philanthropinisme ne s'adresse qu'à la partie animale de l'homme est aussi ancienne que l'entreprise de Basedow, que Herder par exemple condamnait en ces termes : « mon fils grandit, mais si Dieu le permet, il [Basedow] ne le verra et ne l'aura jamais. Tout dans son établissement me rappelle avec terreur une serre chaude, ou plutôt une étable qui serait remplie d'oies humaines. Tout dernièrement, mon beau-frère me parlait d'une méthode par laquelle on peut produire en dix ans des forêts de chênes semblables à celles, qui, autrement, exigeraient cinquante ou cent années de culture... Je crois que toutes les arcanes de la méthode de Basedow se réduisent à cela, et ce n'est pas à lui, que je connais personnellement, que je voudrais donner des veaux à élever, à plus forte raison des hommes » (lettre à Hamann du 24 août 1776, dans *Hamann's Schriften*, Bd. V, p. 158).

(2) Cf. *Streit*, p. 41 : « en isolant par une abstraction logique la nature spirituelle de l'homme et en se représentant cette abstraction logique comme la seule véritable essence de l'homme, les philosophes épris d'humanité [*die Humanitäts-Philosophen*] commettent une erreur logique qui les conduit en réalité à des idées chimériques ».

(3) Dans son ouvrage, Niethammer proposait de donner au philanthropinisme le nom d'*Animalismus* (cf. *Streit*, p. 8). Ce terme choqua un partisan de l'humanisme aussi résolu qu'Herbart, qui, malgré sa préférence pour les thèses de Niethammer, envisagea de prendre la plume pour corriger cette « ingratitude envers toute une série de prédécesseurs » et « replacer ce qui avait été déplacé » par ce « livre plein d'ennui » (*Herbartische Reliquien*, T. Ziller (hrsg), Leipzig, Verlag für erziehenden Unterricht, 1871, p. 177 ; cité par L. Gockler, *La pédagogie de Herbart*, Paris, Hachette, 1905, p. 72). La réponse qu'il mit aussitôt en chantier, mais que les éditeurs refusèrent, devait avoir pour titre : *Innige Verbindung des Philanthropinismus mit dem Humanismus ; Ein Hauptproblem des erziehenden Unterrichts* (ce titre suffit à montrer que Herbart n'a pas compris les intentions de Niethammer). Jean Paul, en revanche, apportera son soutien à Niethammer dans sa *Levana*.

p. [520]

(1) L'annonce du *Livre élémentaire*, le premier grand traité pédagogique de Basedow, lui avait effectivement rapporté des sommes considérables. Les souscriptions affluèrent pour l'aider à rédiger son livre et réaliser ses projets réformateurs. Parmi les donateurs, on comptait l'impératrice de Russie et le prince de Dessau, qui finança par la suite les établissements philanthropinistes. Pour l'édification du *philanthropinum*, Basedow lui réclama jusqu'à trente mille thalers.

(2) Niethammer rappelle dans son écrit que les philanthropinistes considéraient l'acquisition de la culture et l'apprentissage d'un métier comme deux formations indépendantes et séparées (*Streit*, p. 27). Il s'agissait de proposer des connaissances pratiques dès l'école et d'ouvrir à cet effet des *Vorschulen für den künftigen Beruf der Lehrlinge*. Niethammer juge que la distinction entre théorie et pratique, culture et métier, se ramène en vérité à la différence plus fondamentale de l'animalité et de l'humanité en l'homme.

(3) Schelling emploie ici le terme dépréciatif *Aufklärerei*, qui apparaissait déjà en SW V, 178. *Cf.* par ailleurs les *Leçons sur la méthode des études académiques*, SW V, 276, 300 et le

System der gesamten Philosophie, SW VI, 557 (sur la « moralité de l'homme » comme terminologie provenant de la moderne *Aufklärerei*). *Cf.* SW VIII, 187.

(4) Niethammer avait critiqué avec la dernière énergie la tendance de l'humanisme traditionnel à dégénérer en érudition vide et à se laisser emporter par « le mauvais démon du pédantisme » (*Streit*, p. 148). Son erreur était de vouloir éduquer l'élève « comme un savant plutôt que comme un homme » (p. 183).

p. [521]

(1) *Mt* 5, 13.

(2) Niethammer énonce finalement le vœu que les deux pédagogies opposées contribuent de concert au renouveau de l'Allemagne tout en se prononçant en même temps très clairement pour la soumission du philanthropinisme à l'humanisme (p. 110-113 et p. 76-84 où l'auteur démontre en douze points la supériorité de ce dernier).

(3) Schelling oppose ici *Identität* et *Gleichheit*. Malgré son ton péremptoire, il semble qu'il n'ait pas toujours fait la différence. *Cf.* par exemple le *Système de l'idéalisme transcendantal*, SW III, 373 et SW VI, 90, 147. Cette distinction n'apparaît véritablement que dans une note des *Recherches sur la liberté humaine*, SW VII, 342.

(4) Cf. *Streit*, p. 130 et 135.

p. [522]

(1) Cf. *Streit*, p. 103.

p. [523]

(1) Ce bel élan littéraire est en vérité une citation de Goethe (*Winckelmann*, dans *Goethes Werke*, Bd. XII, p. 98 ; trad. fr. M. Charrière, Nîmes, J. Chambon, 1993, p. 73 : « à quoi bon tant de soleils, de planètes et de lunes, d'étoiles et de voies lactées, de comètes et de nébuleuses, de mondes devenus et en devenir, si, au bout du compte, un homme heureux ne peut jouir inconsciemment de son existence ? » [*cf.* SB 650 p. 165]).

p. [524]

(1) En 1796, Jenner avait immunisé un enfant contre la variole en lui injectant la vaccine ou variole des vaches (*vacca* en latin).

(2) Solon (640-558 av. J.C.) est un homme d'État, un législateur et poète athénien. Lycurgue est un personnage probablement mythique du IXe siècle avant notre ère, auquel on attribue la totalité de la législation spartiate (*cf.* Plutarque, *Vies parallèles*, trad. fr. E. Simon, Paris, Les Belles Lettres, 1964, t. I, p. 109-166 et 214-222). Le XVIIIe siècle avait vu l'apparition des navettes volantes et des premiers métiers à tisser mécaniques. La première extraction du sucre de betterave a été l'œuvre d'un Allemand, Andreas Sigismund Marggraf, en 1747. On doit sa transformation industrielle au berlinois Franz Karl Achard autour des années 1800. Cf. *Système de l'idéalisme transcendantal*, SW III, 622 : « seule peut exiger de l'art d'être divertissement et sensualité une époque qui voue les suprêmes efforts de l'esprit humain à des inventions économiques [en note : la betterave] ». Hegel demandait dans la même veine que Schelling : « n'avons-nous pas vu, dans les temps modernes, jusqu'à des États eux-mêmes, qui négligèrent et dédaignèrent de conserver et de développer l'arrière-fond intérieur dans l'âme de leurs sujets, qui les dirigèrent vers la simple utilité et, seulement comme vers un moyen, vers ce qui est d'ordre spirituel, se trouver dépourvus de tout soutien dans les dangers, et s'écrouler au milieu de leurs multiples moyens utiles ? ».

(3) Cf. *Streit*, p. 70 : Schelling écrit « *Werk und That* » là où Niethammer avait écrit « *in Wort und Werk* ».

p. [525]

(1) *1Cor* 13, 1. Cf. *Sur la possibilité d'une forme de la philosophie en général*, SW I, 112.

(2) Cf. *Sur l'essence de la science allemande*, SW VIII, 4 *sq*.

p. [526]

(1) On sait que Schelling consacra l'un de ses textes de jeunesse au premier ouvrage de Niethammer qui portait précisément sur le thème de l'éducation populaire (cf. *Ueber Offenbarung und Volksunterricht* (*De la révélation et de l'enseignement du peuple*), dans Schelling, *Historisch-Kritische Ausgabe*, Bd. I, 4, p. 249-256).

(2) Cf. *Streit*, p. 137 *sq*.

(3) Cf. *Streit*, p. 154.

(4) *Fachunterricht*.

p. [527]

(1) La pédagogie philanthropiniste reposait sur une méthode intuitive multipliant les leçons de choses. Basedow la définissait ainsi : « la méthode intuitive consiste à faire voir les choses en même temps qu'on les enseigne. Pour les enfants, et surtout pour les plus jeunes, il n'y a pas de meilleure méthode. C'est ce qui frappe les yeux en même temps que les oreilles qui est saisi le plus facilement par l'intelligence et qui fait sur l'esprit l'impression la plus profonde » (cité par A. Pinloche, *La réforme de l'éducation en Allemagne au dix-huitième siècle*, p. 233). On sait par ailleurs qu'un autre grand pédagogue, Pestalozzi, avait fait paraître en 1803 un *ABC de l'intuition* (*ABC der Anschauung, oder Anschauungslehre der Massverhältnisse*, Tübingen, Cotta, 1803) auquel Herbart consacra sa première grande dissertation.

(2) À la page 249 du *Streit*, Niethammer rappelle l'un des principaux mots d'ordre des philanthropinistes : « *nicht Worte sondern Sachen* ».

(3) Lorsque Niethammer parle d'intuition, il entend essentiellement ce terme dans son acception kantienne. C'est pourquoi il peut dire p. 178 de son ouvrage que, « si l'on met de côté la stimulation du concept par l'intuition, celui-ci n'est lui-même qu'une pure et simple abstraction ».

(4) Cf. *Streit*, p. 175. Niethammer reprend plus loin cette idée : la vérité de la pensée est bien au-delà du monde des objets, mais elle s'incarne toujours nécessairement dans une langue donnée (p. 217-218). On reconnaît là un héritage de Herder. La langue est le moyen terme entre nature et raison et le « milieu immédiat dans lequel l'esprit expose ses plus splendides créations » (p. 221).

(5) *Sachunterricht*. Les humanistes considéraient qu'il n'y a pas meilleure formation pour l'esprit que l'étude des langues et des auteurs classiques, tandis que les philanthropinistes entendaient lui substituer l'étude des sciences ou de ce qu'ils appelaient les réalités. À l'opposé, Hegel affirme dans son *Rapport sur la situation de l'institution pratique relativement aux autres institutions scolaires* que l'aptitude aux langues anciennes n'est pas l'aptitude à acquérir un talent particulier, mais l'aptitude générale à toute culture véritable (*Nürnberger Schriften*, J. Hoffmeister (hrsg), Leipzig, Meiner, 1938, p. 421, cité par B. Bourgeois, dans *Textes pédagogiques*, p. 49). La question des langues eut encore une place centrale au moment de la réforme humboldtienne (dont Schelling fut aussi, pour une certaine part, l'inspirateur) : le *Lehrplan des preußischen Gymnasiums* de 1806 stipulait que, sur les 321 heures de cours dispensées en dernière année, 76 étaient consacrées au latin, 45 au grec, 45 à l'allemand et 4 à l'hébreu (*cf.* E. Spranger, *W. von Humboldt und die Reform des Bildungswesens*, Tübingen, Niemeyer, 1965, p. 254). Quant à Schelling, il voyait dans l'apprentissage des langues la meilleure introduction à l'étude des sciences. *Cf.* les *Leçons sur la méthode des études académiques*, SW V, 246 : « l'on se forme immédiatement le sens en reconnaissant l'esprit vivant

dans une langue qui pour nous est morte, et le rapport qui existe ici n'est pas différent de celui que le naturaliste entretient avec la nature. La nature est pour nous un auteur très ancien, qui a écrit en hiéroglyphes, et dont les pages sont colossales, comme le dit l'*Artiste* de Goethe. Et c'est précisément celui qui veut mener ses recherches sur la nature de façon purement empirique qui éprouve le plus grand besoin d'une connaissance pour ainsi dire *linguistique*, afin de comprendre ce discours pour lui totalement muet ».

p. [528]

(1) Sur la différence de la vocation (*Beruf*) intérieure idéale et du métier extérieur comme véritable engagement professionnel, que Niethammer entreprend par ailleurs de réconcilier, cf. *Streit*, p. 312 *sq.*

(2) *Cf.* plus haut, p. 517.

(3) Le dix-neuvième point du règlement du *Philanthropinum* stipulait : « on promet en général de transformer tout le travail de mémoire que nécessitent l'histoire, la géographie, la grammaire, l'arithmétique, etc., en autant de jeu, où le plaisir et le mouvement soient combinés jusqu'à ce que les connaissances ainsi acquises aient mis l'élève en état de se perfectionner avec l'âge d'une façon virile et en restant assis » (cité par A. Pinloche, *La réforme de l'éducation*, p. 99. Voir p. 125 pour des exemples).

(4) Cf. *Streit*, p. 276.

p. [529]

(1) Sur ce concept *cf.* par exemple *Streit*, p. 190 et 217.

(2) Niethammer définit p. 190 ce qu'il entend sous le nom d'idéal de l'humanité : « l'*homme total* est la *raison* dans son union avec les dispositions et les forces les plus diverses en un seul tout admirable : la formation accomplie, universelle et harmonieuse de ce tout unique est l'*idéal de l'humanité*, auquel nous conservons volontiers le nom ancien et vénérable, mais souvent mal compris, d'*Humanität* ».

(3) Schelling reprend ici mot à mot un passage de Niethammer (*Streit*, p. 194).

(4) Cf. *Streit*, p. 216 *sq.* et plus loin ces définitions : la philologie est « l'amour pour le mot » (*Philologie ist freilich Liebe zum Wort*) et le mot est « l'œuvre la plus immédiate, la plus universelle, la plus libre, la plus significative, la plus évocatrice de l'esprit, dans lequel l'esprit se représente lui-même » (p. 221, cité par S. Toussaint, p. 79).

(5) Cf. *Streit*, p. 230.

(6) Cf. *Streit*, p. 229-231. *Cf.* également p. 219 : « toute la nouvelle culture passe par l'étude ressuscitée de la culture antique ».

p. [530]

(1) S. Toussaint rappelle que Friedrich Ast, par ailleurs élève de Schelling, avait lancé en 1805 dans son *Über den Geist des Altertums* un mot d'ordre rapidement devenu populaire en Allemagne : *bilde dich griechisch*, éduque-toi à devenir grec.

(2) Il est probable que Schelling songe ici, comme Goethe, aux tragédiens français, qui, à l'instar de Voltaire, se bornaient à imiter les Grecs (*cf.* Goethe, *Zum Shakespeares-Tag*, dans *Goethes Werke*, Bd. XII, p. 224-227). Sur Shakespeare, *cf.* le chapitre que lui consacre la *Philosophie de l'art* (SW V, 718-726) et la confidence que Schelling glissera plus tard à un interlocuteur : s'il avait à vivre sur une île déserte, il emmènerait les œuvres de Shakespeare, de Dante et d'Aristophane, ainsi que la Bible, mais aucun philosophe (cf. *Schelling im Spiegel seiner Zeitgenossen. Ergänzungsband. Melchior Meyr über Schelling*, p. 115 [cette référence manque dans l'index]).

(3) Sur tout cela cf. *Streit*, p. 237.

(4) Cf. *Streit*, p. 236 : « il ne peut y avoir dans une nation de culture du goût et du jugement esthétique qu'à la condition qu'elle connaisse et respecte ses propres chefs-d'œuvre et qu'elle les perpétue en les faisant passer de lèvres en lèvres » et p. 237. *Cf.* p. 238 : les grandes œuvres doivent devenir l'élément unificateur (*Vereinigungspunkt*) de toute *Bildung* et la base assurée de toute culture nationale. Cette émergence d'un nationalisme culturel trouve une de ses plus parfaites expressions dans l'ouvrage de Görres, *Les livres populaires allemands* (1807).

(5) La *Philosophie de l'art* consacre aussi un chapitre au *Faust* (SW V, 731-734). Le premier *Faust*, commencé en 1773, ne fut vraiment achevé qu'en 1806 et parut dans sa version définitive en 1808. Les *Leçons sur la méthode des études académiques* le désignent comme « le poème le plus spécifiquement allemand » (SW V, 326). Cf. *Clara*, SW IX, 24.

(6) La redécouverte du *Nibelungenlied* date de 1755 et de la mise au jour par un futur correspondant de Schelling, Jacob Hermann Obereit, puis par Johann Jacob Bodmer de manuscrits du XIIIe siècle en langue vulgaire. Sa première édition moderne en un volume date de 1782 et est l'œuvre de Christoph Heinrich Myller. Autour de 1800, le chant reçut le titre de *Nationalepos der Deutschen* au même titre qu'en France la *Chanson de Roland*. Johannes von Müller fut le premier à le désigner comme une « *teutsche Ilias* » ou comme une « Iliade du Nord ». En accord avec son temps, Schelling regardait par ailleurs l'œuvre d'Homère comme le modèle de toute poésie.

p. [531]

(1) Sur la rencontre inévitable des « classiques de chaque nation cultivée » avec les Grecs, cf. *Streit*, p. 227 et 235. Sur les Grecs comme « peuple originel (*originelles Volk*) » et modèle de toute culture, cf. *Streit*, p. 219.

(2) Cf. *Streit*, p. 245. Sous l'influence de Rousseau, les philanthropinistes souhaitaient adoucir les « tortures de l'enseignement » (l'expression est de Basedow) en s'appuyant sur une méthode adaptée et un enseignement plus concret, plus réel, car tourné vers les choses. Cette méthode pouvait se résumer en une phrase : *apprendre peu, mais en jouant*, (« *nicht viel, aber mit Lust!* » : *Das Methodenbuch*, V, § 1). Cette conception du jeu comme meilleur moyen d'instruire l'enfant provenait directement de Locke (*Pensées sur l'éducation*, § 76). À l'opposé, Niethammer, dont Schelling reprend ici littéralement les termes, regardait la culture comme le fruit de la discipline personnelle et de la maîtrise de soi. Aussi s'était-il très clairement prononcé contre l'introduction du jeu dans l'enseignement et contre tous les aspects ludiques que pouvait avoir l'éducation d'inspiration philanthropiniste (*Streit*, p. 242). On trouve assurément là un héritage du luthérianisme et de sa conception de l'homme comme être dépravé et paresseux.

(3) Tandis que, pour Locke, il ne fallait jamais contraindre à apprendre (§ 131), pour Niethammer, la discipline de travail devait être enseignée méthodiquement de façon à devenir une « seconde nature ». En réalité, celle-ci n'est pas « une nature étrangère, mais une nature meilleure, en tant qu'elle procède du vouloir » (*Streit*, p. 248) et permet à l'homme de devenir soi (p. 249).

p. [532]

(1) Niethammer pensait que la méthode idéale d'éducation devait suivre les étapes naturelles de l'expérience humaine selon une succession d'intuition, de mémoire et de jugement (autrement dit suivant la triade thèse-antithèse-synthèse) : cf. *Streit*, p. 286.

(2) Le philanthropinisme entendait substituer l'apprentissage personnel et la leçon de choses à l'acquisition des connaissances apprises par cœur. Il faisait pourtant lui aussi appel à un grand nombre d'exercices mnémotechniques, appelés *jeux de mémoire*. *Cf.* par exemple J.B. Basedow, *Elementarwerk*, Stuttgart, Verlag-Bureau, 1849, Bd. I, 3, § 18 : « quelqu'un dit

à haute et intelligible voix un certain nombre de mots ou de phrases, ou bien il exécute l'une après l'autre un certain nombre d'actions qui ont une suite logique. Chacun doit observer l'ordre de ces mots ou de ces phrases et les répéter dans cet ordre. Celui qui a bien dit reçoit certaines marques d'honneur, ou une petite friandise; celui qui change l'ordre reçoit un coup de mouchoir noué; celui qui laisse des lacunes importantes en reçoit deux, ou bien est astreint à telle ou telle autre chose désagréable, et ainsi de suite [...]. Je demande que tout le travail de mémoire en usage dans l'étude des langues, de l'histoire et de la géographie, etc. soit remplacé par ce jeu, avant que les enfants aient entendu quoi que ce soit de sérieux sur ces sciences ».

(3) Cf. *Streit*, p. 334.

p. [533]

(1) Cf. *Streit*, p. 335.

(2) Cf. *Streit*, p. 322 *sq*.

(3) Sur l'idée d'un *Gelehrtenstand*, cf. *Streit*, 1968, p. 356 *sq*.

(4) Expression typique de la philosophie de l'Identité: *cf.* par exemple SW IV, 89; V, 523; VI, 514-516.

(5) *Brodwissenschaften* (ou *Fachwissenschaften*). On regroupait sous ce nom les disciplines qui, tels le droit, la théologie et la médecine, donnaient directement accès à une profession sûre et rémunératrice. Cf. *Leçons sur la méthode des études académiques*, SW V, 231-234, 242: « on a donné de manière générale le nom abject de sciences alimentaires à celles qui plus immédiatement que d'autres servent aux besoins de la vie. Mais aucune science en elle-même ne mérite cette dénomination ». Le terme apparaît chez Niethammer, p. 20.

(6) *Streit*, p. 359.

p. [534]

(1) Cette exaltation de l'esprit bavarois contraste avec la condescendance constamment affichée à son égard par Hegel, qui, par exemple, n'hésitait pas à écrire « *Barbaria* pour *Bavaria* » (*cf.* la lettre de novembre 1807 à Niethammer, n° 108 de l'édition Hoffmeister, *Briefe von und an Hegel*, J. Hoffmeister (hrsg), Hamburg, Meiner, 1952, Bd. I, p. 195. J. Carrère a malencontreusement omis de traduire ce passage, dans *Correspondance*, t. I, p. 179).

(2) Schelling joue ici probablement sur la proximité en allemand des mots *Düster*, *Dunkel*, *Dünkel* (obscurité, ombre, suffisance) pour qualifier l'*Aufklärung*. Cette critique des Lumières, pour constante qu'elle soit dans le fond, recevra différentes expressions. *Cf.* par exemple les *Âges du monde* (*Die Weltalter. Fragmente*, p. 5) : la philosophie des Lumières, « *die alles erklärende Philosophie* », a « dissout l'intelligible en intelligence » ou, pour tout dire, en représentation. Elle est donc un idéalisme en tant qu'elle a renoncé à montrer ce que l'être pouvait avoir d'ambigu et en tant qu'elle a privé la pensée de tout ce qu'elle avait de libre et d'aventureux. Elle est allée plus loin encore dans l'erreur en faisant de l'humanité « ce qu'il y a de plus haut ». Pour une critique de l'*Aufklärung*, *cf.* également *Streit*, p. 18 : « ce que l'on appelle *Aufklärung* fut à l'origine d'une régression de toute vraie culture, ainsi que d'une haine de tout ce qui est spirituel ou idéal dans les arts comme dans les sciences : de cette façon, tout ce qui se tient plus haut que le terrestre se vit qualifié de superstition mystique [*Gläubelei*] et tout ce qui a sa vie dans les idées se vit rabaissé comme un enthousiasme insensé [*Enthousiasterei*] ».

BIBLIOGRAPHIE

Toutes nos références à l'œuvre de Schelling renvoient à *Friedrich Wilhelm Joseph von Schellings sämmtliche Werke*, K.F.A. Schelling (hrsg), Stuttgart-Augsbourg, Cotta, Bd. I-XIV, 1856-1861 (cité SW).

Il existe cependant une édition allemande récente du discours sur les arts plastiques : F.W.J. Schelling, *Über das Verhältnis der bildenden Künste zu der Natur. Eine Rede zur Feier des 12ten Oktobers als des allerhöchsten Namenfestes seiner Königlichen Majestät von Baiern gehalten in der öffentlichen Versammlung der königlichen Akademie der Wissenschaften zu München*, L. Sziborsky (hrsg), Hamburg, Meiner, 1983.

Il existe une traduction italienne de l'essai *Sur l'essence de la science allemande* (*cf.* F. Donadio, *L'essenza della scienza tedesca*, Napoli, Guida editore, 2001) et trois traductions françaises du discours sur les arts plastiques : celle des *Écrits philosophiques* de Charles Bénard (Paris, Joubert, 1847, p. 227-294), celle, partielle, d'Alain Pernet (dans Schelling, *Textes esthétiques*, Paris, Klincksieck, 2005, p. 157-189) et celle de Marc de Launay et Rozenn-Maï Le Goff (*Philosophie*, 2000, n° 65, p. 3-22 et n° 66, p. 3-19).

La recension de Niethammer n'a, à notre connaissance, jamais été traduite.

Œuvres de Schelling

Allgemeine Zeitschrift von Deutschen für Deutsche, Nürnberg, J.L. Schrag, 1813 (Nendeln, Kraus Reprint, 1971).

Die Weltalter. Fragmente, In den Urfassungen von 1811 und 1813, M. Schröter (hrsg), München, C.H. Beck, 1946.

Initia philosophiae universae, H. Fuhrmans (hrsg), Bonn, Bouvier, 1969.

Schelling im Spiegel seiner Zeitgenossen, X. Tilliette (hrsg), Milan, Mursia, 1974.

Schellingiana rariora, L. Pareyson (hrsg), Torino, Bottega d'Erasmo, 1977.

Stuttgarter Privatvorlesungen, M. Vetö (éd.), Paris, L'Harmattan, 2009.

« *Übersicht meines künftigen handschriftlichen Nachlasses* », dans H. Fuhrmans, « *Schellings Verfügung über seinen literarischen Nachlaß (Dokumente zur Schellingforschung* IV) », *Kant-Studien*, 1959, n° 51, p. 14-20.

Correspondance

Aus Schellings Leben. In Briefen, G.L. Plitt (hrsg), Leipzig, G. Hirzel, 1869-1870.

Briefe und Dokumente, H. Fuhrmans (hrsg), Bonn, Bouvier, 1962.

Krisenjahre der Frühromantik. Briefe aus dem Schlegelkreis, J. Körner (hrsg), Brünn, Rohrer, 1936.

Schelling und Cotta. Briefwechsel, H. Fuhrmans (hrsg), Stuttgart, Klett-Cotta, 1965.

Œuvres des contemporains de Schelling citées dans les commentaires

BASEDOW J.B., *Das Methodenbuch für Väter und Mütter der Familien und Völker*, Altona, Cramer, 1770.

– *Elementarwerk*, Stuttgart, Verlag-Bureau, 1849.

COLERIDGE S.T., *The Collected Works of Samuel Taylor Coleridge, 5, Lectures 1808-1819 on Literature*, K. Coburn (ed.), Princeton, Princeton University Press, 1987.

CONSTANT B., *Journaux intimes*, P. Delbouille und K. Kloocke (hrsg), Tübingen, M. Niemeyer, 2002.

FICHTE J.G., *Discours à la nation allemande*, trad. fr. S. Jankélévitch, Paris, Aubier, 1981.

FIORILLO J.D., *Geschichte der zeichnenden Künste. Geschichte der Malerey*, Göttingen, J.G. Rosenbusch, 1798.

FRÉDÉRIC II DE PRUSSE, *Die Werke Friedrichs des Großen*, H. Volz (hrsg), Berlin, Hobbing, 1913.

FRIES J.F., *Aus seinem handschriftliche Nachlasse*, Henke (hrsg), Leipzig, F.A. Brochlaus, 1867.

GOETHE J.W., *Goethes Werke*, Hamburg, Christian Wegner Verlag, 1958.

HAMANN J.G., *Briefwechsel*, W. Ziesemer und A. Henkel (hrsg), Wiesbaden, Insel Verlag, 1955-1979.

– *Johann Georg Hamann's Schriften*, F. von Roth (hrsg), Berlin, Reimer, 1821.

– *Werke*, J. Nadler (hrsg), Wuppertal, Brockhaus, 1950.

HEGEL G.W.F., *Correspondance*, trad. fr. J. Carrère, Paris, Gallimard, 1962.

– *Écrits politiques*, trad. fr. M. Jacob, Paris, Champ Libre, 1977.

– *Foi et savoir*, trad. fr. A. Philonenko, Paris, Vrin, 1988.

– *Leçons sur la philosophie de l'histoire*, trad. fr. J. Gibelin, Paris, Vrin, 1963.

– *Les orbites des planètes*, trad. fr. F. de Gandt, Paris, Vrin, 1979.

– *Phénoménologie de l'esprit*, trad. fr. B. Bourgeois, Paris, Vrin, 2006.

– *Science de la logique. L'être*, trad. fr. P.J. Labarrière et G. Jarczyk, Paris, Aubier, 1972.

– *Textes pédagogiques*, trad. fr. B. Bourgeois, Paris, Vrin, 1990.

HERDER, *Werke*, B. Suphan (hrsg), Berlin, Weidmann, 1967.

HUMBOLDT A. von, *Kosmos. Entwurf einer physischen Weltbeschreibung*, Stuttgart, Cotta, 1845-1858.

HUMBOLDT W. von, *Essai sur les limites de l'action de l'État*, trad. fr. H. Chrétien, Paris, Les Belles Lettres, 2004.

JACOBI F.H., *Briefwechsel zwischen Goethe und F.H. Jacobi*, M. Jacobi (hrsg), Leipzig, Weidmann, 1846.

– *Kladden*, citées dans P.P. Schneider, *Die « Denkbücher » F.H. Jacobis*, Stuttgart, Frommann-Holzboog, 1986.

– *Werke*, Roth und Köppen (hrsg), Leipzig, G. Fleischer und Jüng, 1812-1825.

JUNG-STILLING J.H., *Sämmtliche Werke*, J.N. Grollmann (hrsg), Stuttgart, J. Scheble's Buchhandlung, 1841.

KIERKEGAARD S., *Papirer*, N. Thulstrup (ed.), Copenhague, Gyldendal, 1968-1976.

LESSING G.E., *Werke*, H.E. Göpfert (hrsg), München, C. Hanser, 1974.

LUDEN H., *Grundzüge ästhetischer Vorlesungen*, Göttingen, J.F. Dankwarts, 1808.

MARX K., *Œuvres*, trad. fr. M. Rubel, Paris, Gallimard, 1982.

MÜLLER A., *Elemente der Staatskunst*, Berlin, Sander, 1809.

MÜLLER J. VON, *Briefwechsel mit Gottfried Herder und Caroline*, K.E. Hoffmann (hrsg), Schaffhausen, 1952.

NIETHAMMER F., *Der Streit des Philanthropinismus und Humanismus in der Theorie des Erziehungsunterrichts unser Zeit*, Jena, Frommann, 1808.

NOVALIS, *Amour et foi*, dans *Œuvres complètes*, trad. fr. A. Guerne, Paris, Gallimard, 1975.

– *Schriften*, E. Heilborn (hrsg), Berlin, Reimer, 1901.

PESTALOZZI J.H., *ABC der Anschauung, oder Anschauungslehre der Massverhältnisse*, Tübingen, Cotta, 1803.

RITTER J.W., *Beweis daß ein beständiger Galvanismus den Lebensprozess in dem Tierreich begleitet*, Weimar, Verlag des Industrie-Comptoirs, 1798 (Hildesheim, Olms, 2009).

– *Fragmente aus dem Nachlass eines jungen Physikers*, Heidelberg, Mohr und Zimmer, 1810 (Heidelberg, L. Schneider, 1969).

ROTTMANNER K., *Kritik der Abhandlung F.H. Jacobis : Ueber gelehrte Gesellschaften, ihren Geist und Zweck*, Landshut, Thomann, 1807.

– *Frühlingsblumen*, München, Lindauer, 1808.

SCHILLER F. VON, *Lettres sur l'éducation esthétique de l'homme*, trad. fr. R. Leroux, Paris, Aubier, 1992.

SCHLEGEL A.W., *La doctrine de l'art. Conférences sur les belles lettres et l'art*, trad. fr. M. Géraud et M. Jimenez, Paris, Klincksieck, 2009.

SCHLEGEL F., *Description de tableaux*, trad. fr. B. Savoy, Paris, École nationale supérieure des Beaux-arts, 2001.

– *Friedrich Lessings Gedanken und Meinungen*, Leipzig, Junius, 1804.

SCHLEIERMACHER F., *Aus Schleiermachers Leben. In Briefen*, Berlin, Reimer Verlag, 1858.

– *Gelegentliche Gedanken über Universitäten im deutschen Sinn*, Berlin, 1808 (trad. fr. A. Laks, dans *Philosophies de l'université*, Paris, Payot, 1979).
SCHLÖZER A.L., *Allgemeine Staatsrecht und Staatsverfassungslehre*, Göttingen, Vandenhoek und Ruprecht, 1793.
STEFFENS H., *Was ich erlebte*, W. Koch (hrsg), Leipzig, Dieterich, 1938.
THIERSCH F., *Fr. Thiersch's Leben*, H.W.J. Thiersch (hrsg), Leipzig, C.F. Winter, 1866.
WAGNER J.J., *Von der Natur der Dinge*, Leipzig, Breitkopf und Härtel, 1803.
WINCKELMANN J., *Geschichte der Kunst des Altertums*, Cologne, Phaidon, 1934.
– *Kleine Schriften. Vorreden. Entwürfe*, W. Rehm (hrsg), Berlin, Walter de Gruyter, 1968.
– *Sämtliche Werke*, J. Eiselein (hrsg), Donauöschingen, Deutscher Classiker Verlag, 1825.

Commentaires

MARQUET J.-F., *Restitutions*, Paris, Vrin, 2001.
MATTER J., *Schelling ou la philosophie de la nature et la philosophie de la révélation*, Paris, Comptoir des imprimeurs, 1845.
PETTOELLO R., *Gli anni dei dolori. Il pensiero politico di F.W.J. Schelling dal 1804 al 1854*, Firenze, La nuova Italia editrice, 1980.
SHIBUYA R., *Individualität und Selbstheit. Schellings Weg zur Selbstbildung der Persönlichkeit (1801-1810)*, Paderborn, Schöning, 2005.
TILLIETTE X., *Schelling. Biographie*, Paris, Calmann-Lévy, 1999.
ZIZEK S., *The Abyss of Freedom*, Ann Arbor, University of Michigan Press, 1997.
ZOVKO M.E., *Natur und Gott, Das wirkungsgeschichtliche Verhältnis Schellings und Baader*, Würzburg, Königshaussen und Neumann, 1996.

Articles

COURTINE J.-F., « Un peuple métaphysique », *Revue de métaphysique et de morale*, juillet-septembre 2001, n° 3, p. 39-61.
LÈBRE A., « Crise de la philosophie allemande », *Revue des deux mondes*, 1843, n° 1, p. 5-42.
SAINT-RENÉ TAILLANDIER, « Portraits politiques et littéraires », *Revue des deux mondes*, 1848, t. 22, p. 838.
SCHMITT C., « Hugo Preuss in der deutschen Staatslehre », *Die neue Rundschau*, XLI, 1, 1930, p. 289-303.
SHIBUYA R., « Persönlichkeit und Selbstbildung. Niethammers Beitrag zu Schellings Überwindung der Transzendentalphilosophie », *Athenäum. Jahrbuch für Romantik*, 2003, p. 15-34.

Sur l'arrière-plan historique des textes

DROZ J., *Le romantisme allemand et l'État*, Paris, Payot, 1966.

– *Le romantisme politique en Allemagne*, Paris, Armand Colin, 1963.
DUNAN M., *Napoléon et l'Allemagne. Le système continental et les débuts du royaume de Bavière*, Paris, Plon, 1942.
GOCKLER L., *La pédagogie de Herbart*, Paris, Hachette, 1905.
HAYM R., *Hegel et son temps*, trad. fr. P. Osmo, Paris, Gallimard, 2008.
KLEßMANN E., *Deutschland unter Napoleon in Augenzeugenberichten*, München, Rauch Verlag, 1976.
KLUCKHOHN P., *Die Idee des Volkes im Schrifttum der deutschen Bewegung*, Berlin, Junker und Dünnhaupt, 1934.
LOSURDO D., *Hegel e la Germania. Filosofia e questione nazionale tra rivoluzione e reazione*, Milan, Guerini e Associati, 1997.
– *Hegel et la catastrophe allemande*, trad. fr. C. Alunni, Paris, Albin Michel, 1994.
LOTE R., *Du christianisme au germanisme*, Paris, Alcan, 1914.
– *Les origines mystiques de la science « allemande »*, Paris, Alcan, 1913.
LOVEJOY A.O., *The great chain of being. A Study of the History of an Idea*, Harvard, Harvard University Press, 1950.
PINKARD T., *Hegel. A Biography*, New York, Cambridge University Press, 2000.
PINLOCHE A., *La réforme de l'éducation en Allemagne au dix-huitième siècle. Basedow et le philanthropinisme*, Paris, Armand Colin, 1889.
ROSENKRANZ K., *Vie de Hegel*, trad. fr. P. Osmo, Paris, Gallimard, 2004.
SCHMITT C., *Politische Romantik*, Berlin, Duncker und Humblot, 1991 (München, 1925).
SPRANGER E., *W. von Humboldt und die Reform des Bildungswesens*, Tübingen, Niemeyer, 1965.
THOMAS R., *Schillers Einfluß auf die Bildungsphilosophie des Neuhumanismus*, Stuttgart, Dr. Phil., 1993.
TOUSSAINT S., *Humanismes antihumanismes*, Paris, Les Belles Lettres, 2008.

Articles

KREBS R., « Beau idéal et art caractéristique. Le dialogue critique entre Goethe et Aloys Hirt à propos du Laocoon », dans *Médiation et conviction. Mélanges Michel Grunewald*, Paris, L'Harmattan, 2007, p. 313-327.
OVERHOFF J., « Franklin's Philadelphia Academy and Basedow's Dessau Philanthropine. Two Models of Non-denominational Schooling in Eighteenth-century America and Germany », *Paedagogica Historica*, vol. 43, p. 801-818.

Divers

APULÉE, *Les métamorphoses*, trad. fr. P. Vallette, Paris, Les Belles Lettres, 1976.
BACON F., *Essais de morale et de politique*, trad. fr. A. de La Salle, Paris, L'Arche, 1999.
LUTHER M., *Werke. Kritische Gesamtausgabe*, Weimar, 1883 (Graz, Böhlau, 1964).
PLUTARQUE, *Œuvres morales*, trad. fr. F. Frazier, Paris, Les Belles Lettres, 1990.

– *Vies parallèles*, trad. fr. E. Simon, Paris, Les Belles Lettres, 1964.

THUCYDIDE, *Histoire de la guerre du Péloponnèse*, trad. fr. R. Weil, Paris, Les Belles Lettres, 1967.

Articles

HOBSON M., « Diderot, Jacobi et le *Spinozastreit* », *Revue d'histoire littéraire de la France*, 2006, vol. 106/2, p. 337-350.

JAMME Ch., « Hegel als Leser Johannes von Müllers », *Hegel-Studien*, 1981, n° 16, p. 9-40.

INDEX DES NOMS DE LA PRÉSENTATION ET DES COMMENTAIRES

INDEX DES NOMS CITÉS PAR SCHELLING

INDEX DES MATIÈRES

GLOSSAIRE

Absicht : fin
Absonderung : séparation
Anmut : charme
Ausbildung : formation
Ausführung : mise en application, exécution

Darstellen : présenter, manifester

Ebenbild : reflet
Einigkeit : unité
Entäußerung : aliénation
Entgeistung : déspiritualisation
Entzweiung : scission
Erhebung : élévation, soulèvement
Erscheinung : phénomène, apparition
Erzeugen : engendrer
Erziehung : éducation
Erziehungsunterricht : pédagogie scolaire

Gegensatz : opposition
Gestalt : figure
Gewalt : violence
Glaube : foi, croyance
Grundsatz : principe

Handlung : agir

Ichheit : égoïté

Kraft : force

Lebendigkeit : vitalité

Macht : puissance
Meinung : notion
Mittel : moyen
Mittelpunkt : centre, milieu

Nichtigkeit : nullité
Nichtwissen : non-savoir

Potenz : puissance

Selbständigkeit : autonomie
Selbstigkeit : identité à soi
Seligkeit : félicité
Seyenden (das) : l'étant
Steigerung : intensification
Stufenfolge : hiérarchie

Tätigkeit : activité

Übergang : transition
Übertragung : transposition
Übung : exercice
Unterricht : enseignement

Verbinden : relier
Vereinigen : unir
Verhältnis : relation
Vernichtung : anéantissement

Weltverstand : intelligence du monde
Wendepunkt : tournant
Werkzeug : instrument
Widergeburt : régénération
Wirken : opérer

Zweck : but

TABLE DES MATIÈRES

FRIEDRICH WILHELM JOSEPH SCHELLING

DU RAPPORT DES ARTS PLASTIQUES AVEC LA NATURE ET AUTRES TEXTES

Imprimerie de la Manutention à Mayenne (France) –Septembre 2010 – N° 229-10
Dépôt légal : 3e trimestre 2010

À LA MÊME LIBRAIRIE

Textes de Schelling

Exposition de mon système de philosophie. Sur le vrai concept de la philosophie de la nature, suivi d'un texte de FICHTE, *Sur l'exposition du système de l'identité de Schelling*, trad. fr. E. Cattin, 2000, 192 p.

Introduction à la philosophie, trad. fr. P. David et M.C. Challiol-Gillet, 1996, 186 p.

La liberté humaine et *Controverses avec Enschenmayer. Réponse à Eschenmayer sur la philosophie de la nature. Philosophie et religion. Recherches philosophiques sur l'essence de la liberté humaine et les questions connexes. Objections d'Eschenmayer contre les* Recherches *et réponses de Schelling*, trad. fr. B. Gilson, 1988, 272 p.

Le monothéisme, trad. fr A. Pernet, 1992, 144 p.

Autour de Schelling

FISCHBACH F., *Du commencement en philosophie. Étude sur Hegel et Schelling*, 1999, 386 p.

MARQUET J.-F., *Restitutions. Études d'histoire de la philosophie allemande*, 2001, 304 p.

MARQUET J.-F. et COURTINE J.-F. (dir.), *Le dernier Schelling. Raison et positivité*, 1994, 186 p.

PLANTY-BONJOUR G. (dir.), *Actualité de Schelling*, 1979, 108 p.

ROUX A. (dir.), *Schelling en 1809. La liberté pour le bien et le mal*, 2010, 352 p.

TILLIETTE X., *Schelling. Une philosophie en devenir*, 2 vols, 1992, 1212 p.